아동안전관리

안경숙 · 신애선 · 신애란 공저

SAFETY

양 성 원

머리말

안전은 인간이 행복한 삶을 위해 필요한 가장 기본적이고 중요한 요인이다. 영유아기는 발달적 특성 상 자신의 안전을 스스로 책임질 수 없는 시기로, 다양한 특성을 지닌 영유아들이 유아교육 현장에서 함께 생활하기 때문에 안전교육이 매우 중요하다.

'아동안전관리'는 유아교육 현장에서 영유아의 안전사고를 예방하고 안전사고 시 효과적으로 대처하는데 필요한 안전 지식과 기술, 태도를 기르고, 안전관리 실무 능력을 배양하기 위한 과목이다. 영유아교사는 안전관리의 중요성을 인식하고, 안전사고가 발생하지 않도록 유아교육 현장에서 일어날 수 있는 모든 안전 관련의 기초적인 안전 지식을 구축하여 일과에 반영할 수 있어야 한다. 이에 따라 본 교재에서는 영유아교사가 영유아들을 위한 안전교육을 계획하고, 실행할 때 실질적으로 도움이 될 수 있는 참고자료로 활용할 수 있도록 아동안전관리의 내용을 구성하였다.

본 교재는 모두 5개 Part와 14장으로 나누어 구성되었다. Part 1에서는 영유아 안전사고에 대한 이해를 다루었으며, Part 2에서는 영유아의 연령별 발달특성과 안전사고를 살펴보아 영유아기 안전사고의 특성에 대해 이해를 도울 수 있도록 내용을 구성하였다. Part 3에서는 유아교육기관의 안전관리에서 지켜야 할 안전 법규와 안전관리 지침, 제4차 표준보육과 2019 개정누리과정 및 평가제에서의 안전, 유아교육기관 실내 · 외 안전관리에 대한 내용을 제시하였고, 유아교육기관에서 지켜야 할 안전 관련 법령과 안전관리 방법을 파악하고 표준보육과정과 누리과정, 평가제의 통합지표에서의 안전 관련 내용을 숙지하여 안전관리 시 적용할 수 있도록 구체적으로 제시하였다. Part 4에서는 안전교육에서, 아동학대, 실종 및 유괴, 성폭력, 약물 오남용, 교통안전, 소방 재난 자연재해, 시설설비에 대해 살펴보아 유아교육기관에서 발생하는 안전사고의 특성과 유형을 파악하고, 유아교육기관에서 실시해야 할 영유아, 부모, 교사 대상 안전교육의 내용과 교수 방법을 이해할 수 있도록 제시 하였다. 또한 Part 5에서는 안전사고 대처법으로 응급상황 시 대처방법 및 영유아 안전사고로 인한 신체적, 정신적 손상을 최소화하기 위한 영유아기 안전사고 예방 방법과 영유아 안전사고 발생 시 효과적으로 대처하는 방법 및 안전사고 발생 시 안전사고 처리 절차등을 구체적으로 제시함으로써 영유아교사의 안전사고 책임 범위를 파악할 수 있도록 하였다.

본 교재는 유아교육현장에서 교육 및 운영경력과 강의경력을 모두 갖춘 집필진들이 이론적인 개념뿐만 아니라 실제 현장에서 여러 차례 평가인증을 통해 영유아교사들이 꼭 알아야 하는 안전에 대한 실제를 구체적으로 제시하였다. 또한, 안전사고의 최근 동향을 수록하였으며, 2019년 6월 개정된 평가제 통합지표의 내용을 다루어 영유아교사들이 실제로 활용도를 높일 수 있도록 하였다.

끝으로 저자들이 영유아 안전에 대한 사랑과 관심을 토대로 본 저서를 집필할 수 있도록 도와주신 양성원의 강철원 대표님과 직원분들께 감사의 마음을 전해 드립니다.

2021년 7월
저자 일동

차례

PART 1 영유아 안전사고에 대한 이해

PART 2 영유아 연령별 발달특성과 안전사고

PART 3 유아교육기관 안전관리

PART 4 유아교육기관 안전교육

PART 5 안전사고 대처

PART 1

영유아 안전사고에 대한 이해

Chapter

01 영유아 안전교육의 이론적 기초

1. 영유아 안전교육의 개념
2. 영유아 안전교육의 필요성
3. 영유아 안전사고 실태
4. 영유아 안전교육의 내용과 방법

안전은 인간이 행복한 삶을 살기 위해 필요한 기본적이고 필수적이며, 다양한 특성을 지닌 영유아들이 함께 모여서 생활하는 유아교육기관에서 가장 우선적으로 갖추어져야 할 조건이다. 영유아들의 안전이 보장되지 않는 환경에서는 좋은 교육이 이루어질 수 없으므로 안전은 질적으로 우수한 유아교육기관이 갖추어야 할 필수적인 요소이다. 이에 교사들은 안전관리의 중요성을 인식하고 안전사고가 발생하지 않도록 유아교육기관에서 일어날 수 있는 모든 안전 관련 기초적인 안전 지식을 구축하여 일과에 반영할 수 있어야 한다. 이 장에서는 영유아 안전교육의 이론적 기초에 대해 살펴보고자 한다.

1. 영유아 안전교육의 개념

안전(安全)이란 '위험이 생기거나 사고가 날 염려가 없이 편안하고 온전한 상태 또는 그러한 상태를 유지하는 일'을 의미한다(Daum 국어사전, 2016). 즉, 안전은 편안해서 위험하지 않은 상태로 신체적 안전뿐 아니라 드러나지 않은 정신적 · 심리적인 편안함까지 포함된다.

영유아 안전교육이란 영유아 스스로 위험으로부터 자신을 보호할 수 있도록 안전 지식과 기술, 태도를 익히게 하여 건강한 생활을 할 수 있도록 도와주는 교육으로 자신에 대한 보호뿐 아니라 타인의 생명을 존중하는 인간 개개인의 존엄을 배우는 교육을 의미한다(한국산업안전공단, 2016).

2. 영유아 안전교육의 필요성

안전이란 인간의 가장 기본적인 욕구이며 만족시키고자 하는 노력은 누구나 가지고 있는 본능으로 위험이 생기거나 사고가 일어날 염려가 없는 상태로 인간의 전 생애에 거쳐 가져가야 할 과제이다. 영유아에게 위험을 인식하고 자기 스스로의 안전을 지키기 위한 태도와 습관을 기르도록 지원하는 것은 영유아의 가장 기본적인 욕구를 충족시키는 것이므로 중요하다.

미국의 심리학자인 매슬로(Abraham H. Maslow)는 인간의 기본요구를 다섯 가지로 나누었는데, 그중 두 번째 단계인 안전욕구는 안전 · 보호 · 공포와 혼란 및 불안으로부터의 해방 등을 추구하는 인간의 기본 욕구로 보았다. 이것은 외부 환경으로부터의 보호 및 장래에 대한 보장과 관련된 인간의 기본 욕구 가운데 하나다. 이러한 안전을 위한 안전교육의 사전적 의미는 안전한 생활을 할 수 있도록 필요한 지식을 주고 태도나 행동을 바람직한 방향으로 바꾸어 나가는 교육이며 핵심은 안전능력(자신이나 타인을 사고나 피해로부터 지킨다)을 기르는 것이다. 안전능력에는 위험을 깨닫고 그것을 제거하거나 회피하는 능력과 사고가 발생해도 피해가 생기지 않도록 하는 능력, 피해가 발생해도 최소한으로 막는 능력이 있다. 따라서 안전교육은 단순히 사고의 원인이나 안전수칙을 가르칠 뿐만 아니라 넓은 뜻으로는 생명의 존중을 가르치는 것을 기반으로 인간 모두에게 관련이 있는 교육이다(간호학대사전, 2016).

3. 영유아 안전사고 실태

영유아보육법에 명시되어 있는 보육의 기본목표 중 가장 우선시되고 있는 부분은 영유아의 안전문제이다. 영유아의 안전을 위협하는 위험요인을 사전 예방하기 위해 미리 점검하고 제거하기 위해서는 영유아의 연령 및 성별에 따른 안전사고의 특징, 그리고 사고 발생장소 및 빈도에 따른 안전사고의 특징을 이해하는 것이 필요하다.

> 제3조 (보육 이념)
> ① 보육은 영유아의 이익을 최우선적으로 고려하여 제공되어야 한다.
> ② 보육은 영유아가 안전하고 쾌적한 환경에서 건강하게 성장할 수 있도록 하여야 한다.

영유아의 발달특성은 안전사고의 원인과 관련이 있으므로 각 연령별 발달단계의 특징과 잠재적인 위험요소를 이해하여 사고를 미연에 방지하고 대책을 강구하는 것은 중요하다.

2015년도에 어린이집안전공제회 사고 통계에 따르면, 사고 연령 및 성별에서 유아(54.5%)가 영아(37.9%)보다 사고 1만 9,483건에 발생률이 1.4배 높았다. 어린이집 이용 영유아 중 영아가 59.5%(864,596명), 유아는 40.0%(580,821명)의 비율을 나타냈는데, 영아의 사고율이 높은 편임을 알 수 있다. 특히, 가장 사고가 많이 발생하는 연령은

만 2~3세이며 전체 어린이집 사고의 49.5%를 차지했다. 그리고 남아(62.0%)가 여아(38.0%)보다 사고 발생 비율이 높게 나타났다.

〈표 1-1〉 성별 · 연령별 사고 발생 비율

연령		남아	여 아	계
영아(만 0~세)	0세	76(0.6)	48(0.6)	124(0.6)
	1세	1,371(11.4)	889(12.0)	2,260(11.6)
	2세	3,025(25.1)	1,971(26.6)	4,996(25.6)
	소계	4,472(37.0)	2,908(39.2)	**7,380(37.9)**
유아(만 3~세)	3세	2,925(24.2)	1,739(23.5)	4,664(23.9)
	4세	2,277(18.9)	1,248(16.8)	3,525(18.1)
	5세	1,488(12.3)	943(12.7)	2,431(12.5)
	소계	6,690(55.4)	3,930(53.0)	**10,620(54.5)**
만 6세 이상		909(7.5)	574(7.7)	1,483(7.6)
계		**12,071(62.0)**	**7,412(38.0)**	**19,483(100.0)**

출처 : 어린이집안전공제회 통계자료집(2015)

- 사고 발생 장소별 어린이집에서의 안전사고는 어린이집 내 실내 공간에서의 사고가 75.8%, 어린이집 외 사고가 24.2%로 실내에서의 사고 발생이 실외에서보다 3배 이상 많았다.

〈표 1-2〉 사고 발생 장소별 영유아사고 현황

어린이집 실내(75.8%)		어린이집 외(24.2%)	
장소	건(%)	장소	건(%)
보육실	10,665(72.3)	놀이터 및 마당	2,788(59.0)
유희실(강당)	2,231(15.1)	견학장소 · 공원	1,184(25.1)
복도 및 계단	841(5.7)	길(등 · 하원 및 이동 중)	345(7.3)
화장실	555(3.8)	실내놀이터	262(5.5)
현관	294(2.0)	기타	145(3.1)
식당 및 조리실	103(0.7)		
기타	70(0.5)		
계	14,759(100)	계	4,724(100)

출처 : 어린이집안전공제회 통계자료집(2015)

- 교육 활동별로는, 실내자유선택활동, 현장학습(실외활동, 견학, 나들이 등) 순으로 나타났다. 특히, 만 0세의 경우 실내자유선택활동 이외에 타 연령보다 식사 및 간식(12.9%), 낮잠(10.5%), 정리정돈 및 전이활동(9.7%) 순으로 사고발생 비율이 높았다.

〈표 1-3〉 교육활동별 영유아 사고 현황

교육활동별 사고 현황	건(%)		
	영아(0~2세)	유아(3~5세)	6세 이상~
실내 자유선택활동	3,274(44.4)	3,544(33.4)	440(29.7)
현장학습(실외활동, 견학,나들이 등)	1,058(14.3)	2,446(23.0)	428(28.9)
정리정돈 및 전이(활동)	590(8.0)	901(8.5)	111(7.5)
(대 · 소)집단활동	471(6.4)	949(8.9)	160(10.8)
식사 및 간식	637(8.6)	712(6.7)	86(5.8)
등원 및 귀가	507(6.9)	771(7.3)	81(5.5)
화장실 가기 및 손 씻기, 양치하기	504(6.8)	555(5.2)	53(3.6)
특별활동	80(1.1)	477(4.5)	112(7.6)
낮잠	237(3.2)	254(2.4)	6(0.4)
기타	22(0.3)	11(0.1)	6(0.4)
계	7,380(100)	10,620(100)	1,483(100)

출처 : 어린이집안전공제회 통계자료집(2015)

- 사고 유형별로는, 어린이집에서 발생한 사고 유형은 '넘어짐'과 '부딪힘'이 가장 많았다. 영아의 경우 유아보다 꼬집음, 할퀴, 사람에 물림, 화상에 대한 사고의 유형이 두드러졌는데, 특히 0세의 경우, 부딪힘(24%), 넘어짐(16%), 화상(15%) 순으로 사고 발생 비율이 높았다.

〈표 1-4〉 사고 유형별 영유아 사고 현황

사고 유형	건(%)		
	영아(0~2세)	유아(3~5세)	6세 이상~
넘어짐	2,392(32.4)	3,423(32.2)	436(29.4)
부딪힘	2,058(27.9)	3,627(34.2)	556(37.5)
꼬집음, 할퀴	588(8.0)	478(4.5)	33(2.2)

사고 유형	건(%)		
	영아(0~2세)	유아(3~5세)	6세 이상~
긁힘	265(3.6)	408(3.8)	57(3.8)
당김	31(4.2)	337(3.2)	17(1.1)
끼임	22(3.1)	249(2.3)	30(2.0)
떨어짐	178(2.4)	260(2.4)	34(2.3)
찔림	88(1.2)	313(2.9)	63(4.2)
미끄러짐	161(2.2)	227(2.1)	42(2.8)
화상	221(3.0)	175(1.6)	31(2.1)
물림-사람	320(4.3)	88(0.8)	4(0.3)
눌림(압박)	128(1.7)	240(2.3)	39(2.6)
이물질 삼킴(삽입) 및 흡입	65(0.9)	273(2.3)	30(2.0)
물림-벌레, 동물	52(0.7)	134(1.3)	29(2.0)
베임	65(0.9)	105(1.0)	23(1.6)
음식물 섭취	27(0.4)	87(0.8)	23(1.6)
기타	234(3.2)	226(2.1)	36(2.4)
계	7,380(100)	12,103(100)	1,483(100.0)

출처 : 어린이집안전공제회 통계자료집(2015)

4. 영유아 안전교육의 내용과 방법

1) 안전교육의 내용

영유아 안전교육에 대한 내용은 다음 세 가지 요소가 포함되어야 한다(한국산업안전공단, 1996).

첫째, 안전에 대한 지식으로 위험지역이나 위험물질, 위험상황에 대한 인식을 중심으로 교육한다.

둘째, 안전에 대한 태도로 자기 존중감, 타인 존중, 준법정신 등을 교육한다.

셋째, 안전에 대한 기능은 안전하게 사물을 다루고 여러 가지 위험한 상황에서 자신을 보호할 수 있는 능력을 가질 수 있도록 교육한다.

우리나라 유아교육기관에서 자주 발생하고 있는 안전사고의 유형과 영유아를 위한 안전교육의 내용 및 개념을 정리하면 〈표 1-5〉와 같다.

〈표 1-5〉 영유아 안전교육 내용 관련 개념

안전교육 내용	건(%)
1. 교통안전(보행자/승차)	영유아의 등 · 하원, 견학, 원내 활동 중 원의 출입 및 기관 정문의 도로 노출 등으로 발생하는 사고/보행 시 지켜야 할 규칙이나 교통신호 및 교통안전 표지를 무시하여 발생하는 사고
2. 놀이안전	바퀴 달린 놀이기구 등 유동적인 놀이기구의 충돌이나 놀잇감의 선택 및 놀이 규칙을 지키지 않아서 발생하는 사고
3. 놀이기구 및 구조물에 의한 사고	고정 놀이기구의 파손 및 고정 부분의 결함, 배치 간격의 협소 및 여유 공간 부족, 날카로운 모서리나 재질의 견고성 등의 문제와 바치로 발생하는 사고
4. 대인관계 안전	미아, 성폭력, 유괴로 인하여 발생하는 사고
5. 동물 · 식물 · 곤충에 대한 안전	개, 위험한 식물, 벌 등으로 발생하는 사고
6. 미디어 안전	컴퓨터 및 게임 중독으로 발생하는 사고
7. 물놀이 안전	물놀이 중 발생하는 사고
8. 스포츠 안전	자전거나 롤러스케이트 사용 시 안전수칙 및 안전장비의 미착용으로 발생하는 사고
9. 시설 및 설비에 대한 안전	시설물의 고장, 파손상태의 방치, 위험한 장소의 영유아 출입 및 영유아가 사용하기에 부적절한 설비 등에 의해 발생하는 사고
10. 약물에 대한 안전	의약품, 약물 오남용으로 인해 발생하는 사고
11. 위험한 물건에 대한 안전	칼, 송곳, 가위, 포크, 젓가락, 펀치, 스테이플러, 톱, 글루건 등의 부주의한 보관 및 사용으로 발생하는 사고
12. 위험한 물질에 대한 안전	유독물질, 이물질 흡입, 살충제, 그 외 질식을 유발할 수 있는 물질로 발생하는 사고
13. 위험한 상황에 대한 안전	실내와 실외에서 추락 및 미끄러짐 등으로 발생하는 사고
14. 위험한 장소에 대한 안전	눈에 보이지 않는 위험한 곳에서 발생하는 사고(예: 사각지대)

안전교육 내용	건(%)
15. 음식물에 대한 안전	식중독, 상한 음식으로 발생하는 사고
16. 질병에 대한 안전	전염병 등에 의해 발생하는 사고
17. 소화 안전(화재/화상)	불장난, 가스폭발, 누전 및 전기용품 과열 등으로 발생하는 사고
18. 환경 안전	환경오염(물오염, 토양오염), 자연재해, 인재, 공해, 소음 등으로 발생하는 사고

출처 : 김영실 외(2010)

영유아를 위한 안전교육은 구체적이고 실제적인 상황에서 활동 중심적으로 실시되어야 교육적 효과가 높다. 안전교육을 단순하게 지시만 하는 방법은 안전한 생활을 위한 행동변화에 효과적인 영향을 미치지 못한다(Vail Gast, Manley, Butt, & Clees, 1992). 또한 영유아를 위한 안전교육은 언어 중심적인 교수법이 아닌 실제와 유사한 상황에서 경험 중심적인 교수법을 활용해야 가장 효과적이다. 안전교육을 통한 안전에 대한 지식, 기술, 태도 등이 실제로 의미 있는 경험이 되기 위해서는 교사가 안전교육 내용과 영유아의 발달특성을 고려한 적절한 교수법을 융통성 있게 적용해야 한다.

2) 영유아 안전교육의 방법

(1) 주제 선정에 따른 통합적 접근방법에 의한 안전교육

주제 선정에 따른 통합적 접근방법에 의한 안전교육은 통합적 접근방법을 적용하여 안전교육을 실시하는 것이다. 통합적 접근방법이란 유아들에게 지식이나 기술, 태도 등을 가르칠 때에 영아는 기본생활, 신체운동, 의사소통, 사회관계, 예술경험, 자연탐구를 유아는 신체운동 · 건강, 의사소통, 사회관계, 예술경험, 자연탐구 영역의 내용을 분리된 교과로 가르치는 것이 아니라 영유아들이 늘 경험하는 상황을 학습경험으로 활용하여 유아들이 전인적인 발달을 할 수 있도록 도와주는 것을 의미한다. 영유아들은 교과목을 통하여 그들의 세계에서 분리된 내용을 배우기보다는 평소에 경험하는 상황을 통해서 필요한 지식, 기술, 태도 등을 통합적으로 배울 때 더욱 효과적인 학습이 이루어진다. 주제를 선정하여 통합적인 접근방법으로 안전교육을 실시한다는 것은 안전교육에 관한 내용에 대해서 장기간에 걸쳐 영유아들이

유아교육기관에서 하루 일과를 보내는 동안 경험하게 되는 여러 가지의 상황이나 활동을 통하여 학습할 수 있도록 하는 것이다.

〈표 1-6〉에서 볼 수 있듯이 주제를 선정하고 통합적인 접근방법으로 학습할 때 영유아들은 안전한 생활을 하는 네 필요한 지식을 실제로 여러 활동을 통해 직 간접적으로 배우게 되어 적용할 수 있다.

〈표 1-6〉 교통안전에 대한 통합적 접근방법을 이용한 안전교육

활동의 종류	활동의 내용
실내 · 외 자유선택 활동	• 여러 가지 블록을 이용하여 안전한 횡단시설(육교, 지하도, 횡단보도 등)을 만들어 교통안전 표지판, 모형 자동차, 사람 등으로 교통안전과 관련된 실내 · 외 놀이를 한다. • 교통경찰관, 운전기사, 버스 전용차로 단속원 등의 역할에 대해 이야기를 나눈 후 역할놀이를 한다. • 신호등, 안전띠, 교통표지판, 여러 가지 자동차 등을 그리고, 만들고, 꾸민다. • 자동차 번호판 찾기, 신호등 퍼즐 등의 교구로 수 · 언어 · 조작활동을 한다.
이야기 나누기	• 직 · 간접으로 경험한 교통사고의 교통법규 위반에 대해 이야기를 나눔으로써 교통사고 원인과 방지대책을 알아본다. • 집단토의로 안전한 보행방법, 도로횡단 등에 대해 안다. • 교통에 관련된 안전한 상황과 위험한 상황에 대한 그림자료를 이용하여 이야기 꾸미기를 한다.
문학활동(동화, 동시, 동극)	• 교통안전관 관련된 동화 듣기, 동화 내용에 나오는 인물의 역할을 맡아 동극을 한다. • 교통안전과 관련된 동시를 듣거나 유아들이 교통안전에 관한 동시를 직접 지어 본다.
음악활동 및 신체활동	• 호루라기나 교통경찰차, 오토바이 등의 소리를 듣고 구별한다. • 신호등이나 건널목 건너기와 같은 교통안전에 관련된 새 노래를 배우고 노랫말에 따라 몸으로 동작한다. • 유아들이 실제 교통경찰관이나 신호등이 되어 안전한 교통수단에 관한 창의적 표현활동을 한다.
과학활동	• 모양바퀴를 빠르기에 따라 굴려 보고, 바닥면의 기울기와 재질에 따라 자동차 속도가 달라짐을 실험한다. • 안전띠를 맬 때와 매지 않을 때의 사고상황 등을 비디오를 통해 시청한다.
게임	• '안전하게 유치원 가는 길', '혼자서 자전거 타기' 등의 판게임을 제작하여 주사위를 이용한 그룹게임을 한다. • '안전띠 매고 운전하기'와 같은 대집단 게임을 한다.

활동의 종류	활동의 내용
현장학습	• 유치원(어린이집) 외부로 견학할 때 인도 벽쪽으로 좌측 통행하기, 횡당보도, 지하도, 육교로 이동하기, 안전띠 매기 등을 실천한다. • 횡단보도와 차도의 신호등 차이를 알아보고 실제 신호등 '건너기–멈춘다, 살핀다, 건넌다–'를 한다. • 신호등 없는 횡단보도 건너는 방법을 익힌다. • 교통안전시설을 갖춘 교통공원으로 견학을 가서 교통안전에 관한 지식이나 기술을 익힌다.
가정과의 협조	• 부모모임이나 가정통신문을 통해 유아는 승용차 뒷좌석에 타기, 먼저 타고 나중에 내리기, 대중교통 이용하기, 안전띠 매기, 신호등 지키기 등 부모와 함께 지키는 교통안전규칙에 대해 안내를 하고 협조를 구한다.

출처 : 이기숙, 장영희, 정미라, 윤선화(2016)

(2) 상황에 근거한 안전교육

상황에 근거한 안전교육은 일상생활 중에서 안전과 관계되는 특별한 상황이 발생하였을 때 그 상황을 활용하여 안전교육을 실시하는 것이다. 예를 들면, 하원하는 어린이집 버스 안에서 창문 밖으로 손을 내미는 영유아를 발견했을 때, 그 상황에서 창문밖으로 손을 내미는 행동이 왜 위험한지에 대하여 이야기를 나누면서 안전교육과 연계하는 것이다. 이러한 접근방법은 유아들이 직접 · 간접적으로 경험한 또는 경험하게될 상황을 근거로 하므로 동기 유발이 용이하고 실제와 직접 연결이 된다.

(3) 부모에 의한 안전교육

부모에 의한 안전교육은 안전교육의 내용에 대해 유아들의 흥미를 돕기 위해 부모들이 일일교사로 안전교육에 참여하여 안전교육을 실시하는 것이다. 예를 들면, 소방서에서 근무하는 119 구조대의 부모님이 계시거나, 의사인 부모님이 계시는 경우 이들이 직접 유아교육기관을 방문하여 유아에게 업무와 관련된 안전에 대한 경험을 이야기한다면 보다 효과적일 수 있다.

(4) 전문단체에 의뢰한 안전교육

전문단체에 의뢰한 안전교육은 안전교육을 전문적으로 실시해 주는 전문단체에 의뢰하여 안전교육을 실시하는 것이다. 예를 들면, 실종아동전문기관에서는 어린이집, 유치원 등 아동보육시설 및 교육기관을 방문하여 4~7세 미취학 아동을 대상으로 교육을 진행한다. 애니메이션을 활용하여 아동의 위험한 상황에 대해 이해하고, 역할극을 통해 위험상황에서 대처방법을 습득할 수 있도록 한다.

〈표 1-7〉 아동 실종 예방을 위한 4~7세 미취학 아동대상 방문교육 내용

구분	내용	
교육명	아동 실종 · 유괴 예방 전무활동가 방문교육 〈초록이와 꼭꼭이〉	
목적	아동의 실종(미아와 유괴) 상황에 따른 대처방법을 습득하도록 교육함	
대상	어린이집, 유치원 등 아동보육시설 및 교육기관(4~7세 미취학 아동)	
구성	• 전문 양성교육을 수료한 전문활동가 2인 1조가 신청기관에 방문하여 교육 진행함 • 애니메이션을 활용하여 실종(미아, 유괴) 위험사항에 대해 이해함 • 역할극을 통한 위험상황에서의 대처방법을 습득하고 강화함	
시간	30분	
인원	참여 아동 수 25명 이상	
교육비	무료	
교육 내용	도입	소개 및 교육 안내
	전개	• 애니메이션 시청(미아 편, 유괴 편) • 역할극 진행 및 피드백
	마무리	학습 내용 리뷰

출처 : 소방방재청, 유아 안전교육 프로그램 교사용 지도서 및 부모용 자료

(5) 역할놀이를 통한 안전교육

역할놀이를 통한 안전교육은 영유아가 흥미 있어 하는 주제를 중심으로 역할놀이 상황에서 한 가지 역할을 맡아 놀이를 통해 안전교육을 실시하는 것이다. 즉, 유아의 안전과 관련된 주제를 역할놀이를 통해 생활 주변에서 부딪치는 여러 가지 위험상황을 경험해 봄으로써 적극적인 대처방법을 기를 수 있게 된다. 역할놀이를 이용한 안전교육이 효과적인 이유는 다음과 같다.

첫째, 역할놀이를 통해 가르치고자 하는 안전 지식과 기술, 태도 등을 반복적으로 실시할 수 있다.

둘째, 실제 위험상황이 아닌 역할놀이 상황에서 실제의 상황처럼 환경적인 효과를 극대화하여 보다 극적인 현실감을 경험할 수 있다.

셋째, 실제 물건이나 자료들을 역할놀이영역의 놀잇감들로 대체하여 활용할 수 있는데, 예를 들어 소꿉영역의 싱크대의 가스레인지를 활용하여 실제 발생할 수 있는 위험요인을 부각시켜 화재 안전을 놀이를 통해 재현해 볼 수 있기 때문이다(Gast, Wellons & Collins, 1994).

시장놀이, 소방서 놀이, 병원놀이 등은 유아들에게 안전교육의 내용을 역할놀이로 확장하기에 적합하다. 영유아들은 이러한 역할놀이과정을 통해 관련된 안전의 지식이나 기술, 태도 등을 자연스럽게 배울 수 있다. 유아교육기관에서 역할놀이를 통해 할 수도 있고 다음과 같이 유아교육진흥원에 신청하여 체험할 수 있다.

유아교육진흥원에서 역할놀이를 통해 교통안전을 체험중인 유아들

(6) 행동 중심적인 방법을 통한 안전교육

행동 중심적인 방법을 통한 안전교육은 안전교육에 관한 내용을 행동주의 학습방법에 의해 교육하는 것으로 자극, 강화, 행동 형성, 일반화의 과정을 통하여 안전교육을 실시하는 것이다. 예를 들어, 유아교육기관에서 안전하게 소화기를 사용해야 하는 내용에 대한 학습을 하게 될 때, 소방서에 현장체험을 가서 소방관이 먼저 시범적으로 소화기 사용하는 방법에 대한 적절한 모델링이 되어준 후 유아들이 연습해보게 하는 것 등이다. 교사는 영유아들에게 간단한 행동 설명과 함께 시범을 보인다. 그리고 유아들이 실제로 소화기를 안전하게 사용하는 연습을 한다. 이러한 학습이 진행된 후 교사는 실제로 유아들이 지속적으로 학습된 행동이 반복되고 습관화 되었는지를 관찰하고 규칙을 잘 지켰을 때 긍정적인 강화를 준다. 행동 중심적인 방법을 통한 안전교육을 실시하기 위해서는 교사는 일상생활 중에서 유아들의 행동을 관찰하여 안전사고의 원인이 될 수 있는 행동이나 목록을 만들어 가장 우선적으로

교육해야 할 내용을 서열화한 후 교수목표로 설정하여 진행한다.

소방서에서 소화기를 직접 분사해보는 영아들

PART 2

영유아 연령별 발달특성과 안전사고

영유아 발달특성과 안전사고 및 사고유형과 안전수칙 • Chapter 02

Chapter 02

영유아 발달특성과 안전사고 및 사고유형과 안전수칙

1. 만 0~1세 영아의 발달특성과 안전사고
2. 만 2세 영아의 발달특성과 안전사고
3. 만 3~5세 유아의 발달특성과 안전사고
4. 어린이집 하루일과에서의 부적절 행위 사례와 교사의 역할
5. 연령별 연간 안전교육 계획안의 예

1. 만 0~1세 영아의 발달특성과 안전사고

1) 만 0~1세의 발달특성

(1) 만 0세

- 배밀이나 무릎을 세우고 기어다닐 수 있다. 때로는 기는 단계를 건너뛰고 잡고 일어서서 걷는다. 바닥에 떨어진 작은 조각을 집으려 하거나 잡을 수 있다.

- 움직이는 것에 관심을 보이고 따라다닌다.

- 감정이 풍부해지면서 좋고 싫고 기쁘고 슬프고 무섭고 화가 나는 표현을 할 수 있으며, 관심을 끌기 위해 소리를 지르기도 한다.
- 12개월 전후 혼자 걷기 시작하며 이후 도움을 받아 계단을 오르고 내릴 수 있다.

(2) 만 1세

- '엄마', '아빠', '맘마' 등 2~3개 단어를 말할 수 있다.
- 한 단어를 사용하며, 두 단어를 사용해 불완전한 문장으로 의사소통을 시도하지만 의사소통의 어려움을 짜증이나 화를 내거나, 밀거나, 꼬집는 것으로 표현할 수 있다.
- 개별 발달특성에 따라 배변훈련을 시작할 수 있는 시기이다.
- 내적 표상으로 지연모방이 가능해진다.

(3) 만 0~1세 영아의 발달특성과 안전사고의 관계

<table>
<tr><th colspan="2">영아 발달특성에 따른 안전사고 유형</th><th>안전사고 유형</th></tr>
<tr><td rowspan="2">만 0세</td><td>• 2~4개월
– 순식간에 몸을 뒤집거나 바닥에서 구르기를 즐김
– 새로운 행동을 실험하며 운동성이 많음
– 무엇이든 입으로 가져가는 시기임</td><td rowspan="2">낙상, 화상, 익사, 날카로운 물건으로 인한 상해, 충돌, 추락, 질식, 이물질의 흡입, 중독 등</td></tr>
<tr><td>• 6개월 이후
– 일어서거나 잡고 돌아다니는 등 움직임의 범위가 커지지만 균형감각이 부족함
– 사물에 대한 호기심이 많아 탐색하고자 하는 욕구가 생김
– 물체를 손에 움켜쥐는 것을 즐김
– 신체조절능력이 적어 물건을 떨어뜨리기 쉬움</td></tr>
</table>

출처 : 어린이집안전공제회(2012) 재편집

2) 사고유형과 안전수칙

(1) 위해 발생 장소별 현황

영아기에 발생한 안전사고 총 6,778건 중 가장 빈발하는 위해 발생 장소는 '주택'으로 전체의 91.6%를 차지하는 6,212건으로 나타났다. 영아기는 생존에 필요한 기본적인 반사운동과 감각능력이 발달하는 시기이며 대근육 및 소근육발달이 미약하여 스스로의 신체 움직임이 자유롭지 못하다. 따라서 위험상황을 자각하거나 스스로를 보호하지 못하므로 보호자의 세심한 주의가 필요하다.

〈표 2-1〉 영아기 위해 발생 장소별 현황 (단위: 건, %)

발생 장소	건수	비율
주택	**6,212**	**91.6**
도로 및 인도	87	1.3
숙박 및 음식점	69	1.0
쇼핑시설	42	0.6
의료서비스시설	39	0.6
여가 · 문화 및 놀이시설	34	0.5
기타 상업시설*	25	0.4
교육시설	13	0.2

발생 장소	건수	비율
교통시설	7	0.1
자연 및 관련 시설	5	0.1
스포츠/레저시설	4	0.1
종교 및 문화시설	1	0.0
복지 및 노인요양시설	1	0.0
농 · 수 · 축산업지역	1	0.0
기타	238	3.5
합계	**6,778**	100.0

* 주유소, 세차장, 편의점, 제과점, 이 · 미용실 등

출처 : 한국소비자원(2017)

(2) 위해품목별 현황

영아기의 안전사고 다발품목은 '침실가구'가 2,485건(36.7%)으로 가장 많았고, 다음으로 '거실가구' 681건(10.0%), '바닥재' 511건(7.5%), '유아용 가구' 507건(7.5%) 등의 순으로 나타났다.

〈표 2-2〉 영아기 상위 20개 위해다발품목 (단위: 건, %)

순위	구분(중분류)	건수	비율	순위	구분(중분류)	건수	비율
1	침실가구	2,485	36.7	11	학생용 및 서재용 가구	90	1.3
2	거실가구	681	10.0	12	유가공품-일반	90	1.3
3	바닥재	511	7.5	13	이 · 미용 및 생활가전	74	1.1
4	유아용 가구	507	7.5	14	위생도기 및 욕실가구	64	0.9
5	주방 가전	250	3.7	15	의약품	59	0.9
6	문	197	2.9	16	취사도구	49	0.7
7	주방가구	168	2.5	17	서적 · 인쇄물 및 음반	45	0.7
8	식기, 접시 및 컵	151	2.2	18	문구 및 학습용품	45	0.7
9	기타 가구 및 가구부품	144	2.1	19	축산물-유란류	44	0.6
10	완구	121	1.8	20	주방용구 및 용품	42	0.6

출처 : 한국소비자원(2017)

(3) 위해 유형별 현황

영아기의 안전사고 총 6,778건 중 '추락' 사고가 3,317건(48.9%)으로 가장 많았으며, 주요 원인품목은 '침대', '소파', '유모차' 등으로 나타났다. 영아기 발달특성상 신체 움직임이 자유롭지 못해 추락사고가 중상으로 이어질 우려가 있어 보호자의 세심한 주의 · 관찰이 필요하다. 다음으로 '부딪힘' 사고가 898건(13.2%)이었으며, 주요 원인품목은 '거실장 및 TV장', '침대' 등이었다. 이 외에 '미끄러짐 · 넘어짐' 사고 709건(10.5%), '고온물질에 의한 위해' 508건(7.5%) 등의 순으로 나타났다.

〈표 2-3〉 영아기 위해 유형별 현황 (단위: 건, %)

순위	위해 유형	주요 원인품목(소분류)	건수	비율
1	추락	침대, 소파, 유모차 등	3,317	48.9
2	부딪힘	거실장 및 TV장, 침대 등	898	13.2
3	미끄러짐 · 넘어짐	바닥재, 유모차 등	709	10.5
4	고온물질에 의한 위해	전기그릴, 커피포트 등	508	7.5
5	이물질 삼킴/흡인	스티커, 건전지, 살충제 등	350	5.2
6	눌림 · 끼임	문, 옷장 등	291	4.3
7	식품섭취로 인한 위해	분유류, 치즈류, 달걀 등	252	3.7
8	베임 · 찔림	옷걸이, 손톱깎이, 완구류 등	214	3.2
9	기타 물리적 충격	선풍기, 가습기 등	62	0.9
10	동물에 의한 상해	애완견	33	0.4
기타			144	2.2
합계			6,778	100.0

출처 : 한국소비자원(2017)

(4) 위해증상별 현황

위해증상별 현황에서는 '피부 및 피하조직 손상'이 3,071건으로 전체의 45.3%를 차지했으며, 다음으로 '뇌진탕 및 타박상'이 2,378건(35.1%), '화상'이 520건(7.7%) 등의 순으로 나타났다. 영아기 안전사고 중 가장 많은 비중을 차지하는 침대, 소파 등에서의 추락사고로 인해 영아가 피부에 찰과상, 열상 등을 입거나 머리 뇌진탕, 타박상 등을 입는 경우가 많아 '피부 및 피하조직 손상', '뇌진탕 및 타박상'이 전체의 80.4%를 차지하였다.

〈표 2-4〉 영아기 위해증상별 현황 (단위: 건, %)

순위	구분(대분류)	건수	비율
1	피부 및 피하조직 손상	3,071	45.3
2	뇌진탕 및 타박상	2,378	35.1
3	화상	520	7.7
4	기타 손상	458	6.8
5	근육, 뼈 및 인대 손상	245	3.6
6	전신손상	60	0.9
7	신체 내부 장기손상	38	0.6
8	해당 없음	8	0.1
	합계	6,778	100.0

출처 : 한국소비자원(2017)

이상에서 살펴본 바와 같이 영아는 움직임이 자유롭지 못하며 스스로를 보호하는 능력이 없어 보호자의 시야를 벗어나지 않도록 해야 한다. 영아가 '침대'와 '소파' 등에서 떨어지는 '추락' 사고가 빈번하게 발생하므로 영아가 사용하는 실내가구에 보호장비를 설치하여 '추락' 사고를 예방해야 한다. 영아는 피부가 매우 약하여 경미한 부딪힘이나 넘어짐 등에도 타박상, 열상 등을 입을 가능성이 있어 주의해야 한다. 또한 이 시기의 화상사고는 성인에 비해 손상 정도도 심각하지만 성장발달장애 등 장기간의 후유증을 남기기도 한다.

(5) 영아기 주요 안전사고 사례

[추락 사고]

- 2014년 8월 김○○(여, 9개월)은 잠을 자던 중 침대에서 떨어져 응급실에 내원하여 치료를 받음

[부딪힘 사고]

- 2014년 1월 김○○(여, 11개월)은 나무테이블에 부딪혀 입술과 구강의 열상으로 응급실에 내원하여 치료를 받음

[미끄러짐 · 넘어짐 사고]

- 2015년 11월 최○○(남, 7개월)은 거실에서 넘어지면서 머리를 부딪쳐 머리의 타박상으로 응급실에 내원하여 치료를 받음

[화상 사고]

- 2016년 5월 한○○(남, 10개월)은 밥솥 증기에 데어 손가락에 화상을 입고 응급실에 내원하여 치료를 받음

출처 : 한국소비자원(2017)

(6) 만 0~1세 영아에게 흔히 발생하는 사고 원인, 주의, 처치법

① 폭발, 감전 등으로 인한 화상

원인	식탁 위의 뜨거운 국 그릇이나 가열대 위의 냄비 등을 당겨서 화상을 입기도 한다. 증기밥솥의 증기배출구, 커피포트, 난로, 다리미, 냉·온수 겸용 정수기, 촛불이나 담뱃불 등은 영아들의 호기심을 불러일으키기에 충분하다. 또한 콘센트나 전깃줄을 입에 대어 탐색하기도 한다.
주의	• 전기콘센트는 사용 후 즉시 막는다. • 뜨거운 음식을 식탁 가장자리에 두지 않는다. • 뜨거운 물로 조리 중인 부엌에는 아이가 출입하지 않도록 한다. • 목욕물에 영아를 담그기 전 물의 온도를 미리 확인하여 피부에 화상을 입지 않도록 한다.
처치	• 찬물로 식힌다. • 입고 있는 옷은 억지로 벗기지 말고 가위로 잘라낸다. • 소독된 거즈나 젖은 손수건으로 상처부위를 넓게 덮어준다. • 상처에 크림이나 로션 등은 살균되어 있지 않아 감염의 위험이 높으므로 발라주지 않는다. • 전기화상은 피부에 손상을 입지 않더라도 강력한 전류가 심장에 손상을 줄 수 있으므로 3~4일 정도 관찰을 요한다.
증상	• 1도 화상은 피부표면층이 손상된 것으로 통증과 발적을 유발한다. • 2도 화상은 피부표면층과 하부층의 손상으로 좀 더 심한 발적, 부종물집을 유발한다. • 3도 화상은 좀 더 깊은 조직까지 손상범위가 확장된 것으로 피부가 갈색이나 검은색이 되고 통증이 없을 수도 있다.

② 중독

원인	• 영아는 입으로 탐색하기를 즐기기 때문에 중독 사고의 위험이 높다. • 가정에서 사용하는 세제류, 상비약, 크레용이나 시계, 건전지 등이 위험물이다.
주의	영아의 손에 닿지 않는 곳에 보관함을 두고 열리지 않도록 조치해야 한다.
처치	사고에 대비해 토근시럽(IPECAC SYRUP)을 준비해 두고 중독물을 삼킨지 1시간 이내에 먹이도록 한다. 가능한 빠른 시간 내 토하게 해야 피해를 줄일 수 있다. * 단, 부식성독극물(강산, 알칼리, 휘발유 등)은 식도 등 내장기관을 손상시키므로 토하게 해서는 안 된다.

③ 낙상

원인	만 0세 영아의 경우, 신체 비율상 머리가 차지하는 비율이 높으며 머리가 무겁기 때문에 앉아 있거나 기어다니다가도 넘어지거나 바닥에 머리를 찧기 쉽다. 특히, 이 시기에는 앉기, 잡고 일어서기, 기어다니기 등 몸의 이동을 시도하는 시기이나 아직 자신의 신체를 조절하는 능력이 미숙한 것이 특징이다. 따라서 넘어지거나 바닥, 가구, 창틀 등에 부딪치기도 잘 할 뿐 아니라 의자에서 떨어지거나 계단에서 구르는 등 사고의 위험이 높다.
주의	추락위험이 있는 지점에 충격완화를 위한 바닥설치를 하고 놀이공간과 놀이기구는 영아의 신체크기와 맞게 배치하고 설계되어야 한다.
처치	만약 찢어지거나 출혈이 있을 경우는 거즈로 압박해서 출혈을 멈추게 하고 지혈한 상태로 병원으로 이송한다. 갑자기 토하면서 잠이 들거나 일시적인 혼미나 의식상실일 경우도 병원으로 이송한다.

④ 이물 흡인

원인	영아의 손에 잡히는 모든 물질, 즉 구슬, 단추, 동전, 기저귀 핀, 알약, 화장품, 종이 반지, 돌멩이 등과 영아들이 사용하는 베이비파우더의 가루도 흡입으로 인한 위험물이 될 수 있다.
주의	영아가 기어다닐 경우 바닥에 이물질이 떨어져 있지 않도로 하며, 서서 다니는 영아의 경우 손에 닿지 않도록 주의를 하고 놀잇감 제공 시 부모나 교사가 면밀한 검토 후 영아들에게 주도록 한다(질식의 위험을 줄이기 위해 3.5cm 이상 크기를 선택하도록 한다).
처치	의식이 있는 상태에서 말을 못하고 기침이나 호흡이 불가능한 경우는 완전기도폐쇄로 간주하며 하임리히법을 실시한다. 만약 말을 하거나 기침을 하면 부분기도폐쇄라 보지만 만약 청색증이나 호흡곤란이 심하면 하임리히법을 실시한다. 이 경우 5회 등치기와 5회 흉부압박으로 이물질이 나올 때까지 반복한다.

출처 : 김일옥, 이정은 공저(2005); 이은혜 외(1996); 김미예(1999); 어린이집안전공제회(2016)

2. 만 2세 영아의 발달특성과 안전사고

1) 만 2세의 발달특성

(1) 만 2세

- 숟가락이나 컵을 사용하여 혼자서 음식 먹는 게 가능하다.
- 2~3개의 단어로 이루어진 단순한 구조의 짧은 문장을 구사한다.
- 대화를 주고받을 수 있고 질문을 많이 한다.
- 큰소리로 말하면 때렸다고 하거나(과잉확대), 우리 집 고양이만 고양이라고(과잉축소) 하는 경향이 있다.
- 자신의 정서와 느낌을 강하게 표현하지만, 다른 사람의 의견이나 느낌에 대한 이해는 거의 없으며, 감정의 변화가 심하다.
- 자신의 장난감, 옷, 부모 등에 강한 소유욕을 나타내며 자기중심적이어서 다른 영아와 놀잇감을 나누어 쓰기 어렵다.

만 2세 영아들

만 2세 유아들

(2) 만 2세 영아의 발달특성과 안전사고와의 관계

		안전사고 유형
2세	• 머리와 몸의 비율에 의하여 잘 넘어짐 • 관심의 대상이 확대되고 손과 팔의 협응력이 발달 • 행동 및 활동의 범위가 넓어지고 탐색을 즐기고 호기심이 강함 • 운동기능이 발달하여 걷고 기어오르고 탐색하는 것을 즐기지만 걷다가 갑자기 정지하는 등의 신체조절능력이 능숙하지 못함 • 손의 힘이 세져 문과 서랍 등을 여닫으며 놀기 좋아함 • 작고 아늑한 공간에 들어가기를 좋아하지만 공간에 대한 판단이 정확하지 않음 • 아직 물건을 입에 넣기를 즐김 • 자신의 몸이나 도구를 활용하여 여러 가지 실험과 탐색을 즐김 • 자기중심적 사고, 중심화 사고 경향을 보여 타인의 입장에서 사물이나 사건을 인식하지 못함 • 자아개념이 형성되면서 자기 혼자 행동하려고 하는 의도가 강함 • 정서의 기복이 심하여 감정이 강하게 표현됨 • 걸을 수 있게 되면서 걷기, 빨리 걷기, 달리기 등을 하다가 자주 넘어지고 부딪힘 • 외부의 위험한 상황에 대처하거나 반응하는 지각운동능력이 미성숙한 상태 • 모방과 탐색하고자 하는 의욕이 어느 시기보다 왕성하여 끊임없이 움직이므로 칼, 가위 등 위험한 도구에 상해를 입는 경우가 자주 발생	낙상, 화상, 익사, 날카로운 물건으로 인해 상해, 충돌, 추락, 질식, 이물직의 흡입, 중독 등

출처 : 어린이집안전공제회(2012)

영아 발달특성에 따른 안전사고 유형(만 2세)		안전사고 유형
2세	• 30개월이 되어야 신체 비율이 전형적인 유아의 모습이 됨 • 소근육과 신체기술이 숙달되어 새로운 행동의 시도를 활발하게 함 • 달리고 높은 곳을 기어오르거나 뛰어 오르기, 공 던지기, 세발자전거 타기 등 대근육활동을 숙련되게 할 수 있지만 속도, 방향 등의 조절 능력이 완성되지 않음 • 옷장, 세탁기 등 문이 달린 독립된 공간에 흥미를 가지지만 공간에 대한 판단이 정확하지 않음 • 사물에 대한 정보가 부족하고 단편적 정보를 가지므로 사물 간의 관계를 충분히 인식하지 못함 • 모방놀이가 확장되지만 환상과 실제에 대한 구분이 발달되지 않음 • 자기중심적인 사고 시기이며 호기심이 많아 새로운 시도를 많이 함 • 자기 것에 대한 소유의 개념이 발달된 영아는 차례를 기다리기 어려움	낙상, 질식, 파열상, 교통사고, 추락, 충돌, 화상, 익사, 상해
	• 자기중심적이어서 혼자서 노는 것을 좋아함. 병행 놀이를 시도하며 다른 사람과 의견 교환이나 놀이의 협조가 안 됨 • 친구와의 놀이를 시도하지만 다른 친구와의 놀이는 지속시간이 짧으며 아직은 장난감이나 환경에 더 많이 관심 있음 • 자기중심적이어서 다른 영아와 자주 싸우며 특히 신체적인 싸움이 많음 • 타인을 이해하고 배려하는 사회성발달이 아직은 미흡하여 친구 간의 갈등이 많음 • 정서조절이 아직은 완전하지 않아서 감정의 노출이 격렬하고 빠르게 변화함 • 자신의 의견을 자랑하고 고집이 늘어나며 자신의 행동을 방해받으면 화를 내고 울음을 정서표현의 주요 수단으로 사용함	

출처 : 어린이집안전공제회(2012) 재편집

2) 사고 유형과 안전수칙

(1) 위해 발생 장소별 현황

영아기에 발생한 안전사고 총 3만 7,419건 중 '주택'에서 발생한 안전사고는 3만 71건으로 전체의 80.4%를 차지한다. 다음으로 '여가 · 문화 및 놀이시설' 1,434건(3.8%), '교육시설' 1,267건(3.4%), '숙박 및 음식점' 965건(2.6%) 등의 순으로 나타났다. '영아기'와 마찬가지로 '주택'에서 발생하는 안전사고의 비중이 가장 크다. '영아기'에 비해 신체발달속도는 다소 느려지지만 보다 정밀한 대근육, 소근육발달이 이루어지게 된다. 따라서 걷기, 뛰기 등 운동능력이 향상되며 활동성이 증가하고 이에 따라 활동범위가 넓어져 '여가 · 문화 및 놀이시설', '교육시설' 등으로 위해 발생 장소가 확대되었다.

〈표 2-5〉 만 2세 영아의 위해 발생 장소별 현황 (단위: 건, %)

발생 장소	건수	비율
주택	30,071	80.4
여가 · 문화 및 놀이시설	1,434	3.8
교육시설	1,267	3.4
숙박 및 음식점	965	2.6
도로 및 인도	621	1.7
쇼핑시설	551	1.5
타 상업시설*	291	0.8
교통시설	161	0.4
의료서비스시설	157	0.4
종교 및 문화시설	150	0.4
자연 및 관련 시설	43	0.1
공공시설	12	0.0
복지 및 노인요양시설	10	0.0
농 · 수 · 축산업지역	2	0.0
기타 개수	1,596	4.3
미상	4	0.0
합계	37,419	100.0

* 주유소, 세차장, 편의점, 제과점, 이 · 미용실 등

출처 : 한국소비자원(2017)

(2) 위해품목별 현황

영아기의 안전사고를 유발하는 주요 위해품목은 '바닥재'가 5,963건(15.9%)으로 가장 많았고, 다음으로 '침실가구' 4,083건(10.9%), '거실가구' 3,568건(9.5%), '문' 2,044건(5.5%) 등의 순으로 나타났다.

〈표 2-6〉 만 2세 영아의 상위 20개 위해다발품목 (단위: 건, %)

순위	구분(중분류)	건수	비율	순위	구분(중분류)	건수	비율
1	바닥재	5,963	15.9	11	계단 및 층계	951	2.5
2	침실가구	4,083	10.9	13	주방 가전	839	2.2
3	거실가구	3,568	9.5	13	기타 승용물	698	1.9
4	문	2,044	5.5	14	위생도기 및 욕실가구	525	1.4
5	완구	1,794	4.8	15	여행, 문화, 놀이시설 및 서비스	513	1.4
6	주방가구	1,486	4.0	16	문구 및 학습용품	482	1.3
7	기타 가구 및 가구부품	1,341	3.6	17	교육, 연구기관 시설 및 서비스	434	1.2
8	학생용 및 서재용 가구	1,228	3.3	18	리프트 시설	368	1.0
9	유아용 가구	1,165	3.1	19	식기, 접시 및 컵	347	0.9
10	놀이터 시설	1,059	2.8	20	이 · 미용 및 생활가전	307	0.8

출처 : 한국소비자원(2017)

(3) 위해 유형별 현황

영아기 주요 안전사고 총 3만 7,419건 중 '미끄러짐 · 넘어짐' 사고가 1만 301건(27.5%)으로 가장 많았으며, 주요 위해품목은 '바닥재', '계단' 등으로 나타났다. 이 시기는 걷기, 뛰기 등의 활동에 필요한 대근육발달이 이루어지는 시기이며 영아기는 주변을 끊임없이 탐색하는 과정을 통해 호기심을 충족해 나가지만 위험상황에 대해 스스로 인지하기 어려우므로 안전사고가 발생할 가능성이 높다. 다음으로 '침대', '식탁' 등에 의한 '부딪힘' 사고가 9,948건(26.6%)이었으며, '침대', '소파' 등에서의 '추락' 사고가 6,064건(16.2%)으로 나타났다.

〈표 2-7〉 만 2세 영아의 위해 유형별 현황 (단위: 건, %)

순위	위해 유형	주요 원인품목(소분류)	건수	비율
1	미끄러짐 · 넘어짐	바닥재, 계단 등	10,301	27.5
2	부딪힘	거실장 및 TV장, 침대, 서랍장 등	9,948	26.6
3	추락	침대, 소파, 식탁 등	6,064	16.2
4	눌림 · 끼임	문, 기타 승용물, 엘리베이터 등	2,978	8.0
5	이물질	삼킴/흡인 구슬, 완구류, 조립용 블록, 스티커, 콩류 등	2,892	7.7
6	베임 · 찔림	면봉, 눈썹용 칼, 가정용 칼, 가위 등	1,763	4.7
7	고온물질에 의한 위해	정수기, 전기밥솥, 다리미 등	1,419	3.8
8	식품 섭취로 인한 위해	우유, 달걀, 캔디 등	668	1.8
9	충돌, 추돌 등 물리적 충격	거울, 서랍장, 행거 등	430	1.1
10	동물에 의한 상해	애완견	242	0.6
기타			714	2.0
합계			37,419	100.0

출처 : 한국소비자원(2017)

(4) 위해증상별 현황

위해증상은 '피부 및 피하조직 손상'이 2만 3,974건으로 전체의 64.1%를 차지했으며, 다음으로 '뇌진탕 및 타박상' 6,331건(16.9%), '기타 손상' 3,044건(8.1%) 등의 순으로 나타났다.

〈표 2-8〉 만 2세 영아의 위해증상별 현황 (단위: 건, %)

순위	구분(대분류)	건수	비율
1	피부 및 피하조직 손상	23,974	64.1
2	뇌진탕 및 타박상	6,331	16.9
3	기타 손상	3,044	8.1
4	근육, 뼈 및 인대 손상	1,925	5.1
5	화상	1,531	4.1
6	전신 손상	290	0.8
7	신체 내부 장기 손상	251	0.7
8	해당 없음	73	0.2
	합계	37,419	100.0

출처 : 한국소비자원(2017)

이상에서 살펴본 바와 같이 영아는 걸음마를 시작하면서 이전 시기보다 활동범위가 넓어지지만 여전히 신체의 무게 중심이 높고, 신체 근육발달이 완전하지 못하며, 균형감각이 완전하지 못하여 걸음걸이가 서투르므로 '미끄러짐 · 넘어짐' 사고가 빈번하게 발생했다. 영아가 주로 생활하는 공간에는 미끄림 방지 처리가 된 바닥재를 사용하거나 충격흡수가 되는 영아용 바닥매트를 사용하여 안전사고를 예방해야 한다. 욕실을 사용한 뒤 물기를 제거하여 미끄러지는 사고를 예방해야 한다. 또한 걸음걸이가 완전하지 못하며 위험환경에 대한 인식이 부족하여 책상, 서랍장의 가장자리에 부딪히는 사고가 발생할 수 있으므로 날카로운 모서리에는 모서리보호대 등 안전용품을 부착해야 한다.

영아는 주변에 대한 호기심이 왕성하지만 조절능력과 신체의 민첩성이 떨어지므로 현관과 승강기, 자동차 문에 의한 '끼임'사고가 발생하지 않도록 주의해야 한다. 이 시기는 호기심이 많아 손에 잡히는 물건을 입으로 가져가거나 코나 귀에 넣는 등 이물질 관련 사고가 발생하기 쉬우므로 어린이의 손이 닿는 곳에 작은 크기의 장난감, 콩 등 작은 물건이나 의약품, 세제 등의 화학물질을 방치하지 않도록 해야 한다. 연령대에 알맞은 완구를 구입하고 영아가 사용방법을 준수하며 완구를 사용할 수 있도록 하여 삼킴사고를 예방해야 한다.

(5) 영아기 주요 안전사고 사례

[미끄러짐 · 넘어짐 사고]

- 2015년 1월 지○○(만 1세, 여)는 방에서 넘어지면서 상 모서리에 부딪혀서 입술의 열상을 입고 응급실을 통해 내원하여 치료받음

[부딪힘 사고]

- 2014년 12월 김○○(만 1세, 남)는 침대 모서리에 부딪혀 입술의 열상을 입고 응급실을 통해 내원하여 치료받음

[추락 사고]

- 2016년 1월 황○○(만 3세, 남)는 소파에서 떨어져 팔꿈치의 타박상을 입고 응급실을 통해 내원하여 치료받음

[눌림 · 끼임 사고]

- 2015년 1월 김○○(만 1세, 남)는 방문에 손가락이 끼여 손가락에 타박상을 입고 응급실을 통해 내원하여 치료받음

출처 : 한국소비자원(2017)

3. 만 3~5세 유아의 발달특성과 안전사고

(1) 만 3세의 발달특성

- 기본적인 운동기능이 확립되며 숟가락, 포크 사용이 능숙해져 밥과 국을 흘리지 않고 먹을 수 있다.
- 자기주장이 뚜렷해지고 요구도 커지며 질투심이 강해진다. 울음횟수가 줄고 우는 이유를 말할 수 있다.
- 스스로 하고자 하는 시도가 많아진다. 몸이 피곤하거나 통제를 받으면 화를 잘 내는 경향을 보인다.
- 차례 지키기가 점차 가능해지고 간단한 규칙, 타인의 요구를 지킬 수 있다.
- 성인과 가까이 있기를 좋아하고, 성인의 칭찬과 승인에 민감하게 반응한다.
- 2~3명이 상호작용하는 소집단의 놀이가 가능해지고, 성별의 구별 없이 또래와 놀이하지만 점차 동성 또래에 대한 접근이 빈번해진다.

만 5세 유아들

(2) 만 4~5세

- 약간 복잡한 운동이 가능해진다. 밥 먹기, 세수하기, 옷 갈아입기, 신발 신기 등 도움 없이도 스스로 할 수 있으며 점점 혼자 단추를 채우고 옷을 입을 수 있다.
- 왕성한 지적 호기심으로 질문이 많아지며, 특히 단어의 의미나 정보를 모으기

위한 질문을 한다.

- 다른 사람들과 능숙하게 대화하고 문법에 맞는 말로 여러 가지 단어를 사용하여 말할 수 있으며, 자기중심적인 언어에서 점차 사회화된 언어를 사용하기 시작한다.
- 나와 다른 사람의 감정을 알아가는 시기이나 아직은 다른 사람의 상황이나 감정을 이해하기는 어렵다. 그러나 점차 협동하기, 양보하기 같은 친사회적 행동을 많이 한다.
- 자신도 어른처럼 독립적인 인간으로 대해줄 때 즐거움을 표현하며, 자신의 성취에 대해 자부심을 갖는다.

1) 만 3~5세 유아의 발달특성과 안전사고

- 신체의 움직임이 더욱 안정되고 유연해지며, 소근육조절능력이 발달하여 양손을 이용한 활동을 할 수 있음
- 구사할 수 있는 어휘의 수가 급증하며 또래와의 상호작용이 활발해져 점차 집단놀이를 즐김
- 구체적 사물이나 행동이 제시되지 않아도 상상하거나 추측하여 행동하는 것이 부분적으로 가능해짐

2) 사고 유형과 안전수칙

(1) 위해 발생 장소별 현황

유아기의 안전사고 총 1만 6,245건 중 '주택'에서 발생한 안전사고가 총 9,955건으로 전체의 61.3%를 차지하였고, 다음으로 '여가 · 문화 및 놀이시설' 1,701건(10.5%), '교육시설' 1,280건(7.9%) 등으로 나타났다.

〈표 2-9〉 유아기 위해 발생 장소별 현황 (단위: 건, %)

발생장소	건수	비율	발생장소	건수	비율
주택	9,955	61.3	자연 및 관련 시설	40	0.2
여가 · 문화 및 놀이시설	1,701	10.5	의료서비스시설	40	0.2
교육시설	1,280	7.9	농 · 수 · 축산업지역	6	0.0
도로 및 인도	754	4.7	공공시설	6	0.0
숙박 및 음식점	415	2.6	복지 및 노인요양시설	3	0.0
스포츠/레저시설	374	2.3	산업 및 건설지역	1	0.0
쇼핑시설	292	1.8	기타	1,015	6.2
기타 상업시설*	188	1.2	미상	1	0.0
교통시설	113	0.7			
종교 및 문화시설	61	0.4	합계	16,245	100.0

* 주유소, 세차장, 편의점, 제과점, 이 · 미용실 등

출처 : 한국소비자원(2017)

(2) 위해품목별 현황

유아기의 안전사고를 유발하는 위해품목은 '바닥재'가 1,774건(10.9%)으로 가장 많았고, 다음으로 '놀이터 시설'이 1,447건(8.9%), '침실가구' 1,227건(7.6%) 등의 순으로 나타났다. 이전 시기에 비해 위해품목이 다양해지고, '놀이터 시설', '자전거' 등 실외에서 사용하는 품목이 상위권을 차지하였다. 이는 연령대가 높아짐에 따라 실내를 벗어나 실외에서 보내는 시간이 많아지고 다양한 활동을 하기 때문으로 보인다.

〈표 2-10〉 유아기 상위 20개 위해다발품목 (단위: 건, %)

순위	구분(중분류)	건수	비율	순위	구분(중분류)	건수	비율
1	바닥재	1,774	10.9	11	기타 가구 및 가구부품	486	3.0
2	놀이터 시설	1,447	8.9	12	기타 승용물	449	2.8
3	침실가구	1,227	7.6	13	방가구 3	361	2.2
4	문	971	6.0	14	교육, 연구기관시설 및 서비스	359	2.2
5	완구	875	5.4	15	문구 및 학습용품	329	2.0
6	거실가구	795	4.9	16	놀이장비 및 액세서리	310	1.9
7	자전거	656	4.0	17	위생도기 및 욕실가구	297	1.8
8	계단 및 층계	515	3.2	18	유아용 가구	258	1.6
9	학생용 및 서재용 가구	496	3.1	19	스포츠, 레저시설 및 서비스	187	1.2
10	어헹, 문화, 놀이시설 및 서비스	490	3.0	20	스포츠 장비 및 용품	180	1.1

출처 : 한국소비자원(2017)

(3) 위해 유형별 현황

유아기의 안전사고 총 만 16,245건 중 '미끄러짐 · 넘어짐' 사고가 4,932건으로 전체의 30.4%를 차지했으며, 주요 위해품목은 '바닥재', '어린이자전거', '계단' 등으로 나타났다. 걸음마기와 마찬가지로 가정 내 미끄러짐 사고의 비중이 높았으며, 안전사고 예방을 위해 바닥에 미끄럼 방지 스티커를 부착하거나 충격흡수를 위한 매트를 설치해야 한다. 또한 어린이가 계단에서 넘어지는 사고를 예방하기 위해 안전장치를 설치해야 한다.

유아기에 '미끄러짐 · 넘어짐' 사고 다음으로 많은 '부딪힘' 사고는 주로 책상, 침대, 테이블 등 가정 내 가구에 의해 발생하였다. 3세 이하에서 발생한 '추락' 사고는 '침대', '소파' 등 주로 가정 내 품목에 의해 발생하였지만 유아기의 경우 가정 내 품목뿐 아니라 '놀이터용 미끄럼틀' 등 실외 품목의 비중이 높아지고 품목 또한 다양해짐을 알 수 있다.

〈표 2-11〉 유아기 위해 유형별 현황 (단위: 건, %)

순위	위해 유형	주요 원인품목(소분류)	건수	비율
1	미끄러짐 · 넘어짐	바닥재, 어린이자전거, 계단 등	4,932	30.4
2	부딪힘	책상, 침대, 테이블 등	4,017	24.7
3	추락	침대, 소파, 의자, 미끄럼틀 등	2,593	16.0
4	눌림 · 끼임	문, 기타 승용물 등	1,400	8.6
5	이물질 삼킴/흡인	구슬, 완구, 조립용 블록 등	1,046	6.4
6	베임 · 찔림	가위, 칼, 면봉 등	887	5.5
7	식품 섭취로 인한 위해	조리식품, 돼지 · 닭 가공식품 등	376	2.3
8	충돌 추돌 등 물리적 충격	그네, 트램펄린, 철봉 등	301	1.9
9	고온물질에 의한 위해	정수기, 다리미 등	162	1.0
10	동물에 의한 상해		287 1	1.7
합계			16,245	100.0

출처 : 한국소비자원(2017)

(4) 위해증상별 현황

위해증상으로는 '피부 및 피하조직 손상'이 9,867건으로 전체의 60.7%를 차지했고 다음으로 '뇌진탕 및 타박상' 2,869건(17.7%), '근육, 뼈 및 인대 손상' 1,793건(11.0%)으로 나타났다.

〈표 2-12〉 유아기 위해증상별 현황 (단위: 건, %)

순위	구분(대분류)	건수	비율
1	피부 및 피하조직 손상	9,867	60.7
2	뇌진탕 및 타박상	2,869	17.7
3	근육, 뼈 및 인대 손상	1,793	11.0
4	기타 손상	1,169	7.2
5	화상	303	1.9
6	신체 내부 장기 손상	180	1.1
7	전신 손상	37	0.2
8	해당 없음	27	0.2
합계		16,245	100.0

출처 : 한국소비자원(2017)

이상에서 살펴본 바와 같이 유아기는 유아교육기관 이용 및 외부활동이 증가함에 따라 위해품목 또한 다양해지는 경향을 보인다. 따라서 실외 활동 시 영유아가 정해진 안전수칙을 준수하여 활동할 수 있도록 유아교육기관에서 영유아의 눈높이에 맞는 적절한 교육을 실시하고 가정 내에서 보호자의 철저한 관리 감독이 필요하다.

유아기의 유아는 전조작기에 해당하며 자기중심적 사고를 하므로 논리적인 사고가 부족하여 위험상황을 인지하지 못할 수 있다. 따라서 유아가 위험한 상황 및 환경에 놓이지 않도록 주의해야 한다. 이 시기에는 '미끄러짐 · 넘어짐' 사고가 가장 빈번히 발생하여 욕실에 미끄러짐을 방지하는 바닥재를 설치해야 한다.

유아가 놀이장소에서 안전수칙을 준수하며 놀이활동을 할 수 있도록 해야 하며, 기구 및 계단 등에 완충재와 보호대 등 안전장치를 설치해야 한다. 또한, 유아가 삼키거나 귀, 코 등에 넣을 우려가 있는 작은 크기의 장난감을 가지고 놀지 않도록 해야 하며, 연령대에 알맞은 완구를 구매하고, 유아가 날카로운 물건 · 완구를 가지고 놀지 않도록 주의하며, 가구 모서리에 유아가 다칠 수 있으므로 완충재를 설치하거나 모서리가 둥근 가구를 사용해야 한다.

(5) 유아기 주요 안전사고 사례

[미끄러짐 · 넘어짐 사고]

- 2016년 10월 김○○(만 4세, 남)은 킥보드를 타다 넘어져 턱의 열상으로 응급실을 통해 내원하여 치료받음

[부딪힘 사고]

- 2016년 3월 김○○(만 4세, 남)는 거실 테이블에 부딪혀 턱에 열상을 입고 응급실을 통해 내원하여 치료받음

[추락 사고]

- 2015년 5월 이○○(만 5세, 남)은 놀이터 미끄럼틀에서 놀던 중 떨어져 어깨의 골절로 응급실을 통해 내원하여 치료받음

[눌림 · 끼임 사고]

- 2015년 10월 육○○(만 6세, 남)은 방문에 손가락이 끼여 열상을 입고 응급실을 통해 내원하여 치료받음

출처 : 한국소비자원(2017)

4. 어린이집 하루일과에서의 부적절 행위 사례와 교사의 역할

1) 어린이집에서 하지 않아야 할 부적절 행위

앞에서 살펴본 아동학대의 개념에서 아동학대는 'child abuse' 혹은 'maltreatment'를 번역한 용어라고하였다. 'maltreatment'는 'child abuse'를 포괄한 것으로 아동학대, 부적절 행위, 혹은 부당 행위라고 번역할 수 있다. 즉 '부적절 행위'는 명백한 아동학대 행위부터 부적절한 훈육행위에 이르기까지 넓은 스펙트럼을 가지는 용어이다. 사소한 부적절 행위라 할지라도 이것이 반복될 경우 자신의 행위가 부적절하다는 경계심이 엷어져 본인도 모르게 아동학대 행위로 이어질 위험이 있다.

어린이집 관리자는 평소 보육교직원의 영유아지도가 부적절하지 않은지 지속적으로 모니터링 해야 하며,보육교직원은 자신의 지도방식에 부적절한 소지가 없는지 자기검토를 할 필요가 있다. 근래 OECD국가에서는 ECEC(Early Childhood Education & Care: 영유아기관)의 종사자가 영유아에게 하지 말아야 할 부적절행위를 명시하고 있다.

〈표 2-1〉 보육교직원이 하지 말아야 할 부적절 행위 금지 목록의 예[1)]

영유아에게 절대 하지 말아야 할 부적절 행위 금지 목록	신체나 도구(자, 등)로 영유아를 위협하거나 때리는 행동을 하지 않는다.
	영유아를 향해 물건 등의 물체를 던지지 않는다.
	강압적으로 아동을 끌어당기거나 앉히는 행위를 하지 않는다.
영유아 훈육 시 하지 말아야 할 부적절 행위 금지 목록	훈육 시 화장실이나 교구 교재실 등에 아이를 혼자 있도록 하지 않는다.
	지도 시에 영아의 손목 및 어깨 등 신체 부위를 가한 압력을 주지 않는다.
	영유아가 그대로 당해 보게 하는 보복성 행동을 하지 않는다(너도 꼬집혀 볼래?).
	CCTV 사각지대로 영유아를 데리고 가서 훈육을 하지 않는다.
영유아의 기본생활요구 지원 시 하지 말아야 할 부적절 행위 금지 목록	오염된 기저귀, 젖은 옷 등 영유아의 기본생활요구를 방치하지 않는다.
	영유아를 위험하거나 비위생적인 환경에 노출시키거나 이를 알고도 방치하지 않는다.
	영유아의 의사표현(울 때, 아플 때 등) 및 요구를 모른척 방치하지 않는다.
	영유아에게 먹기 싫은 음식을 다 먹도록 강요하지 않는다
영유아 존중을 위해 하지 말아야 할 부적절 행위 금지 목록	화가 나거나 분노를 느껴도 절대 이를 영유아에게 나타내지 않는다.
	영유아의 실수를 인정하지 못한 채 교사의 기분, 감정으로 다그치지 않는다.
	영유아의 이름이 아닌 "얘, 야, 너"라는 호칭을 삼간다.
	영유아를 비교하여 조롱하거나 공개적으로 창피를 주지 않는다.

출처 : 이완정(2018). 영유아에게 하지 말아야 할 부당행위에 대한 보육교사의 인식. 2019 어린이집 안전공제회 재인용.

2) 하루일과에서의 연령별 부적절 행위 사례와 바람직한 교사의 역할

다음은 어린이집 하루일과의 여러 상황 속에서 각 연령을 담당한 보육교사가 행하는 부적절 행위와 바람직한 상호작용이 무엇인지를 제시한 것이다. 일과 중에 무심코 하는 보육교사의 말과 행동이 영유아의 성장을 방해하거나 권리를 해칠 수 있고, 반대로 적절한 상호작용은 영유아의 성장을 지원할 수 있다. 아동학대를 예방하기 위한 바람직한 상호작용과 교사의 역할은 다음과 같다.

1) 이 목록은 이완정(2018)의 연구에서 제시된 내용으로, 이는 우리나라 보육교사들에 의해 직접 도출된 것이다. 연구자는 이를 도출하기 위해 첫째, 국내외 관련 자료를 조사하고, 둘째, 어린이집 보육교사 초점집단 예비조사를 거쳐 목록을 구성하였으며, 셋째, 설문조사를 통해 보육교사들에게 어린이집에서 영유아에게 하지 말아야 할 부적절 행위에 우선순위를 부여하도록 하였다. 마지막으로, 수집된 자료에 문항별로 순위에 따른 가중치를 부여하여 무게 값에 따른 순서대로 최종 목록을 도출하였다.

■ **만 0–1세 담당 교사의 바람직한 상호작용과 역할**

1. 등원 및 맞이하기	
상황	등원 시 영아가 엄마와 헤어지기 힘들어 하는 경우
부적절 행위	"이러면 안 되지? 씩씩하게 헤어져야 착한 친구지? 엄마 가시는데 속상해 하셔, 울면 안 되지. 이렇게 울면 미운사람 돼요."
바람직한 상호작용	"사랑하는 우리 OO. 이리 오렴. 선생님이 안아 줄까? (영아를 안아준다) 우리 OO이가 왜 울까? 엄마와 헤어지기가 힘드니? 선생님과 재미있게 놀고 있으면 엄마가 데리러 오실 거야. 선생님과 어떤 놀이할까?" "(가족사진이나 애착물건을 보여주며) 엄마가 어디 계실까? 엄마가 여기 있네. (새로운 놀잇감을 제공하며) 이건 뭐지? 소리가 나네."
교사의 역할	• 부모와 함께 있고 싶은 영아의 마음을 헤아리고, 따뜻하게 안아주는 등 스킨십을 하고 이를 통해 교사와 안정적 애착을 형성한다. • 영아의 분리불안은 발달특성상 자연스러운 것으로, 등원 시 영아가 부모와 헤어지기 싫어하고 불안해 할 수 있음을 이해한다. • 영아가 부모와 헤어진 후에도 계속 울거나 부모를 찾는 경우, 영아의 관심을 끌만한 놀잇감을 제시하며 주의를 환기시킨다.

2. 자유놀이	
상황	OO이 쌓기놀이영역에서 종이블록 자동차를 만들어 놀이할 때, △△이 와서 만들어 놓은 종이블록 자동차에 앉으려 하거나 종이블록을 가지고 가려고 하는 경우
부적절 행위	"친구가 만든 자동차잖아. 네가 가지고 가면 어떡하니? 자동차가 망가졌잖아. 친구한테 미안하다고 말해."
바람직한 상호작용	(1) "□□야, 왜 ◌◌이가 만든 자동차에 앉았니? 이렇게 자동차에 앉으면 ◌◌이 마음이 어떨까? 같이 놀고 싶으면 어떻게 해야 할까? 그래. 우리 '같이 놀자'라고 말하면 되겠다." "◌◌아, □□이가 네가 만든 자동차가 정말 멋있대. 같이 놀고 싶다고 하네. ◌◌이는 어떻게 하고 싶니?" (2) "□□이도 종이블록이 필요했구나. 그런데 ◌◌이가 만든 블록을 그냥 가져가면 ◌◌이 마음이 어떨까? 어떻게 말하면 좋을까?"
교사의 역할	• 이 시기의 영아는 놀잇감을 자기 소유라고 생각할 수 있으며, 함께 나누어 놀이한다는 것이 어렵다는 것을 이해한다. • 영아의 흥미와 개별 차이를 인정하며 교사가 놀잇감을 나누어 놀이할 수 있는 방법을 제시하거나, 영아의 의견을 듣고 선택해 볼 수 있도록 격려한다. • 영아의 발달특성을 이해하여 동일한 놀잇감을 여러 개 준비한다.

3. 정리정돈	
상황	자유놀이 이후 정리정돈 시간임을 알려주었음에도 계속 놀이를 지속하는 경우(예, 음식모형자르기 놀이를 계속하고자 함)
부적절 행위	"○○는 또 정리 안하는군. 선생님 말 안 듣니? 선생님을 쳐다보지도 않네. 안 들리니? ○○가 놀았으니 ○○가 다 정리해야지. 정리 안하면 바깥놀이 못 나간다."
바람직한 상호작용	○○아, 선생님하고 정리할까? 사과 놀잇감은 어디에 놓아둘까? 와! ○○이가 바구니를 찾았네. 우리 ○○이가 정리를 잘하는구나?
교사의 역할	• 영아의 놀이 진행 상태를 관찰하여 정리정돈 시간을 갖도록 하되 사전에 안내하고 다른 일과로 전환하여 설명한다. • 놀잇감을 영아 혼자 정리하는 것은 아직 어려우므로 교사가 함께 정리한다. • 정리시간을 놀이의 연장으로 인식할 수 있도록 즐거운 분위기를 조성하고, 교사의 모델링을 통해 구체적인 방법들을 안내한다.

4. 점심시간	
상황	점심시간에 평소 좋아하는 음식이 나오자 손으로 먼저 먹는 경우
부적절 행위	손등을 치며 혹은 화를 내며 "손으로 먹는 거 아니에요. 포크로 먹어야지."
바람직한 상호작용	"○○, 우리 포크로 먹어볼까? 두부를 손으로 만지면 손에 묻는단다. 선생님과 함께 포크를 사용해 보자~ (포크를 든 영아의 손을 맞잡고) ○○가 좋아하는 두부를 포크로 콕 찍어서 먹으니 더 맛있겠는데?"
교사의 역할	• 영아의 손등을 치는 것은 신체학대가 될 수 있다. 이와 같은 행동은 영아가 두려움과 공포를 느낄 수 있으므로 주의한다. • 영아기는 아직 도구(숟가락, 포크 등) 의 사용이 미숙한 시기임을 인정한다. 숟가락과 포크를 번갈아가며 사용하는 것을 어려워하므로 도구를 잡고, 음식을 뜨고, 입으로 가져가는 등의 과정을 주의 깊게 관찰하여 도움이 필요한 부분에 대해 구체적이며 단계적으로 설명해 준다.

5. 기저귀 갈이	
상황	기저귀 갈이 후 바로 배변을 한 경우
부적절 행위	"또 응가 했니? 어휴, 왜 매번 기저귀 갈아주면 응가를 하는 거니? 속상해."
바람직한 상호작용	"(눈을 맞추며) 우리 ○○가 응가를 했네. 잘했어요. 우리 ○○는 밥도 맛있게 잘 먹고 응가도 잘하니 쑥쑥 크겠다. 선생님이 깨끗하게 닦아줄게~ 뽀송뽀송 기저귀로 갈아 입자~"
교사의 역할	• 배변을 자주 한다고 하여 영아를 야단치는 등 부정적인 반응을 보이는 것은 영아에게 수치심을 유발하여 지나치게 움츠리게 할 수 있다. • 영아발달에 있어 배변의 횟수, 양, 상태 등은 건강을 측정할 수 있는 가장 중요한 생리적인 수단이므로 교사는 항상 관심을 가지고 살펴보아야 한다.

6. 낮잠 자기	
상황	낮잠시간에 영아가 잠을 안 자고 있는 경우
부적절 행위	"얼른 자야지! 경찰아저씨한테 ◌◌이 잡아 가세요 전화해야겠다!"
바람직한 상호작용	"◌◌이 이불이랑 베개가 어디있지? 여기 있네~ 누워볼까? 선생님이 ◌◌이 곰돌이 이불 덮어줄게요. 노래 소리가 들리네? 어떤 노래인지 한 번 들어보자. 선생님이 토닥토닥 해줄게."
교사의 역할	• 영아에게는 집이 아닌 공간(어린이집)에서 친구들과 낮잠을 잔다는 것이 쉬운 일이 아님을 이해한다. • 영아의 발달 단계 및 개별 욕구에 따라 낮잠시간이 다를 수 있으므로, 특히 만 0세아는 낮잠에 대한 개별 요구를 반영하도록 한다. • 하루일과 중 바깥놀이나 대근육 활동시간을 마련하여 숙면에 도움을 준다. • 부모와 영아의 건강상태와 전 날의 숙면 여부, 잠잘 때 습관 등 개별적인 성향을 파악한다.

■ 만 2세 담당 교사의 바람직한 상호작용과 역할

1. 등원 및 맞이하기	
상황	등원하여 외투와 가방을 정리하지 않고 보육실 바깥에 서서 친구들과 교사를 쳐다만 보고 있을 때(교사가 들어오라고 이야기한 후에도)
부적절 행위	"◌◌이 안 들어오니? 빨리 교실로 들어와. 아직 혼자 옷도 못 벗었니? 네가 스스로 해야지. 이제 너는 아기가 아니야. 선생님이 해줄게 이리와. 왜 안하는 거야? ◌◌는 놀이하고 싶지 않는가 봐."
바람직한 상호작용	"◌◌이 왔니? ◌◌가 무엇을 보고 있을까? 블록놀이하는 친구를 보고 있네. 우리도 블록놀이 하러 갈까? 그럼 먼저 외투도 걸어놓고 가방도 넣어보자. 아~ ◌◌이 옷을 벗으려고 하는데 잘 안되었구나. 선생님과 함께 해 볼까?" "(옷 벗고 정리하는 것을 도와주며) 그렇지. 우리 ◌◌이 옷도 혼자 벗고 정리도 잘 하네. 우리 이제 블록놀이 할까?"
교사의 역할	• 만 2세는 간단한 옷이나 모자를 혼자서 입고 쓸 수 있지만 눈과 손의 협응력이 아직 정교하지 않다. • 영아 스스로 옷을 벗고 소지품을 정리할 수 있도록 교사가 모델링을 통해 방법을 알려준다. 혼자 하는 것을 원하는 경우에는 격려하고, 도움이 필요한 경우에는 교사가 도와준다.

2. 자유놀이	
상황	역할놀이영역에서 다른 친구가 놀고 있는 놀이감(소꿉놀이 소품 등)을 그냥 가져가는 경우
부적절 행위	"친구 놀잇감을 빼앗아가면 어떡하니? 친구가 울잖아. 얼른 미안하다고 사과하세요. 친구를 울리면 나쁜 친구에요. 여기 다른 가방도 많은데 왜 가져 간 거야. ◌◌이는 소꿉놀이 못하겠다."
바람직한 상호작용	"◌◌아, 왜 □□의 놀잇감을 가져갔니? 친구의 마음이 어떨까? 놀고 싶으면 어떻게 이야기해야 할까? (이야기를 듣고) 그렇게 하면 되겠구나. 다음에도 놀잇감이 필요하면 친구에게 뭐라고 말하면 좋을까?"

교사의 역할	• 만 2세는 자기중심적이며 자아가 발달하는 시기이다. 따라서 자신이 하고 싶거나 갖고 싶은 것에 주된 관심이 있으므로 행동부터 하는 경향이 있음을 안다. • 교사는 언어적 피드백을 통해 영아가 처한 상황이나 기분에 따른 다양한 정서를 구체적이고 긍정적인 방법으로 표현할 수 있도록 돕는다. • 놀이를 통해 다른 사람의 감정이나 생각에 대해 이해할 수 있는 기회를 갖는다.

3. 바깥놀이	
상황	겨울에 외투를 입지 않고 바깥놀이를 한다고 이야기하며, 옷을 입어야 한다고 했을 때 '싫어'라고 말하는 경우
부적절 행위	"그럼 교실에 있어. 선생님이 얼른 옷 입으라고 했지? 우린 먼저 나갈거야. ○○이는 교실에서 더 놀아. 지금 외투를 입지 않으면 나갈 수 없어. 날씨가 추워서 옷을 안 입으면 감기에 걸리거든. 그럼 ○○이는 왕주사를 맞으러 병원에 가야한다."
바람직한 상호작용	"○○아, 우리 외투 입고 바깥에 나가자. ○○이가 왜 옷을 입기 싫을까?(이유를 듣고) 그래, 옷이 불편했구나. 바깥 날씨가 어떤가 볼까? 창문 밖으로 손을 내밀어 봐~ 어떠니? 겉옷을 입지 않으면 어떻게 될까? 맞아, 콧물이 날 수도 있어. 바람이 못 들어오게 단추도 꼭꼭 잠가볼가? 바깥놀이 가서 오늘 무슨 놀이할까?"
교사의 역할	• 영아가 '싫어'라고 반응하면 잠시 기다리거나 다시 상황을 설명해 준다. • '싫어'라는 말이 나오게 된 앞, 뒤 맥락과 이유에 대해서 살펴본다. 가장 먼저 입고 싶었는데, 혹은 실내에서 더 놓고 싶은데, 무언가에 화가 났다는 표현일 수 있으므로 감정을 받아주고 이해하고 있다는 것을 표현해 준다. • 자신의 감정을 긍정적인 언어로 표현하도록 지도한다.

4. 정리정돈	
상황	친구들이 정리정돈을 하고 있는 모습을 보면서도 계속 해서 놀이하며 정리하지 않는 경우
부적절 행위	"다른 친구들은 모두 정리를 하고 있는데, 왜 너만 놀고 있니? 놀잇감을 제자리에 놓지 않으면 놀잇감이 너를 미워할 거야. 네가 놀이한 것을 바구니에 넣어야지. 뭐하고 있니?"
바람직한 상호작용	"○○야, 지금은 놀잇감 정리시간인데, 뭐하고 있을까? 놀잇감 정리하고 맛있는 점심먹자. 선생님하고 같이 정리해 볼까? 이 놀잇감은 어디에 넣어야 하지? 그래~ ○○이가 잘 알고 있네. 바구니에 담아 볼까? 와~ 우리 ○○이가 정리를 잘 하는구나."
교사의 역할	• 아직 스스로 정리를 잘 할 수 있는 연령이 아니므로 교사가 직접 시범을 보이거나 함께 정리한다. 영아가 제자리에 놀잇감을 가져다두거나 정리하려는 모습을 보일 때 칭찬을 통해 영아를 격려한다.

5. 점심시간	
상황	점심시간에 계속 옆 친구를 만지고, 두 팔로 기대어 눕듯이 앉아있는 등 바르지 않는 자세로 식사를 할 때
부적절 행위	"(교사가 손으로 영아의 등을 밀며) 똑바로 앉아서 먹어야지. 자꾸 그러면 밥 먹을 수 없어. 또 그렇게 앉아서 먹는 거야? 똑바로 앉지 못해? 바르게 앉지 않으면 정리할 거야."

바람직한 상호작용	"(교사가 옆에 앉으면서) ○○아, 우리 허리를 펴고 바르게 앉아 볼까? 친구에게 기대면 음식을 흘릴 수 있어. 우리 ○○이가 좋아하는 달걀말이가 있네. 책상 앞으로 조금만 더 가까이 가보자. 선생님이 도와줄까? 와~ 바른 자세로 앉아서 먹으니까 음식도 안 흘리고 맛있게 먹을 수 있네."
교사의 역할	• 점심시간에는 편안하고 따뜻한 목소리로 바르게 앉는 방법을 이야기하거나 교사가 바른 자세를 보여준다. 거칠거나 강압적인 목소리는 비효과적이며 오히려 영아가 음식 먹기를 거부하는 등 두려움만 가질 수 있다. • 영아의 시야에서 놀잇감을 치우던지, 책상의 구조와 앉는 자리의 조정을 통해서 식사에 집중할 수 있는 환경을 구성한다. • 식재료에 관련된 이야기나 어린이집, 가정에서 있었던 일에 대한 질문과 대화를 통해 즐거운 분위기 속에서 식사에 집중할 수 있도록 돕는다.

6. 손 씻기	
상황	화장실에서 손을 씻으며 물장난을 하는 경우(거울이나 친구에게 물을 뿌리고, 수도꼭지 입구를 막고 있거나 계속 물을 틀어놓고 있는 경우)
부적절 행위	"누가 물장난하라고 했니? 또 젖었네. 어떻게 할 거야? 너 또 물장난 해? 빨리 손 씻고 나와야지. 네가 물장난만 하고 있으니까 다른 친구들이 손을 씻을 수 없잖니?"
바람직한 상호작용	"○○아, 손 씻었니? 계속 물놀이 하고 있었구나. 화장실에서 물장난하면 옷이 젖을 수 있고 친구가 많이 기다려서 속상할 수도 있어. 물놀이는 다음에 바깥놀이 시간에 하자. 지금은 손을 깨끗이 씻어볼까? 먼저 옷소매를 팔꿈치까지 올려보자. 선생님이 도와줄게. 이제 비누를 묻히고 손을 비벼볼까? 물로 헹구니까 비누거품이 없어지네. 수건에 물기를 닦아보자. 와~ 우리 ○○이의 손이 깨끗해졌네".
교사의 역할	• 바른 손 씻기의 모습을 교사가 시범을 보이고, 바르게 손을 씻을 수 있도록 돕는다. • 물놀이는 영아에게 매력적이므로 바깥놀이 시간에 물놀이 관련 활동을 진행하여, 손 씻는 것은 즐거운 활동이 되도록 지도한다.

7. 낮잠 자기	
상황	낮잠시간 중에 깨어 노래를 부르거나 자고 있는 친구를 만지고, 바닥을 쿵쿵 쳐서 다른 친구의 낮잠까지 방해하는 경우
부적절 행위	"지금 낮잠 자는 시간이에요. 잘 때는 이야기하지 않아요. 또 자지 않고 있으면 도깨비 아저씨 불러 올 거야. 무서운 도깨비에게 잡아가게 할 거다. 안 잘 거면 이불 정리해야겠다."
바람직한 상호작용	"○○아, 잘 잤니? 일어날까? 아니면 조금 더 누워있어도 돼. 아직 친구가 자고 있으니까 크게 이야기하거나 만지면 친구가 잠에서 깰수도 있단다. 이쪽으로 와서 조용히 놀이할까? 조용한 놀이하면서 친구들이 일어날 때까지 기다리자."
교사의 역할	• 낮잠에서 깨는 즉시 영아의 기분과 상태를 관찰하여 낮잠이 더 필요한지, 잘 자고 일어난 상태인지를 파악하는 것이 중요하다. 수면이 더 필요한 경우 편안히 쉴 수 있도록 하고, 잠이 깬 경우에는 다른 영아의 잠을 방해하지 않도록 조용한 놀이를 한다. • 만 2세도 아직은 어린이집에서 낮잠을 자는 것이 두려울 수 있으므로 영아가 심리적으로 안정감을 가질 수 있도록 부드러운 어조로 이야기한다. • '도깨비' 등 영아가 두려워하는 대상으로 윽박지르는 것은 정서학대가 될 수 있다.

8. 귀가 지도	
상황	하원 시, 어린이집의 공룡 놀이감을 집에 가져 가려고 울면서 떼를 쓰는 경우
부적절 행위	"어린이집 놀잇감을 가져가면 나쁜 사람이에요. 안 돼. 여기에 놓고 가야지. 이건 나쁜 행동이야. 제자리에 놓고 오세요."
바람직한 상호작용	"공룡 놀잇감을 집에 가져가고 싶었니? 하지만 이 놀잇감의 집은 여기 어린이집이란다. ○○이도 집에 못가면 속상하지? 이 놀잇감도 집을 떠나면 속상하대. 어린이집에 잘 두고 내일 다시 만나는 것은 어떨까?
교사의 역할	• 울고 떼쓰는 행동을 보일 때는 영아의 마음을 공감해주되 울어도 해결되지 않는 문제임을 온화하게 설명해야 한다. • 아이의 손에서 물건을 뺏는 것은 적합하지 못하며, 영아의 힘겨루기를 통해 강제로 놀잇감을 두고 가기보다는 설명을 통해 설득한다.

■ 만 3세 담당 교사의 바람직한 상호작용과 역할

1. 등원 및 맞이하기	
상황	등원하며서 가져 온 팔찌를 보여주고 싶어서 교사에게 계속 이야기하는 경우
부적절 행위	"선생님이 지금 바쁜거 안 보이니? 간식 챙기느라 정리하느라 바쁘잖아. 알았어, 빨리 들어와서 앉아. 집에서 물건 가져오지 말라고 했지."
바람직한 상호작용	"(반갑게 인사한 후) ○○이가 선생님한테 보여주고 싶은게 있구나? 선생님도 정말 궁금한데, 지금은 친구들이 오는 시간이거든 잠깐만 기다려줄래? 친구들 맞이하고 같이 이야기하자. 기다려줘서 고마워." "팔찌를 선생님에게 보여주고 싶었어? 지금은 선생님이 간식을 나눠주고 있어서 가방 있는 곳에 갈 수가 없네. 간식 먹고 조금 후에 같이 보면 어떨까?"
교사의 역할	• 유아의 마음을 인정해 주되, 현재 바로 수용할 수 없는 상황을 설명해 준다. • 유아가 교사를 기다려 준 것에 대해 고마움을 표시한다.

2. 자유선택활동	
상황	미술영역에서 친구들과 색종이 접기를 하는데 간단한 접기를 하지 못하여, 선생님한테 '도와주세요'라고 하며, 울면서 보채는 경우
부적절 행위	"다른 친구들은 혼자서도 잘하는데, 넌 이것도 못해? 얼마나 알려줘야 할 수 있는 거니? 어려우면 하지마. 잘하는 □□한테 해달라고 해. 그렇게 징징대면 더 해주기 싫어."
바람직한 상호작용	"○○아, 무엇을 접고 싶니? □□이처럼 세모를 접고 싶어? 그런데 잘 안 되는구나. 선생님이 어떻게 도와줄까? (함께 색종이 접기를 하며) 와~ ○○이도 혼자 세모를 접었네. 그래 이 끝을 위 끝에 맞추면 된단다. 이제 ○○이도 색종이 접기 잘하네."
교사의 역할	• 유아가 교사의 도움을 받고자 하는 것에 대해 지지해주며, 작은 것부터 성취감을 경험할 수 있도록 기회를 준다. • 유아가 할 수 있는 만큼의 수준을 인정해주고, 다음 단계에서 할 수 있도록 도움을 주거나 방법을 제시한다.

3. 정리정돈	
상황	종이접기를 하고 있는 유아가 교사의 말을 듣고도 정리하지 않고 다른 색종이까지 더 꺼내려고 할 때
부적절 행위	"친구들은 다 정리하는데 너만 뭐하니? 왜 놀고 있는 거야? 우리 먼저 나간다. 네 살 동생들도 정리 잘하는데 너는 왜 그렇게 못하니?"
바람직한 상호작용	"○○아, 종이접기를 더 하고 싶니? 그런데 이제 정리하는 시간이란다. 오늘은 놀이터에서 공놀이를 하려고(공을 보여주며) 선생님이 이렇게 공을 준비했어. 선생님과 함께 정리해볼까? 우리 정리하고 공놀이하러 바깥에 나가자. 종이접기는 오후에 계속하면 어떨까?"
교사의 역할	• 유아가 놀이를 끝내고 정리할 수 있도록 계획된 하루 일과를 미리 알려준다. 특히 정리시간을 갑자기 알려주면 유아의 놀이 흐름이 끊어지므로 음악 등으로 유아가 미리 정리시간을 예상할 수 있도록 안내한다. • 만 3세이지만 규칙을 이해할 수 있는 연령이므로 시간이 되면 정리정돈을 해야 한다는 규칙을 반복해서 알려준다.

4. 대 · 소집단 활동	
상황	봄소풍을 가기 전 나비 동화를 들려주고 있는데 유아가 부모님과의 여행 등에서 경험한 나비에 대한 이야기를 끊임없이 이어갈 때
부적절 행위	"선생님 동화 다 읽어주면 얘기하라고 몇 번 말했니? 너만 이야기하고 싶은 줄 아니? 좀 기다려라. 너 때문에 선생님이 동화를 들려 줄 수가 없잖니?
바람직한 상호작용	"○○이가 나비를 본 적이 있구나. 그런데 지금은 '나비 동화'를 듣고 있으니까 다 듣고 이야기를 하면 어떨까? 나비가 어떻게 되었는지 친구들이 궁금해 하네." (동화가 끝난 후) ○○아, 기다려줘서 고마워. 이제 우리 ○○이 나비 이야기를 들어볼까?"
교사의 역할	• 대집단활동은 전체 유아가 함께 참여하는 시간이므로 한 명의 유아만 이야기를 하거나, 전체 활동의 흐름이 끊어져서 다른 유아들이 흥미를 잃지 않도록 유의해야 한다. • 유아가 알고 있거나 하고 싶은 이야기가 있음을 이해하고 대집단활동을 고려하면서도 개별 유아가 이야기할 수 있는 기회를 준다.

5. 점심시간	
상황	'고기' 등 특정 음식 위주로 먹고 '야채' 등은 전혀 먹지 않는 등 편식을 하는 경우
부적절 행위	"○○는 고기만 먹어? 야채는 하나도 안 먹었네. 그러면서 고기를 더 달라고 하니? 안 돼. 야채가 얼마나 몸에 좋은데 먹지 않니. 그렇지 애들아~ 야채 다 안 먹으면 바깥놀이 못 나간다."
바람직한 상호작용	"○○이가 고기를 잘 먹는구나. 시금치는 먹기 싫어? 고기만 먹으면 응가도 잘 안나오고 배도 아플 수 있어. 오늘은 시금치를 조금만 먹어볼까? 선생님이 먼저 먹어보고 얘기해 줄게. 와~ 고소하다. ○○이는 어떻게 할래? (조금 먹은 후)와~ ○○이가 시금치를 먹었네."

교사의 역할	• 누구나 선호하거나 싫어하는 음식이 있음을 인정하고, 유아의 편식지도를 위해 음식을 억지로 먹이지 않도록 한다. • 편식하는 음식에 대해서는 먹도록 하는 것보다는 조금이라도 먹으려고 '시도'하려는 자세에 대해 칭찬을 해 주며, 심하게 거부하는 음식에 대해서는 억지로 먹이지 않고 가정과의 연결을 통해 식사지도를 한다. • 오늘 나온 음식에 대한 이야기를 하거나 어린이집 또는 집에서 있었던 일에 대해 이야기를 나누며 즐거운 분위기 속에서 식사를 할 수 있도록 한다.

6. 이 닦기	
상황	이 닦는 시간에 양치컵으로 물을 받아 바닥에 뿌리거나 거울에 계속 물을 뱉으며 옷을 적시는 등 장난을 치는 경우
부적절 행위	"아기처럼 물놀이 하는 친구네. 지금이 물놀이하는 시간이야? 이 닦는 시간인 걸 모르는 친구들은 동생반에 가야겠어. 선생님 말을 안 듣니? 지금 바닥 다 더러워졌잖아."
바람직한 상호작용	"○○아, 이를 닦을 때는 어떻게 해야 할까? 그렇지. 양치컵은 입안을 헹굴 대 쓰는 거지? 잘 알고 있네. 지금은 이 닦는 시간이니까 우리 깨끗이 이를 닦아 볼까?" "물장난을 치면 옷이랑 양말이 젖고, 그러면 감기에 걸릴 수도 있어. 그리고 친구들에게도 물이 튀면 기분이 안 좋을 수도 있단다. 바닥에 물이 떨어져서 미끄러워지면 ○○이가 다칠 수도 있어."
교사의 역할	• 교사가 모델링을 보이며, 유아가 바르게 양치를 할 수 있도록 지도한다. • 만 3세는 알고 있는 것을 실행에 옮기는 것을 어려워하거나 잊어버릴 수 있으므로 규칙에 대해서 반복적으로 이야기를 해 주는 것이 바람직하다. • 내 행동으로 다른 사람들이 불편함을 느낄 수 있다는 것을 알도록 지도한다.

7. 낮잠 시간	
상황	잠을 잔다고 누운 후, 손과 발로 바닥을 치며 입으로 소리를 내고 친구에게 말을 걸어 잠을 깨우려 하는 경우
부적절 행위	"지금 안 자고 있다가 늦게 잠들어서 깨울 때 안 일어나려고 그렇지? 빨리 자라. 좋은 말할 때~ 언제까지 떠들 거야?"
바람직한 상호작용	"○○아, 잠이 안 오니? 우리 음악을 들으며 쉬어 볼까? 지금 쉬고 나면 오후에 힘이 나서 더 신나게 놀 수 있을 거야. 누워 있기 싫으면 조용하게 놀이할 수도 있어. 친구들이 자고 있으니까 우리 조용히 놀이하자."
교사의 역할	• 무조건 낮잠 자는 것을 강요하기보다 휴식을 취할 수 있음을 알려준다. • 만 3세 유아는 낮잠을 자지 않으려는 경우가 있으므로 억지로 재우는 것보다 휴식을 취할 수 있도록 안내하는 것이 더 효과적이다. • 낮잠을 자는 친구를 배려하여 조용히 쉬거나 놀이할 수 있음에 대해 이야기한다.

■ 만 4–5세 담당 교사의 바람직한 상호작용과 역할

1. 등원 및 맞이하기	
상황	자신의 가방, 옷, 수첩 등을 정리하는 데 시간이 오래 걸리는 경우
부적절 행위	"언제까지 정리할 거니? 같이 온 친구들은 다 정리했는데 뭐했니? 정리하는 게 이렇게 오래 걸리면 어떻게 하니? 스스로 할 수 있는 나이인데 아직도 도움이 필요하니?"
바람직한 상호작용	"○○아, 아직 정리 중이니? 선생님이 도와줄게 있을까? 선생님 도움이 필요하며 얘기하렴. 친구들이 ○○이와 블록놀이 하고 싶다고 기다리고 있네."
교사의 역할	• 만 4~5세라 하더라도 기질적으로 느린 아이가 있음을 인정한다. • 스스로 하는 것에 대해 익숙해질 때까지 충분한 시간을 가지고 도와주며, 심리적인 어려움을 표현하는 것인지도 살펴본다.

2. 자유선택활동	
상황	쌓기놀이영역에서 자동차 모형을 서로 갖고 놀겠다고 소리를 지르며 다투고 있는 경우
부적절 행위	"자꾸 싸우면 동생반 줄 거야. 아니면 선생님이 가져 갈 거야. 다른 거 가지고 놀면 안 되니? 왜 꼭 같은 거 가지고 싸우는 거니? 그럼 둘 다 못 놀게 할 거야."
바람직한 상호작용	"(다투고 있다면 잠시 떨어지게 한 후) ○○와 □□, 잠시만 선생님하고 얘기할까? 둘이 왜 다투고 있었니? (이야기를 들은 후) 서로 같은 놀잇감을 가지고 놀고 싶을 때는 어떻게 하면 좋을까? (유아의 생각을 듣고) 그런 방법도 있구나. ○○와 □□가 생각한 방법으로 놀이해 볼까? 그럼 사이좋게 놀 수 있는 방법이 생긴 거네. ○○와 □□가 멋진 방법을 생각했구나."
교사의 역할	• 유아들이 긍정적인 방법으로 규칙을 정하도록 기회를 주고, 함께 생각한 놀이규칙에 대해 격려한다. • 싸움을 먼저 시작하거나 싸움으로 부정적 정서를 표현하는 유아에게 주의를 기울이며, 이러한 태도를 무시하기보다는 유아의 욕구와 감정을 수용하면서 해결방안을 스스로 생각해 볼 수 있도록 한다. • 이 시기 유아의 경우 또래관계가 형성되고 또래와의 놀이를 통해 사회적기술을 습득하게 되므로 분쟁상황에 대한 모델링을 보이고, 스스로 적절한 대처방안을 찾아볼 수 있도록 돕는다.

3. 정리정돈	
상황	정리시간이 시작되었음에도 쌓기놀이영역에서 계속 블록 끼우기를 하다가 정리하자고 하자, 블록을 던지는 경우
부적절 행위	"정리 안하고 친구에게 블록을 던지면 어떻게 해! 정리하라고 했더니 친구들 방해만 하고 있는 거야? 정리 안하는 사람은 다음 활동은 하지 마세요. 빨리 빨리 정리해요."
바람직한 상호작용	"○○아, 화가 나거나 속이 상해도 블록을 던지면 안 된단다. 블록에 맞아 친구가 다칠 수도 있고, 블록이 망가질 수도 있어." "○○아, 정리시간인데 계속 블록놀이를 하고 싶으면 어떻게 하면 좋을까?(이야기를 들은 후) 그래, 그런 방법이 있구나. 그럼 오후에 놀이해 볼까? ○○이 생각은 어떠니?"

교사의 역할	• 물건이나 놀잇감을 던지는 행위는 바람직하지 못한 행동이라는 것을 정확히 알려주고 이런 행동이 다른 사람에게 피해를 줄 수 있음을 이야기해본다. • 바람직하지 못한 행동을 한 경우, 친구들 앞에서 면박을 주거나 망신을 주는 등의 야단을 치면 오히려 수치심이나 분노 등 역효과가 날 수 있으므로 주의해야 한다. • 유아에 따라 정리시간임을 인지하더라도 자신이 하고 있는 활동을 완성하고자 하는 욕구가 있을 수 있으므로 이를 인정해 주도록 한다. 유아의 개별 요구를 인정하고 친절하게 적절한 정보를 제공해주고 명확하게 의사소통하는 것이 중요하다.

4. 대 · 소집단 활동	
상황	안전교육 관련 대집단활동 시, 자신이 재미있게 보았던 광고의 내용을 계속 따라하거나 지속적으로 우스꽝스러운 말을 하면서 장난을 치는 유아가 있는 경우
부적절 행위	"야, 너 자꾸 이상한 소리 할 거야? 지금 그 얘기하는 시간 아니잖아. 이상한 소리하려면 밖에 나가서 해. 수업방해하지 말고. 장난 그만치고, 조용히 해. 떠들지 마세요. 너 때문에 방해되잖아."
바람직한 상호작용	"○○아, 그 이야기는 나중에 하는 게 어떨까? 지금은 친구들과 교통안전에 대해 이야기를 나누는 시간이란다. ○○이가 계속 이야기를 하면 친구들과 이야기 나누기 힘드네. 교통안전에 대해 이야기를 끝내고, 그 이야기는 조금 있다가 놀이할 때 해주면 어떨까?"
교사의 역할	• 자신이 하고 싶은 이야기가 있더라도 대집단활동 등 전체 유아가 참여하는 시간에는 활동의 주제에 집중할 수 있도록 이야기한 후, 이후 개별적인 이야기를 나눌 수 있는 시간을 마련한다. • 교사는 유아에게 "너, 야"라는 말을 사용하지 않고 이름을 부르며, 유아들에게 명령이나 지시적인 언어를 사용하지 않도록 주의한다. • 유아가 전체적으로 대집단활동에 흥미가 없다면 대집단활동의 주제, 내용, 방법을 전환하고 유아가 흥미를 갖고 참여할 수 있는 방법을 강구한다.

5. 점심시간	
상황	점심식사를 하지 않고 오전에 배운 새노래를 계속 부르며, 친구들에게도 부르라고 강요하며 장난을 치는 경우
부적절 행위	"너 아기야? 지금이 뭐하는 시간인지 모르니? 밥 안 먹으면 치울 거야. 선생님이 아기처럼 먹여줘야겠니? 밥 다 먹을 때까지 노래 부르지 마! 지금은 노래 부르는 시간이 아니야! 지금 친구들은 ○○의 노래를 별로 안 듣고 싶어 하거든."
바람직한 상호작용	"○○아, 밥먹고 있니? 점심시간에 밥을 먹지 않고 노래를 계속 부르면 식사시간이 지나가 버린단다. 또 밥을 먹으면서 노래를 부르면 입 속의 음식들이 어떻게 될까? 우리 점심 먼저 먹고 노래를 부르면 어떨까?"
교사의 역할	• 유아가 편안하고 즐거운 분위기에서 음식을 먹을 수 있도록 식사 분위기를 조성해주고 친구들과 음식에 대해 간단한 대화를 나누며 스스로 먹어볼 수 있도록 배려한다. 단, 음식물이 입안에 남아있는 경우 음식물을 삼킨 후 이야기할 수 있도록 식사 예절에 대해 함께 이야기 나눈다.

	• 만 4~5세는 식사 이외의 것에 관심을 갖는 경향이 있고, 자신이 알고 있는 것을 표현하고 싶어 하므로 식사를 끝내고 할 수 있도록 이야기 나눈다. • 친구들과 즐거운 분위기에서 식사할 수 있는 상황을 제공하며 적당한 이야기를 허용하고 밥 먹는 속도에 집중하기보다 개별 차이를 인정한다.

6. 화장실 가기	
상황	화장실에 간다고 하면서 복도에서 밖에 있는 작품을 보거나 서로 뛰어다니며 장난을 치는 유아가 있는 경우
부적절 행위	"○○은 화장실을 간다고 해 놓고 지금 복도에서 놀고 있는 거니? 여기가 화장실이니? 도대체 화장실은 언제 다녀 올 거야? 지금 선생님한테 거짓말 한 거니? 그럴거면 화장실 가지마."
바람직한 상호작용	"○○아! 화장실 다녀온다고하니 않았니? 화장실은 다녀온 거야? 선생님은 ○○이가 교실에 들어오지 않아서 걱정했단다." "복도에서 뛰어다니면 넘어질 수도 있고, 다른 친구들과 부딪혀서 다칠 수도 있단다. 복도에서는 어떻게 다녀야 할까?"
교사의 역할	• 유아가 교사에게 말한 것은 지키도록 이야기하고 (화장실 다녀오겠다는 이야기 등), 어린이집 공동 공간에서 지켜야 할 규칙과 예절을 이야기 나눈다. • 만 4~5세라 하더라도 항상 규칙을 잘 지키는 것은 아니므로 기회가 될 때마다 환기를 시켜주고, 무엇보다 안전에 위험이 있음을 알려준다. • 유아의 잘못을 지적하기보다는 유아의 말에 귀를 기울여주고 "네가 다칠까봐 걱정되었다"등 관심과 사랑을 보여주는 것이 더 효과적이다.

7. 바깥놀이 및 견학	
상황	견학 시, 유아가 보고 싶은 것을 보기 위해 교사에게 말을 하지 않고, 마음대로 이동하는 경우
부적절 행위	"자, 앞 친구 보고 줄 맞춰서 가야지. 한 줄 기차 못하는 친구는 아기 반에 가야겠네."
바람직한 상호작용	"○○이가 보고 싶은 것이 많구나? 그런데 순서를 지키면 더 많이 안전하게 볼 수 있단다. 천천히 봐도 된단다. 기다려줄게. 다른 어린이집 친구들도 있으니까 우리 차례를 지키도록 하자. 그리고 다른 곳으로 가면 선생님과 친구들을 잃어버릴 수도 있으니 조심해야 한단다."
교사의 역할	• 외부로 견학 등을 갈 경우에는 유아의 안전이 가장 중요하므로 안전을 위한 규칙 등은 반복적으로 이야기 한다. 특히 외부 사람들이 함께 있는 견학 장소(박물관, 소풍 장소 등)에서는 유아가 다른 사람들을 따라가지 않도록 주의하고, 교사는 항상 전체 유아의 상황을 주시해야 한다.

3) 부적절 행위를 예방하기 위한 교사의 기본자세

보육교사는 전문가이다. 부드러운 표정과 미소를 보이며, 영유아에게 하루에 한 번 이상은 사랑한다고 말하고, 안아주는 것을 습관화하는 것이 좋다. 모든 사람이 접촉과 인정의 욕구를 가지고 있지만, 특히 영유아는 신체 접촉에 기초한 보살핌을 통해 원만한 인간관계와 자아존중감을 형성할 수 있기 때문이다.

또한 보육교사는 영유아가 전하는 의도를 잘 듣고 파악하는 것이 중요하다. 보육교사는 여러 영유아를 보육하기 때문에 하루일과에 쫓겨 빨리 문제를 해결하려는 경향이 있고, 개별 영유아와 상호작용할 시간이 충분하지 않을 수 있다. 다음의 경청기술을 적용하는 노력을 해보자.

(1) 침묵, 소극적인 경청

교사가 말을 많이 하면 영유아는 자신의 이야기를 할 수 없다. 조용히 들어주며 '네 느낌이 어떤지 듣고 싶다', '네 느낌을 받아줄 수 있다', '네가 나에게 무슨 이야기를 할 것인지 네가 결정할 수 있도록 너를 지지한다', '너는 잘 해 나갈 거야'라는 메시지를 보내는 것이 중요하다.

(2) 인식 또는 인정하는 마음

영유아의 이야기를 들으며 고개를 끄덕이거나 다가가 듣는다던지, 미소짓기, 표정을 짓는 등 동작으로 표현하는 것도 좋다. "아아~", "음~", "그랬는데" 와 같이 언어적인 신호를 보낼 수도 있다. "그래, 정말? 그렇구나."와 같이 맞장구를 쳐주면 영유아는 더 많은 이야기를 할 수 있다.

(3) 말문 열기 또는 격려

영유아가 자신의 감정과 문제에 대하여 말하는 것은 쉽지 않은 일이다. 이럴 때 격려가 필요하다. 말문을 열수 있도록 "그것에 대해 말하고 싶니?", "그것에 대해 듣고 싶구나", "좀 더 이야기해 주겠니?", "그것에 대해 뭔가 느끼는 것이 있는 거 같은데", "네 이야기가 정말 흥미롭구나"와 같은 식으로 격려해 준다. 자신의 이야기에 교사가 격려하고 있음을 영유아가 알 수 있도록 한다.

(4) 반영적 경청

영유아가 무엇을 느끼고 기분이 어떤지 교사가 알아주는 것은 영유아로 하여금 이해되고 받아들여지고 있다는 느낌을 전달받는다. 이는 영유아가 보낸 메시지 의미를 새로운 표현으로 되돌려 보냄으로써 자신을 분명하게 볼 수 있게 하는 일종의 거울 역할을 하는 것이다. "언제 점심 먹어요?"라는 것은 "배가 많이 고픈 모양이구나."로 해석할 수 있다. 상대가 느끼고 생각하고 있는 것을 파악하여 숨은 의미를 끄집어내어 확인해 주는 것은 안정적인 관계 형성에 큰 도움이 된다.

영유아의 문제에 대해 교사가 감정적으로 어려움을 느끼는 경우 아래와 같이 이야기해 준다. 이와 같은 방법은 처벌보다는 해결책에 집중하고 상호존중의 기초 하에 영유아를 교사와 동등한 존재로 보는 것을 전제로 한다.

구분	예시
네가...하면(영유아의 행동서술)	네가 견학 와서 다른 곳으로 가버리면
나는....라고 느낀다(나의 느낌서술)	선생님은 굉장히 걱정된단다.
왜냐하면.....(결과 서술)	왜냐하면 널 잃어버리고 네가 선생님을 찾아 헤맬 수 있거든.

※ 어린이집 안전공제회(2019) 재편집.

5. 연령별 연간 안전교육 계획안의 예

■ 만 0세 안전교육 프로그램 예

만 0세 보육 프로그램		관련 영아안전교육 프로그램
3월	여기가 어딜까?	• 기저귀 갈 때 좋은 느낌(성폭력 1) • 우리 반에서 놀아요(생활–친구1)
4월	선생님 품은 따뜻해요	• 안전벨트가 지켜줘요(교통–1) • 기저귀 갈 때 좋은 느낌(성폭력–1)
5월	어디 있나? 까꿍!	• 누가 있을까?(실종 유괴–1) • 내 몸의 소중한 곳은 함부로 만지지 않아요(성폭력–2) • 내 몸에 대해 알아요(성폭력–3)
6월	내 몸이 움직여요	• 손을 꼭 잡아요(실종 유괴–2) • 꼭 잡고 있어요(생활–가구1)

7월	조물조물 첨벙첨벙	• 아무거나 입에 넣지 않아요(약물–1) • 빵빵~ 자동차가 지나가요(교통–2)
8월	무슨 소리일까?	• 비가 와요(재난–1) • 내 몸의 소중한 곳은 함부로 만지지 않아요(성폭력–2) • 깨진 건 위험해요(생활–물건1)
9월	재미있는 놀잇감	• 내 몸의 소중한 곳은 함부로 만지지 않아요(성폭력–2) • 빵빵~ 자동차가 지나가요(교통–2) • 비가 와요(재난–1)
10월	내 주변은 재미있어요	• 손을 꼭 잡아요(실종 유괴–2) • 우리반에서 놀아요(생활–친구1)
11월	옹알옹알 말해요	• 누가 있을까?(실종 유괴–1) • 우리반에서 놀아요(생활–친구1)
12월	이게 뭘까?	• 안전벨트가 지켜줘요(교통–1) • 아무거나 입에 넣지 않아요(약물–1) • 깨진 건 위험해요(생활–물건1)
1월	요리조리 흉내 놀이	• 빵빵~ 자동차가 지나가요(교통–2)
2월	내가 해 볼래요	• 꼭 잡고 있어요(생활–가구1)

출처 : 어린이집안전공제회(2016)

■ 만 1세 안전교육 프로그램의 예

만 1세 보육 프로그램		관련 영아안전교육 프로그램
3월	편안한 1세반	• 선생님이 주는 약만 먹어요(약물–2) • 뽀송뽀송(성폭력–1) • 내가 잘 자는지 봐 주세요(생활–낮잠1)
4월	재미있는 놀이감	• 손잡고 안전하게 걸어요(교통–2) • 먹을 수 있는 것과 없는 것(약물–1) • 선생님 이거해도 돼요?(생활–놀잇감1)
5월	예쁜 내 얼굴	• 뽀송뽀송(성폭력–1) • 팬티를 입어요(성폭력–2) • 선생님과 손을 잡아요(실종 유괴–1) • 긴 손톱 싫어요(생활–친구1)
6월	활발한 움직임	• 인형의 안전벨트를 매어주세요(교통–3) • 땅이 흔들려요(재난–1) • 뽀송뽀송(성폭력–1) • 움직일 때 조심해요(생활–가구1) • 선생님 이거해도 돼요?(생활–놀잇감1) • 내가 잘 자는지 봐 주세요(생활–낮잠1)

만 1세 보육 프로그램		관련 영아안전교육 프로그램
7월	첨벙첨벙 물놀이	• 날아가요(재난-4) • 빗물 웅덩이(재난-5) • 팬티를 입어요(성폭력-2)
8월	알고 싶어요	• 먹을 수 있는 것과 없는 것(약물-1) • 약은 사탕이 아니에요(약물-3) • 전기콘센트 안전 덮개(재난-3) • 떨어지는 물건은 위험해요(재난-6) • 움직일 때 조심해요(생활-가구1)
9월	즐거운 인형놀이	• 손잡고 안전하게 걸어요(교통-2) • 약은 사탕이 아니예요(약물-3) • 느낌이 달라요(관심 가지기)(성폭력-3) • 선생님과 손을 잡아요(실종 유괴-1) • 낯선 사람을 따라가지 않아요(실종 유괴-2)
10월	바깥세상	• 밝은색 옷을 입으면 잘 보여요(교통-1) • 손잡고 안전하게 걸어요(교통-2) • 소방대피훈련(재난-2) • 선생님과 손을 잡아요(실종 유괴-1) • 낯선 사람을 따라가지 않아요(실종 유괴-2) • 큰 소리로 도움을 요청해요(실종 유괴-3)
11월	그림책	• 소방대피훈련(재난-2) • 느낌이 달라요(관심 가지기)(성폭력-3)
12월	추워요	• 선생님이 주는 약만 먹어요(약물-2) • 앗! 뜨거워(생활-물건1)
1월	궁금한 것이 많아요	• 땅이 흔들려요(재난-1) • 소방대피훈련(재난-2) • 전기콘센트 안전 덮개(재난-3) • 떨어지는 물건은 위험해요(재난-6)
2월	친구가 있어요	• 낯선 사람을 따라가지 않아요(실종 유괴-2) • 큰 소리로 도움을 청해요(실종 유괴-3) • 아픈 건 싫어요(생활-친구2)

출처 : 어린이집안전공제회(2016)

■ 만 2세 안전교육 프로그램의 예

만 2세 보육 프로그램		관련 영아안전교육 프로그램
3월	어린이집에 왔어요	• 맛있는 냄새가 나도 먹으면 안 돼요(약물–3) • 올라가지 않아요(생활–가구1) • 물면 안 돼!(생활–친구1) • 그대로 멈춰라(생활–친구2) • 위험한 표시예요(생활–물건1)
4월	놀잇감 탐색, 신나는 바깥놀이	• 따르릉 따르릉 비켜나세요(교통–3) • 실외 놀이 후 손을 깨끗이 씻어요(약물–4) • 느낌이 달라요(성폭력–1) • 선생님과 함께 다녀요(실종 유괴–1) • 아무도 없는 곳에 가지 않아요(실종 유괴–2) • 모서리는 위험해요(생활–가구2) • 장난감을 밟지 않아요(생활–놀잇감1)
5월	봄나들이 가요	• 실외 놀이 후 손을 깨끗이 씻어요(약물–4) • 아무도 없는 곳에 가지 않아요(실종 유괴–2) • 아무 차나 타지 않아요(실종 유괴–3) • 큰 소리로 도움을 청해요(실종 유괴–5) • 그대로 멈춰라(생활–친구2)
6월	나	• '싫어요'라고 말해요(성폭력–2) • 나는 소중해요(성폭력–3) • 선생님과 함께 다녀요(실종 유괴–1) • 물면 안 돼!(생활–친구1) • 살살 깨워주세요(생활–낮잠1)
7월	더워요	• 친구 약을 먹으면 안 돼요(약물–2) • 땅이 흔들흔들(재난–1) • 무서운 바람(재난–3) • 인형이 물에 떠내려가요(재난–4)
8월	동물	• 무서운 바람(재난–3) • 인형이 물에 떠내려가요(재난–4)
9월	가족	• 느낌이 달라요(성폭력–1) • '싫어요'라고 말해요(성폭력–2) • 선생님과 함께 다녀요(실종 유괴–1) • 아무 차나 타지 않아요(실종 유괴–3) • 모르는 사람이 데려가요(실종 유괴–4) • 살살 깨워주세요(생활–낮잠1)

만 2세 보육 프로그램		관련 영아안전교육 프로그램
10월	내가 만나는 사람들	• 옛날에 먹던 약을 먹으면 안 돼요(약물–1) • 친구 약을 먹으면 안 돼요(약물–2) • 느낌이 달라요(성폭력–1) • '싫어요'라고 말해요(성폭력–2) • 아무 차나 타지 않아요(실종 유괴–3) • 모르는 사람이 데려가요(실종 유괴–4) • 큰 소리로 도움을 청해요(실종 유괴–5)
11월	탈 것	• 멈춘다! 살핀다! 건넌다!(교통–1) • 차에서 내릴 때 차례차례(고통–2) • 따르릉 따르릉 비켜나세요(교통–3) • 탈 때는 아이 먼저, 내릴 때는 어른 먼저(교통–4) • 아무 차나 타지 않아요(실종 유괴–3)
12월	추워요	• 옛날에 먹던 약을 먹으면 안 돼요(약물–1) • 친구 약을 먹으면 안 돼요(약물–2) • 소방대피훈련 : 불이야! 외쳐요(재난–2) • 안전한 곳으로 피해요(재난–5)
1월	재미있는 색깔놀이, 모양놀이	• 멈춘다! 살핀다! 건넌다!(교통–1) • 차에서 내릴 때 차례차례(고통–2) • 맛있는 냄새가 나도 먹으면 안 돼요(약물–3) • 모서리는 위험해요(생활–가구2) • 위험한 표시예요(생활–물건1)
2월	형, 언니가 되어요	• 옛날에 먹던 약을 먹으면 안 돼요(약물–1) • 살살 깨워주세요(생활–낮잠1)

출처 : 어린이집안전공제회(2016)

■ 만 3~5세 안전교육 프로그램 예

월	주제	교육 내용	본 교육 프로그램 관련 내용
3월	유치원/어린이집 안전	• 실내에서의 안전규칙 • 교구, 놀잇감, 각종 자료의 안전한 사용법 • 복도 및 계단, 화장실의 안전 • 실외놀이시설의 안전한 사용법과 행동	22. 살피면서 다녀요. 23. 끈 달린 옷은 위험해요.
4월	교통안전	• 어른과 손잡고 걷기 • 차도와 보도, 신호등 의미 알기 • 안전한 도로횡단법 • 안전한 통학버스의 이용법 • 날씨와 보행안전 • 자동차/버스/지하철에서의 안전한 행동 • 안전띠와 카시트	214. 어른과 손을 잡아요. 215. 자동차가 멈춘 후에 건너요. 216. 갑자기 뛰어들지 않아요. 217. 밝은색 옷을 입어요. 219. 조심조심 타고 내려요.

월	주제	교육 내용	본 교육 프로그램 관련 내용
5월	놀이 안전 바퀴 달린 탈 것 이용 안전	• 안전한 놀잇감 • 놀잇감 안전하게 사용하기 • 어른이 보고 있는 곳에서 놀기 • 놀이기구를 안전하게 이용하는 방법 • 안전한 옷차림 • 바퀴 달린 탈 것 안전하게 이용하기 : 안전한 장소, 타는 방법, 옷차림	21. 재미있는 장난감, 위험할 수 있어요. 23. 끈 달린 옷은 위험해요. 24. 안전하게 놀이해요. 218. 안전보호장구가 필요해요.
6월	성폭력 안전	• 내 몸의 소중함 • 내 몸의 정확한 명칭 • 좋은 느낌과 싫은 느낌 • 성폭력의 예방법과 대처방법	
7월	물놀이 안전	• 물놀이를 안전하게 하는 방법 • 도움을 요청하는 방법	25. 약속을 잊지 않아요.
8월	미아 및 유괴 예방	• 미아예방방법 : 외출 시 주의할 점 • 길을 잃었을 때의 대처방법 • 도움을 요청하는 방법 • 낯선 사람에 대한 개념 • 유인행동 알아차리기 • 위험한 상황 대처하는 방법 • 집에 혼자 있을 때 위험상황 인식과 대처방법	210. 나를 도와줄 사람을 찾아요. 211. 따라가지 않아요.
9월	재난 안전	• 자연재해의 의미와 위험성 • 자연재해가 발생했을 때 일어날 수 있는 상황 • 자연재해로부터 나를 보호하는 방법 • 안전하게 대피하는 안전수칙	18. 어른과 함께 있어요. 19. 땅이 흔들려요 110. 모래 바람이 불어요
10월	가정 안전 미디어 안전	• 집 안에서의 안전한 행동과 위험한 행동 • 집 안에서의 안전한 장소와 위험한 장소 • 집 안의 도구의 위험성과 안전한 사용법 • 안전한 미디어와 해로운 미디어 • 미디어 안전하게 이용하기	26. 집안에서 안전하게 놀아요. 27. 편리한 가전제품, 위험할 수 있어요. 28. 내가 볼 수 있는 것만 보아요.
11월	도구 및 시설 이용 안전	• 승강기/에스컬레이터의 안전한 이용방법 • 회전문/자동문의 안전한 이용방법 • 위험한 상황 대처방법	29. 지켜야 할 것이 있어요.

월	주제	교육 내용	본 교육 프로그램 관련 내용
12월	화재 안전	• 화상예방 및 대처방법 • 화재의 원인과 예방방법 • 불이 났을 때 대처행동 : 대피하기(화재 시 연기 피하는 방법/안전한 대피로) • 화재 시 도움 요청하기 : 신고방법, 소방서에서 하는 일 • 옷에 불이 붙었을 때의 대처행동	11. 뜨거운 것을 만지지 않아요. 12. 뜨거운 것에 데었어요. 13. 불이야! 불이야! 14. 숨시 마세요. 15. 뜨거운 연기를 피해요. 16. 119로 신고하지요. 17. 옷에 불이 붙었어요. 111. 소방관은 여러 가지 일을 해요.
1/2월	약물 안전	• 약이 우리에게 주는 고마움 • 약, 함부로 먹지 않기 • 가정용 화학제품 만지거나 먹지 않기	212. 부모님이 주신 약만 먹어요. 213. 가정용 화약제품, 위험할 수 있어요.

출처 : 소방방재청(2016)

PART 3

유아교육기관 안전관리

Chapter 03

유아교육기관에서의 안전관리

1. 분야별 안전관리
2. 영유아 안전교육의 법적 근거
3. 안전사고 예방대책

유아교육기관의 시설 · 설비 관련 법령과 조항은 영유아의 안전을 보장하기 위한 법적 근거이므로 교직원은 영유아가 어떤 법규를 통해 보호를 받고 있는지 알아야 한다. 또한 교사는 안전관리의 중요성을 인식하고 분야별 안전관리를 통하여 사고의 발생요인을 사전에 예방하고 제거해야 한다. 이 장에서는 어린이집에서 지켜야 할 안전법규와 안전관리에 대해 살펴보고자 한다.

1. 분야별 안전관리

- 원장은 교사 및 부모와 함께 영유아의 안전사고 예방을 위해 성실하게 노력하고 안전교육을 실시한다.
- 어린이집은 인근 소방서, 경찰서 및 가스, 유류 등의 안전상태를 점검하는 유관기관에 의해 정기점검을 실시하고 비상연락체계를 구축해야 하며, 자체적으로 정기적인 시설안전점검을 실시하고 기록 · 관리한다.
- 어린이집 교사는 영유아의 실내 · 외 활동 시 안전을 위해 영유아를 보호 · 감독해야 하며 원장은 영유아에 대한 물리적 환경과 인적 환경에 대한 안전 확보를 위해 시설 및 환경을 조성하고 관리한다.

〈표 3-1〉 어린이집 내 'CCTV 등' 설치운영지침

구분	내용
설치 목적	어린이집 내 IPTV를 포함한 'CCTV 등' 설치 · 운영은 어린이집 내 안전사고 예방, 아동학대 등 아동의 인권보호를 목적으로 설치하되, 아동과 교직원의 '사생활의 비밀과 자유' 등 인권침해를 최소화하는 범위 내에서 설치 가능하다.
준용 규정	이 지침에 정하지 않은 사항은 「개인정보 보호법」, 「공공기관 CCTV 관리 가이드라인」(안전행정부 2009. 9), 「인터넷 멀티미디어 방송 사업법」(일명 IPTV법) 「통신비밀보호법」 등의 관련 규정을 준용한다.
적용 범위	이 지침은 「영유아보육법」 제10조에 따른 모든 어린이집에 적용함이 원칙이나 국 · 공립어린이집, 국가나 지방자치단체의 장이 소속 공무원을 위하여 설치 · 운영하는 어린이집 기타 공공기관이 설치 · 운영하는 어린이집의 경우 이 지침과 그 외 관련 법령을 반드시 준수하여야 한다.
사전 의견 수렴	'CCTV 등'을 설치하려는 어린이집의 장은 해당 시설을 이용하는 '영유아의 보호자 교직원'(이하 '관계인')의 사전 동의서를 징구하여야 한다. • 사정상 사전 동의가 여의치 않을 경우 '관계인' 등의 대표로 구성되는 위원회* (이하'위원회')의 심의를 거쳐 설치할 수 있다. * '영유아보육법' 제25조상의 '어린이집 운영위원회'로 대체 가능하다.

사전 의견 수렴	• 기존에 'CCTV 등'이 설치된 시설 중 상기 절차를 거치지 않은 경우에는 '관계인'의 추인이나 '위원회'의 승인을 받아야 하며, 신규 '관계인'의 경우에는 'CCTV 등'의 설치 · 운영 사실을 가정통신문 등을 통해 반드시 고지하여야 한다. ※ 'CCTV 등'에 의하여 화상정보를 수집하는 경우에는 그 설치 목적 범위를 넘어 카메라를 임의로 조작하거나 다른 곳을 비추거나 녹음기능을 사용하면 안 된다.

출처 : 보육사업(2017)

1) 물리적 환경에 대한 안전관리

- 어린이집의 교사는 안전관리의 중요성을 인식하고 실천하기 위해 노력한다.
- 원장은 「어린이집 안전 점검 체크리스트」에 따라 매일 매월 시설 안전점검을 실시하여 화재 · 상해 등 위험 발생요인을 사전에 제거한다.

2) 일별 체크리스트

(점검상태 양호○, 보통△, 불량×)

구분	점검항목	점검결과						조치사항
		/	/	/	/	/	/	
		월	화	수	목	금	토	
실외 환경	어린이집 보호벽 및 주변의 관리상태는 양호한가?							
	실외놀이 공간 주변의 돌, 유리조각, 요철, 녹이 슨 부분, 벗겨진 페인트, 돌출된 모서리가 방치되어 있지는 않은가?							
	놀이터 바닥에 오물, 방치된 물 웅덩이가 없는가?							
실내 환경	문과 창문 등의 추락 위험은 없는가?							
	바닥에는 다칠 수 있거나 미끄러운 곳이 없는가?							
	복도, 계단, 비상계단, 미끄럼대 등에 방치된 물건이 없어 피난계단, 미끄럼대 등을 사용하기에 양호한가?							
	보육용품이나 비품, 유리창 등에 날카로운 모서리 등이 없는가?							
놀잇감 및 놀이 기구	망가져 날카롭고 위험한 것 또는 부품이 빠지거나 작은 볼트 등이 빠진 것은 없는가?							
	유해 색소가 칠해진 놀잇감은 없는가?							
	영유아가 삼킬만한 작은 놀잇감이나 부품은 없는가?							
	놀잇감 및 놀이기구의 수납상태가 양호한가?							
화장실 세면대	화장실 내 세제나 락스 등 위험한 물건이 영유아들의 손이 닿는 곳에 방치되어 있지 않는가?							

구분	점검항목	점검결과						조치사항
		/ 월	/ 화	/ 수	/ 목	/ 금	/ 토	
전기 화기 위험물	콘센트는 안전덮개로 보호되어 있는가?							
	화기에 의한 안전사고 위험은 없는가?							
	가스밸브와 가스중간밸브 잠금은 양호한가?							
차량 안전	차량 내 소화기, 비상약품 비치 여부 및 비치상태가 양호한가?							
	차량 내 안전벨트 등 안전장비의 상태는 양호하며 영유아와 보호자는 차량 내 안전벨트를 착용하는가?							
	차량에 영유아를 보호할 수 있는 사람(교사 등)이 탑승하는가?							
기타	응급전화번호 및 비상연락망 등이 잘 관리되고 있는가?							

3) 월별 체크리스트

구분	점검항목	점검결과	조치사항
		월	
안전관리	안전관리의 책임 및 위기관리체계가 적합한가?		
	일별 안전점검 체크리스트에 의해 관리되고 있는가?		
실외환경	어린이집 주변에 감전위험은 없는가?		
	위험한 적치물, 축대 붕괴, 맨홀 등에 대한 위험은 없는가?		
실내환경	모든 설비는 움직이거나 떨어지지 않도록 바닥과 벽면에 단단히 고정되어 있는가?		
	창문 방충망의 상태는 안전한가?		
	어린이집 내 비품 및 보육용품에 풀린 나사나 못은 없는가?		
현관 · 통로 · 계단 · 비상구	출입문 현관문 등의 안전장치는 정상 작동하는가?		
	계단 통로부분에 미끄럼 방지 처리가 되어 있는가?		
	계단의 안전상태는 양호한가?		
화장실 · 세면대	화장실 내 전기콘센트 등 전기용품은 안전한가?		
	세면대의 고정상태는 안전한가?		
조리실 · 식당	환기가 잘 되고 있는가?		
	조리용 칼이나 기타 위험한 주방기구는 지정된 안전한 장소에 보관하고 있는가?		
	영유아의 출입이 잘 통제되고 있는가?		
	급식담당 직원의 위생상태는 양호한가?		
	배수가 잘 되고 배수구에는 덮개가 설치되어 있는가?		

구분	점검항목	점검결과	조치 시항
		월	
실외놀이 기구 및 공간	모든 놀이기구가 바닥에 안전하게 고정되어 있는가?		
	놀이시설물의 상태 틈새나 간격이 영유아의 몸에 끼이지 않는 넓이인가?		
	기초대, 지지대 등 매설부분이 노출되지 않았는가?		
	모든 놀이기구 아래와 주위 안전지대의 충격흡수재 성능은 양호한가?		
	보수가 필요한 놀잇감 및 놀이기구가 방치되어 있는가?		
	놀이기구의 높이가 영유아에게 적합한가?		
	품질경영 및 공산품안전관리법에 의한 안전검사를 필한 제품인가?		
전기 · 가스 · 위험물 안전관리	전선, 콘센트, 플러그 등 손상된 부분은 없는가?		
	한 개의 콘센트에 용량을 초과해 사용하고 있지 않은가?		
	전기기구는 규격전선을 사용하고 있는가?		
	각종 전기기구의 접속상태가 노후 파손된 곳은 없는가?		
	분배전반 및 각종 전기기구의 노후 및 파손된 것은 없는가?		
	가스경보기의 설치상태가 양호한가?		
소방시설 관리	대피를 위한 대피도가 잘 관리되어 있는가?		
	소화기, 스프링클러 등 소화장비의 작동 및 관리상태는 양호한가?		
	자동화재 탐지설비의 설치상태가 양호한가?		
	옥내 소화전의 관리 및 작동이 양호한가?		
비상대피 시설관리	비상계단 및 미끄럼대 등이 화재 등 유사시 사용이 가능한가?		
	피난유도등, 유도표지등이 잘 갖추어져 있고 정상작동하는가?		
	건물 내 대피경로에 장애가 되는 요소는 없는가?		
차량 안전관리	차량은 점검기준에 의해 정기적으로 안전점검을 실시하고 있는가?		
석면 안전관리	석면조사를 실시하였는가?		
	석면조사를 미실시한 경우 석면조사 생략 대상 건축물에 해당하는가?		
	석면조사 관련 자료조사 결과보고서 석면지도 등은 잘 관리되고 있는가?		
	석면 함유 자재가 파손되거나 노출된 곳은 없는가?		
	위의 경우에 경고문 등을 설치하고 철거 또는 개보수 조치는 하였는가?		
	석면관리 정보가 가정통신문 등을 통해 학부모에게 제공되고 있는가?		

(점검상태 : 양호 ○, 보통 △, 불량 ×)

■ **체크리스트 항목별 점검 시 참고사항**

□ 안전분야 일별 점검체크리스트 참고사항

1) 실외환경

- 어린이집 보호벽 및 어린이집 주변의 관리상태는 양호한가?
  (조치사항) 담, 울타리, 창살, 가스 혹은 난방기 등의 계량기, 보일러 설비, 퓨즈박스, 비상미끄럼틀, 외부 차양 등 설비의 안전상태를 확인하여 위험요소를 즉시 안전하게 제거 · 수리 및 관리한다.
- 놀이터 바닥에 오물, 방치된 물 웅덩이가 없는가?
  (조치사항) 오물 및 물 웅덩이는 전염성 질환을 야기시키는 해충의 서식지가 될 수 있으므로 발견 즉시 제거하고, 물 웅덩이는 물 제거 후 웅덩이를 관리하여 영유아가 넘어질 수 있음을 방지한다.

2) 실내환경

- 문과 창문 등의 추락 위험은 없는가?
  (조치사항) 문과 창문의 안전상태 확인 및 창문 등의 가까이에 오를 수 있는 물품이 있어 추락 위험이 있는지 확인하고 즉시 제거한다.
- 바닥에는 다칠 수 있거나 미끄러운 곳이 없는가?
  (조치사항) 화장실, 계단, 실내 보육실 등에 미끄러운 곳, 물이 고인 곳을 확인한다. 미끄럼방지 시트 또는 타일을 부착하거나 물기가 많으면 물기를 제거한다. 또한 바닥의 단차가 있는 경우 영유아들이 넘어지는 사고가 많이 발생하므로 바닥에는 단의 차이가 없도록 한다.
- 복도, 계단, 비상계단, 미끄럼대 등에 방치된 물건이 없어 피난계단, 미끄럼대 등을 사용하기에 양호한가?
  (조치사항) 유사시 대피에 장애가 되는 물건이 방치되었는지를 확인하고 방치된 물건은 안전한 곳으로 즉시 이동한다.

3) 놀잇감 및 놀이기구

- 영유아가 삼킬만한 작은 놀잇감이나 부품은 없는가?
  (조치사항) 놀잇감의 크기가 영유아의 입, 코, 귀 등에 들어가지 않도록 3.5cm 이상의 놀잇감을 준비한다.
- 놀잇감 및 놀이기구의 수납상태가 양호한가?
  (조치사항) 놀잇감이 영유아가 수납하기에 적당한지, 무거운 놀잇감이 높은 곳에 있지 않은지 확인한다. 유아의 신체특성을 고려하여 수납위치를 바꾸고, 무겁거나 추락 위험이 있는 놀잇감은 즉시 안전한 위치로 이동한다. 방치된 놀잇감은 영유아들이 올라가 추락하는 위험도 발생할 수 있으므로 안전하게 보관한다.

4) 전기 · 화기 · 위험물

- 화기에 의한 안전사고 위험은 없는가?
  (조치사항) 라디에이터, 난로, 히터 등의 보호덮개, 라이터, 성냥, 양초, 폭죽 등이 방치된 것이

있는지, 가스 중간밸브 잠김, 화기시설 주변의 가연물 등을 확인하여 위험물품은 즉시 제거한다. 보호덮개가 필요한 경우 전문업체에 의뢰한다.

– 위험물에 의한 안전사고 위험은 없는가?

(조치사항) 화학용품 및 약품, 살충제, 세제, 기타 위험한 약품 등이 방치되었다면, 즉시 안전한 곳으로 이동한다. 특히, 약품의 경우 보육실 영유아용 책상 위에 놓여져 영유아들이 만지거나 먹을 수 있기에 주의를 더 요한다. 필요시 전문기관에 의뢰하여 처리한다.

※ 관련 법 : 영유아보육법 시행규칙 별표 1, 위험물 안전관리법 제14조

– 가스밸브와 가스중간밸브 잠금은 양호한가?

(조치사항) 가스와 가스중간밸브 잠금상태, 가스누설 탐지기의 상태 · 위치 등을 확인하여 가스누출을 예방한다. 가스를 사용하는 모든 설비에는 중간밸브를 설치 하여야 한다. 가스밸브 주위의 누출 여부를 점검하고, 가스누설탐지기의 위치(LNG : 천장에서 30cm, LPG : 바닥에서 30cm 이내)를 점검하고 손상 여부, 전원의 연결상태 등을 점검한다. 이상이 있을 시 전문업체에 점검 및 수리를 의뢰한다.

※ 도시가스사업법 제7조에 따라 정기검사대상자로 선정되면 연 1회 한국가스안전공사에 의한 점검을 받는다. 단, 지방자치단체에 따라 차이가 있을 수 있다(이 외는 도시가스회사에서 검사).

5) 차량안전관리

– 차량 내 소화기 · 비상약품 비치 여부 및 비치상태가 양호한가?

(조치사항) 차량 내 소화기 및 비상약품이 적정위치에 비치되었는지 확인한다. 소화기의 경우 월 1회 이상 압력을 점검한다. 분말소화기는 압력게이지 눈금이 녹색에 있어야 정상이다. 또한 일반적으로 사용하는 분말 ABC 소화기의 경우 사용하지 않으면 굳어질 수 있으므로 정기적으로 위아래 좌우로 흔들어 준다. 비상약품의 경우 약품의 유효기간을 확인하여 관리한다.

출처 : 소방방재청(2005)

– 차량 내 안전벨트 등 안전장비의 상태는 양호하며 영유아와 보호자는 차량 내 안전벨트를 착용하는가?

(조치사항) 어린이집의 차량에는 안전벨트 등의 안전보호장구의 장비사용이 가능하도록 비치한다. 36개월 미만의 영아를 탑승시킬 때에는 보호자가 동반하거나 보호장구를 착용하여야 한다. 이때 안전보호장구는 도로교통법 제0조 및 품질경영 및 공산품안전관리법에 의한 안전이 인증된 상품을 사용하여야 한다.

6) 기타

– 응급전화번호 및 비상연락망 등이 잘 관리되고 있는가?

(조치사항) 비상시 소방서 · 병원 · 경찰서 등의 응급전화번호 및 비상연락망 등이 전화기 옆에서 잘 관리되고 있는지 확인한다. 지속적으로 소방서 병원의 응급전화번호 및 비상연락망의 전화번호 변경 여부를 확인하여 관리한다.

□ 월별 점검 체크리스트 참고사항

1) 안전관리

– 안전관리의 책임 및 위기관리체계가 적합한가?

(조치사항) 원장의 안전관리 책임성 화재등 비상사태 발생 시 대응체계의 적절성을 확인한다. 원장이 안전관리에 관한 책임 전문성 방화관리자자격 등 확보하도록 하고 교사가 안전관련 교육에 적극적으로 참여하도록 한다. 비상사태에 대비한 대응체계가 수립되도록 한다.

2) 실외 환경

- 어린이집 주변에 감전위험은 없는가?

(조치사항) 어린이집 50m 이내에 고압선, 전선, 가로등 등 감전위험을 확인한다. 확인물 발견 시 관련 기관 및 지방자치단체에 통보하고 안전조치를 요청한다.

- 위험한 적치물, 축대붕괴, 맨홀 등에 대한 위험은 없는가?

(조치사항) 어린이집 주변 50m 이내에 위험한 물건 · 물품, 방치된 자동차, 생활쓰레기, 적치 붕괴위험이 있는 축대, 맨홀, 파인 곳, 공사장 등이 확인되면 지방자치단체(주민자치센터 포함)에 통보하고 안전조치를 요청한다.

3) 실내환경

- 모든 설비는 움직이거나 떨어지지 않도록 바닥과 벽면에 단단히 고정되어 있는가?

(조치사항) 건축설비의 전기, 난방, 조명, 급배수 등의 설비물의 고정상태와 벽 천장 등에 고정된 물품과 장식물 등이 안전하게 고정되어 있는지 확인하여 수리필요시 전문업체에 의뢰한다.

- 창문 방충망의 상태는 안전한가?

(조치사항) 창문의 깨짐 창문테두리의 실리콘 상태 방충망의 노화상태를 정기적으로 확인하여 즉시 조치한다.

4) 현관 · 통로 · 계단 · 비상구

- 출입문, 현관문의 안전장치는 정상 작동하는가?

(조치사항) 보안을 위한 잠김문이나 인터폰 · 초인종의 정상 작동 여부 확인 후 응급조치와 필요시 전문업체에 의뢰한다. 또한 출입문과 현관문의 손끼임방지를 위한 안전고무바 도어클로저 등을 설치한다.

- 계단의 안전상태는 양호한가?

(조치사항) 안전손잡이 적치물 난간의 간격 고정상태를 확인한다. 응급조치 후 필요시 전문업체에 의뢰한다.

※ 계단의 단 높이는 16cm 이하이며 단의 높이가 일정하여야 하고, 단 너비는 26cm 이상이어야 하며 일정하게 구성되어야 한다, 난간의 높이는 110cm 이상, 난간살의 간격은 10cm 이하로 설치한다.

출처 : 중앙보육정보센터(2008).

5) 화장실 · 세면대

- 화장실 내 전기콘센트 등 전기용품은 안전한가?

(조치사항) 방수용 콘센트 및 물에 의한 전기위험 여부를 확인한다. 콘센트는 방수용으로 교체하고 물에 젖거나 고인물 욕조 등에 추락이 가능한 물품은 안전한 곳으로 이동 또는 제거한다.

- 세면대의 고정상태는 안전한가?
  (조치사항) 고정상태 확인 시 나사풀림상태 등을 정기적으로 확인하여 필요시 수리하거나 교체한다.

6) 조리실 · 식당
- 환기가 잘 되고 있는가?
  (조치사항) 가스 등의 누출과 실내공기 정화를 위하여 환기상태를 확인한다. 자연바람을 이용한 정기적인 환기를 하고 환기구 창에 의한 배출이 용이하지 못한 경우 환기팬을 설치한다.
- 조리용 칼이나 기타 위험한 주방기구는 지정된 안전한 장소에 보관하고 있는가?
  (조치사항) 위험한 주방기구에 노출방지를 위해 확인한다. 영유아가 접근이 불가능한 곳에 위험한 주방기구를 보관하고 필요시 보관함에 잠금장치를 한다.

- 급식담당직원의 위생상태는 양호한가?
  (조치사항) 급식담당직원의 위생상태 점검 및 철저한 위생교육과 함께 조리실의 위생관리급식시 위생모, 위생복, 위생화 등 착용 여부를 확인한다.
- 배수가 잘되고 배수구에는 덮개가 설치되어 있는가?
  (조치사항) 조리실의 배수는 악취 등을 발생하여 급식의 위생에 문제를 초래할 수 있기에 배수의 상태 및 배수구의 덮개설치 유무와 함께 악취 등을 확인한다. 배수구의 덮개를 설치하고 배수의 상태 및 덮개상태를 수시로 확인한다.

7) 실외 놀이기구와 공간
- 모든 놀이기구가 안전하게 고정되어 있는가?
  (조치사항) 놀이기구의 고정상태 매설된 지지대의 노출 윤활유 보충 등을 확인하고 즉각적인 안전조치 후 필요시 관련 업체에 의뢰한다.
- 놀이시설물의 상태 틈새나 간격이 영유아의 몸에 끼이지 않는 넓이인가?
  (조치사항) 집합놀이기구 등의 틈새나 간격의 너비 확인 및 노후로 인한 영유아 신체의 빠짐 및 끼임 등을 확인한다. 손가락 : 8mm 이하 · 25mm 이상, 발m : 30mm 이하, 머리 : 9cm 이하 · 23cm 이상. 안전관리 필요시에는 1차 안전조치로 접근금지표시 및 전문업체에 수리 의뢰한다.
- 모든 놀이기구의 아래와 주위 안전지대에 충격흡수제의 성능은 양호한가?
  (조치사항) 영유아가 추락할 가능성이 있는 놀이시설물 아래와 주변의 공간 안전지대는 충격을 흡수할 수 있도록 설치되어야 한다. 25~30cm 이상의 모래 우레탄바닥 매트 등. 충격흡수제 사용 시 마모되어 구멍이 나거나 끝부분이 말림으로 인해 영유아들이 걸려 넘어질 수 있다. 따라서 즉각적인 안전조치 후 전문업체에 의뢰한다.
- 놀이기구의 높이가 영유아에게 적합한가?
  (조치사항) 놀이기구의 구입시 연령에 따른 영유아의 신체 등에 적합한지 확인한다. 참고로 놀이기구의 높이는 2.5m 이하로 설치한다.

출처 : 소방방재청(2005).

8) 전기 · 화기 · 위험물 · 차량 안전관리

- 전선 콘센트 플러그 등이 손상된 부분은 없는가?
  (조치사항) 실내 전선의 노후 피복손상, 파손된 콘센트 및 플러그 등을 확인한다. 벗겨진 전선은 절연테이프로 감싸고 파손된 콘센트 플러그 등은 즉시 교체한다. 필요시 전문업체에 수리 · 점검을 의뢰한다.
- 전기기구는 규격전선을 사용하고 있는가?
  (조치사항) 전선의 용량을 초과해서 사용하고 있는 전기기구를 점검하고 필요시 전선을 교체하도록 한다.
  ※ 관련 법 : 전기용품안전관리법
- 각종 전기기구의 접속상태가 노후 파손된 곳은 없는가?
  (조치사항) 어린이집 전기기구, 컴퓨터, 노트북, 프린터기, 난방기구 등의 노후 파손상태 및 접속상태를 확인한다. 노후되거나 파손된 각종 전기기구는 전기전문업체에 의뢰하여 수리 · 교체하도록 한다.
- 분배전반 및 각종전기기구의 노후 및 파손된 것은 없는가?
  (조치사항) 노후하거나 파손된 분배전반 및 각종 전기기구는 전기전문업체에 의뢰하여 수리 · 교체하도록 한다. 또한 전기사업법 제66조 다중이용시설 전기허가증 관련 인가 시 전기안전점검이 이루어져야 하고 연 1회 한국전기안전공사에 의뢰하여 점검을 받는다.
  ※ 관련 법 : 전기법 제66조 및 동법 시행규칙 제35조의 2
- 가스경보장치는 잘 작동되고 있는가?
  (조치사항) LNG 또는 LPG에 따른 가스경보기의 위치 · 설치상태 · 정상작동 여부 및 관련법에 의해 점검을 받았는지 확인한다. 필요시 가스경보기를 전문업체에 의뢰하여 이동설치 · 수리 · 교체하도록 한다.
  ※ 관련 법 : 소방시설의 설치 및 유지관리에 관한 법률 시행령 제15조

9) 소방시설관리

- 소화기 스프링클러등 소화장비의 관리상태는 적합한가?
  (조치사항) 소화기의 비치위치, 압력 등의 적합한 관리상태를 확인한다. 소화기는 연면적 33㎡ 이상에 1대 이상을 비치한다. 또한 공간의 제약성 등을 확인 후 필요시 추가로 비치한다. 소화기는 눈에 잘 띄는 곳에 위치하고 있는지를 확인하되 영유아 보행시 충돌방지를 감안하여 적절한 위치에 놓는다. 소화기는 압력상태를 월 1회 이상 점검한다. 이상이 있는 것은 새것으로 교체하거나 소방전문업체에 점검을 의뢰한다. 스프링클러설비의 정상적인 작동 여부를 확인하고 필요시 소방전문업체에 수리 · 점검을 받도록 한다.
- 자동화재탐지설비의 설치상태가 양호한가?
  (조치사항) 자동화재탐지설비가 있는 경우에 한하는 것으로 자동화재탐지설비의 정상적인 작동 여부를 확인하고 필요시 소방전문업체에 수리 · 점검을 받도록 한다.
- 옥내 소화전의 관리 및 작동상태가 양호한가?
  (조치사항) 옥외 소화전설비가 있는 경우에 한하는 것으로 소화전함의 내용물을 확인 관창 1, 호스 2), 방수시 수평거리 17m 도달 시 정상이다. 옥내 소화전설비의 정상적인 작동 여부를 확인하고 필요시 소방전문업체에 수리 · 점검을 받도록 한다.

※ 소방시설의 설치 및 유지관리에 관한 법률 시행령 제15조에 따라 어린이집은 특정 소방대상물(노유자시설)로 연 1회 소화설비, 경보설비, 피난설비, 방염 등에 대하여 관할 지역 소방서에 의한 점검을 받는다.

출처 : 소방방재청(2005)

10) 비상대피 시설관리

- 비상계단 및 미끄럼대 등이 화재 등 유사시 사용이 가능한가?
  (조치사항) 설치기준에 적합한 상태, 평상시 영유아가 개폐할 수 없는 상태, 유사시 용이한 개방가능 등의 정상적인 작동 여부를 확인하고 필요시 전문업체에 수리 · 점검을 받도록 한다.
  ※ 관련 법 : 영유아보육법 시행규칙 제9조(별표1)
- 피난유도등 유도표지등이 잘 갖추어져 있고 정상 작동하는가?
  (조치사항) 유도등 유도표지의 위치 유도등의 상태 · 점등 등을 확인한다. 피난구 유도등의 경우 30m 거리에서 문자 및 색채식별이 가능하여야 한다. 설치기준의 적합성 및 위치 · 작동 여부를 확인하고 필요시 전문업체에 수리 · 점검을 받도록 한다.
- 건물 내 대피경로에 장애가 되는 요소는 없는가?
  (조치사항) 계단, 통로, 출입문 등 피난경로에 적치물 방치, 피난에 필요한 유효너비 확보, 비상출구의 잠금장치 설치 여부를 확인한다. 계단, 통로, 출입문 등 피난에 장애가 되는 물건 등은 즉시 이동조치한다. 계단, 통로, 출입구의 유효너비, 출입문의 개폐방향 비상구의 잠금장치 등을 확인하고 시정조치하도록 한다.
  ※ 관련법 : 소방시설의 설치 및 유지관리에 관한 법률 시행령 제15조

11) 차량안전관리

- 차량의 점검은 기준에 의해 정기적으로 안전점검을 실시하고 있는가?
  (조치사항) 차량이 정기적으로 안전점검이 이루어지고 있는지를 확인하고 미흡한 경우 빠른 시일 내에 점검을 받도록 한다. 어린이 통학버스로 지정 시 경찰서장의 수시점검이 이루어진다.

12) 석면안전관리

- 석면조사를 실시하였는가?
  (조치사항) 연면적 430㎡ 이상 어린이집은 석면조사를 의무적으로 실시하고 연면적 430㎡ 미만 어린이집도 영유아의 안전한 보육환경조성을 위해 석면조사를 조속히 받도록 한다.
  ※ 관련 법 : 석면안전관리법 시행령 제29조
- 석면조사를 미실시한 경우 석면조사 생략 대상건축물에 해당하는가?
  * 석면조사 생략 대상건축물
  가. 「건축법」 제65조에 따른 친환경건축물 인증을 받은 건축물로서 대통령령으로 정하는 바에 따라 석면건축자재 사용
  나. 석면안전관리법 제21조 제1항에 따른 건축물의 소유자로부터 건축물 또는 건축물에 사용된 자재에 석면이 함유되어 있지 않음을 증명하는 서류를 제출받아 해당 건축물이 석면을 함유하고 있지 않음이 명백한 것으로 인정한 건축물
  다. 2009년 1월 1일 이후에 착공신고를 하여 「산업안전보건법」이 적용된 건축물에 설치된 어린이집

- 석면조사 관련 자료 조사결과 보고서 석면지도 등을 잘 관리되고 있는가?
  (조치사항) 석면조사 관련 자료 조사결과 보고서, 석면지도 등을 건물철거 · 멸실 시까지 기록 · 보존하도록 한다.
  ※ 관련 법 : 석면안전관리법 시행규칙 제23조
- 석면 함유 자재가 파손되거나 노출된 곳은 없는가?
  (조치사항) 석면 함유 자재가 파손되거나 노출된 곳은 없는지 주기적으로 확인한다.
  ※ 관련 법 : 석면안전관리법 시행규칙 제32조
- 위의 경우에 경고문 등을 설치하고 철거 또는 개보수 조치는 하였는가?
  (조치사항) 석면이 함유된 건축물을 철거 또는 해체할 경우 고용노동부령으로 정하는 석면 해체 · 제거의 작업기준을 준수하여야 한다.
  ※ 관련 법 : 산업안전보건법 제38조의3
- 석면관리 정보가 가정통신문 등을 통해 학부모에게 제공되고 있는가?
  (조치사항) 석면관리 정보를 가정통신문 등을 통해 학부모에게 제공하도록 한다.

- 아동복지법 제32조에 따라 유괴 등 범죄의 위험으로부터 영유아를 보호하기 위하여 필요하다고 인정하는 때에는 어린이집의 영유아를 보호하기 위하여 어린이집의 주변구역을 아동보호구역으로 지정하여 폐쇄회로텔레비전을 설치하거나 그밖의 필요한 조치를 할 수 있다.

4) 차량안전관리(차량을 운행하는 경우)

- 통학차량을 운행하고자 할 경우에는 도로교통법에서 규정하고 있는 어린이통학버스 신고요건을 구비하여 관할경찰서장에게 신고한다.

※ 「도로교통법」 제52조 어린이통학버스의 신고 등) 참조
※ 어린이집원장이 전세버스 운송사업자와 운송계약을 맺은 차량도 어린이통학버스로 신고 가능 (2008. 9. 2)
※ 어린이통학버스 미신고차량 운행 시 행정처분 : 시정명령, 시정명령 위반 시 최대 3개월 운영정지
• 운전기사는 채용 시 건강진단서 제출 교통안전 교육이수 여부 확인 및 성범죄 경력조회 실시

- 차량 내부에 안전수칙을 부착하고 차량용 소화기 및 구급상자를 비치해야 하며 차량 안전점검표에 의한 안전점검을 실시한다.
- 차량운행 시 교사가 동승해야 하며 36개월 미만 영아는 영아용 보호장구를 착

용하는 것을 원칙으로 한다.

- 교사와 영유아는 차량운행 시작 전 안전벨트를 착용한다.
- 운전자는 영유아가 어린이 통학버스를 타고 내리는 때에 영유아가 좌석에 앉은 것과 보도 또는 길 가장자리구역 등 자동차로부터 안전한 장소에 도착한 것을 확인한 후에 어린이 통학버스를 출발시켜야 한다.
- 운전자는 음주, 휴대폰 또는 이어폰 사용 등 운전판단능력에 영향을 미치는 행위를 해서는 안 된다.
- 등 · 하원 차량운행 시 운전기사 및 교사 등 동승자는 영유아를 안전하게 담당교사나 보호자에게 인도하여야 하며 영유아 등 · 하원일지를 작성하여 모든 영유아가 안전하게 인도되었는지 여부를 확인하여야 한다.
- 통학차량에는 금연을 상징하는 표지판 또는 스티커를 부착하여야 하며 위반 시 500만 원 이하의 과태료를 부과한다(국민건강증진법 제9조).

2. 영유아 안전교육의 법적 근거

제31조(아동의 안전에 대한 교육)

① 아동복지시설의 장, 「영유아보육법」에 따른 어린이집의 원장, 「유아교육법」에 따른 유치원의 원장 및 「초 · 중등교육법」에 따른 학교의 장은 교육대상 아동의 연령을 고려하여 대통령령으로 정하는 바에 따라 매년 다음 각 호의 사항에 관한 교육계획을 수립하여 교육을 실시하여야 한다.

1. 성폭력 및 아동학대 예방
2. 실종 · 유괴의 예방과 방지
3. 약물의 오남용 예방
4. 재난대비 안전
5. 교통안전

② 아동복지시설의 장, 「영유아보육법」에 따른 어린이집의 원장은 제1항에 따른 교육계획 및 교육 실시결과를 관할 시장 · 군수 · 구청장에게 매년 1회 보고하여야 한다.

③「유아교육법」에 따른 유치원의 원장 및「초 · 중등교육법」에 따른 학교의 장은 제1항에 따른 교육계획 및 교육실시 결과를 대통령령으로 정하는 바에 따라 관할 교육감에게 매년 1회 보고하여야 한다.

1) 안전교육의 법적 근거

보육사업안내에서는 '아동복지법에서 규정한 영유아를 대상으로 하는 정기적인 안전교육의 실시와 교육결과의 관할시장, 군수, 구청장 매년 1회 보고', 그리고 '정기적인 소방대피훈련 실시'를 규정하고 있다.

아동복지법 제9조 제3항 및 동법 시행령 제4조 제1항에서 규정하고 있는 안전교육의 내용을 살펴보면 교통안전교육, 약물 오남용교육, 재난대비교육, 성폭력 예방교육, 실종유괴의 예방교육 등 5가지 항목으로 1년에 44시간 규정되어 있다.

〈표 3-2〉 안전교육기준(아동복지법 제9조 제3항 및 동법 시행령 제4조 제1항)

구분	교통안전교육	약물오남용교육	재난대비교육	성폭력예방교육	실종 유괴의 예방방지교육
실시 주기 (총시간)	2개월 1회 이상 (연간 10시간 이상)	3개월 1회 이상 (연간 10시간 이상)	6개월 1회 이상 (연간 6시간 이상)	6개월 1회 이상 (연간 6시간 이상)	3개월 1회 이상 (연간 10시간 이상)
교육 내용	1. 올바른 교통안전 지식 2. 교통 관련 법 준수정신 3. 안전장구 착용의 생활화 4. 기타 교통 안전 관련 내용	1. 약물의 종류와 중독성 및 오남용의 폐해 2. 법적 처벌기준 3. 기타 약물 오남용 예방을 위하여 필요한 내용	1. 화재, 붕괴, 폭발 화생방 사고 등 각종 재난 예방 및 안전관리 요령 2. 위험물 취급요령 3. 재난 시 안전행동 및 대피요령	1. 아동 및 청소년 성범죄 발생 현황 2. 성폭력 예방지침 3. 성폭력 예방실습 4. 성폭력 범죄 발생 시 대처방법 5. 법적 처벌 및 취업 제한 규정 6. 성폭력 범죄의 신고요령 및 절차	1. 아동 실종발생 현황 2. 장소, 상황별, 실종, 유괴 예방 지침 3. 유괴, 유인 시 대처 방법 4. 유괴, 유인 목격 시 신고 요령 및 절차

교육 방법	1. 전문가(또는 담당자) 강의 2. 시청각 교육 3. 실습교육 또는 현장학습 4. 수업(프로그램 내용에 반영) 5. 일상생활을 통한 반복지도	1. 전문가(또는 담당자) 강의 2. 시청각 교육 3. 현장방문, 학습	1. 전문가(또는 담당자) 강의 2. 시청각 또는 실습교육 3. 사고사례 분석 4. 장소, 상황별 역할극 실시	1. 전문가(또는 담당자) 강의 2. 시청각 교육 3. 사고사례 분석	1. 전문가(또는 담당자) 강의 2. 장소, 상황별 역할극 실시 3. 시청각 교육 4. 실종사례 분석

출처 : 어린이집안전공제회(2014)

2) 교사에 대한 안전교육

- 교사는 안전교육지침 등을 숙지하여야 하며 시 · 도 및 시 · 군 · 구 등에서 안전 관련 교육을 시행할 때 적극 참여해야 한다.
- 화재 등 긴급사태에 대비한 계획 수립 및 정기적인 점검 · 훈련을 실시하여야 한다.
- 아동학대 · 안전관리교육 – 보수교육연계
  - 교사 일반직무 교육대상자가 육아종합지원센터와 어린이집안전공제회가 주관하는 아동학대 및 안전관리교육을 수료한 경우 동일연도 내 보수교육과목 중 해당과목을 이수한 것으로 인정하여 면제한다.

구분	교사과정		어린이집 원장 신규 or 일반과정	
보육기초	교과목	시간	교과목	시간
영유아의 건강 영양 및 안전	아동학대와 아동권리 이해	2시간	아동학대와 아동권리모니터링 이해	2시간
	안전관리와 응급처치(필)	2시간	• 신규 : 어린이집 안전관리 사고대응 • 일반 : 어린이집 안전문제 대응	2시간
계		4시간		4시간

출처 : 보육사업안내(2017)

3) 부모에 대한 안전교육

원장은 영유아의 건강 · 위생과 관련된 내용을 포함하여 부모와 충분히 협의 · 고지해야 하며 안전교육 등에 부모가 참여할 수 있도록 해야 한다.

3. 안전사고 예방대책

1) 안전사고 대비체계 구축

(1) 비상연락체계 구축

원장은 안전사고에 대응하기 위하여 인근 소방서, 경찰서 및 가스, 유류 등의 안전상태를 점검하는 유관기관 등과 비상연락체계를 구축하여야 한다.

(2) 안전사고 대응

비상상황 및 재해 등 안전사고 발생 시 안전관리책임관의 지시에 따라 인명과 재산 피해 최소화를 위한 대응활동 전개와 함께 어린이집의 비상대응계획을 가동 및 운영한다.

(3) 사고보고체계의 확립

원장은 사고에 대비하여 부모와 비상연락망을 확보하여야 하며 응급처치동의서를 비치한다.

■ **응급처치동의서**(응급처치 · 책임의 한계 · 귀가)

부모동의서(응급처치 · 책임의 한계 · 귀가)

반이름 : **영유아성명 :** **성별:**

♣ 응급처치 동의서 및 비상연락망

사고 발생 시 응급 처치를 하는 경우 다음의 절차에 따라 그 권한을 재원 중인 어린이집에 위임할 것을 동의합니다.

1. 본 어린이집에서는 사고 발생 시 가장 먼저 부모님께 연락을 합니다.

▶ 비상연락처

• 어머니 : 성함[ ] [☎] • 아버지 : 성함 [ ] [☎]

• 기 타 : 1. 관계[ ] [☎] • 기 타 : 2. 관계[ ] [☎]

2. 부모님과 신속하게 연락이 되지 않을 경우 부모님이 정해 주신 다음의 사람들에게 연락합니다.
   ▶비상연락처
   • 어머니와의 관계[ ] [☎] • 아버지와의 관계[ ] [☎]
   • 기타 : 1. 관계[ ] [☎] • 기타 : 2. 관계[ ] [☎]
3. 필요한 경우 119구조대에 연락할 것이며 (기관에서 지정하는 의료기관이나, 부모님이 정하신 의료기관)으로 응급 수송할 것입니다.

♣ 어린이집 책임의 한계

입소 시 알레르기나 약물 부작용 기타 건강상 유의점이 있는 영유아는 반드시 교사에게 알려 주시기 바라며 미리 알리지 않아서 생긴 사고는 원에서 책임질 수 없습니다.

본 어린이집은 영유아의 안전사고에 만전을 기하며 모든 원아들은 입소와 동시에 아래와 같이 유아교육기관 종합 보험에 가입됩니다.

▶ 보험의 종류 및 보상범위

구분	보험 내용	납부자	보상범위
상해보험	모든 영유아들의 입소와 동시에 상해보험에 가입하여 안전사고나 기타 사고 발생 시 도움을 받도록 한다.	유치원에 재원 중인 모든 영유아의 보호자가 부담하는 것이 원칙입니다만, 유치원에서 부담하였습니다.	1인당 치료비 100만 원 (보험의 범위 내에서 치료 및 배상 가능)
보상보험	모든 영유아의 상해에 따른 배상책임에 대비하여 배상보험에 가입한다.	유치원 부담	

♣ 차량 이용 원아 귀가 동의서

위의 영유아의 귀가 시 아래의 보호자에게 인계하여 주십시오.

▶ 귀가 동의자 (아빠 이름 : ☎ :) (엄마 이름 : ☎ :)

▶ 귀가 시간 : 시 분

♣ 차량 이용 원아 외 귀가 동의서(도보 및 학원 이용 원아) – 해당란에 작성바랍니다.

▶ 인계자 : (부모이름 : ☎) ▶ 귀가 시간 : 시 분

▶ 학원명 : (학원명 및 관계자 이름 : ☎) ▶ 귀가 시간 : 시 분

• 귀가 시 인계자 명단에 기재되지 않은 다른 사람이 아동을 귀가시킬 시에는 반드시 사전에 알려 주어야 합니다.
• 위의 사항에 의해 귀가를 할 수 있도록 꼭 지켜 주시고, 잦은 변경은 삼가해 주시면 감사하겠습니다.

2018년 월 일

보호자 (인)

- 원장은 사고 발생 24시간 이내에 〈표 2-2〉에 의한 사고보고서를 작성하여 시장 · 군수 · 구청장에게 보고하여야 하며 중대사고, 중상 이상의 안전사고, 감염병 및 식중독 등 집단질병, 화재, 침수 · 붕괴 등 재난사고는 사고 발생 즉시 유선 통보 후 서식에 의해 보고한다.

〈표 3-3〉 사고보고서

어린이집명 (유형)	( ) *전담 지정 종류 포함		인가일	최초: 년 월 일 변경: 년 월 일	
주 소			연락처		
어린이집 현황	정원( )명, 현원( )명, 교사( )명				
반별 현황	0세반( )명 1세반( )명 2세반( )명 3세반( )명 4세반( )명 5세반( )명 시간제( )명 방과후( )명 시간연장( )명 24시간( )명				
사고아동명		성별	남 여	생년월일	년 월 일
사고일자	년 월 일	목격자명		사고시간	오전/오후
사고 당시 원장 및 담임교사 근무상황					
부모 연락사항					
연락시간	오전/오후	119 신고 여부	□안함 □신고함(오전/오후 시)		
사고발생 장소	□수송 중 □견학 중 □실외놀이장 □실내놀이실 □화장실 □복도 □주방 □대근육활동실(유희실) □교사실 □식당 □계단 □기타( )				
사고 당시 활동 내용	□목욕 및 배변시간 □교실활동 □계단 오르내리기 □실내자유놀이 □점심/간식/수유시간 □실외자유놀이 □계획된 실외놀이 □놀이시설 설비 □물놀이 □견학 □낮잠 □기타( )				
상해를 입은 시설 설비	□오르기시설 □평균대 □크롤(기어나가는 시설) □장애설비 □현관문/교실문 □실외고정물 □회전대 □놀이집 □시소 □미끄럼틀 □그네 □바퀴 달린 탈 것 □바퀴 달린 장난감 □잘 모르겠음 □기타( )				
상해의 유형	□화상 □쇼크/질식 □추락/강타 □물체에 끼임 □찢어짐 □뼈가 부러지거나 탈구 □압박, 눌림 □베임 □찰과상(벗겨짐) □삠 □물림 □찔림 □식중독 □기타 중독 □호흡곤란 □기타( )				

<table>
<tr><td colspan="4">상해를 입은 다른 아동이 있는가?</td><td colspan="2">□예 □아니오</td></tr>
<tr><td>사고원인</td><td colspan="5">□바닥으로 떨어짐 : 떨어진 높이 약 m
바닥의 형태 :
□뛰거나 발을 헛디뎌 넘어짐 □다른 유아에게 물림
□다른 유아에게 맞거나 밀림 □바퀴 달린 탈 것(인라인 스케이트 등)
□물체에 의해 다침 □음식물에 의한 질식
□곤충에 물리거나 쏘임 □동물에게 물림
□열, 추위에 노출 □기타( )</td></tr>
<tr><td>다친 부위
(좌, 우 표시)</td><td colspan="5">□머리 □눈(좌, 우) □귀(좌, 우) □코 □입
□목 □가슴 □등 □엉덩이(좌, 우)
□생식기 □팔(좌, 우) □손(좌, 우) □다리(좌, 우)
□발(좌, 우)</td></tr>
<tr><td>사고 관련 특이사항</td><td colspan="5"></td></tr>
<tr><td colspan="6">보육기관에서 행해진 응급처치(상술 예 : 압박붕대, 세척, 붕대, 위로 등)</td></tr>
<tr><td colspan="6"></td></tr>
<tr><td colspan="6">상해 · 배상보험 가입 현황</td></tr>
<tr><td colspan="6">□상해 □배상 □기타( ) 보험금 최고한도 인당( )만 원 건당( )만 원</td></tr>
<tr><td>응급처치자</td><td></td><td colspan="2">의료기관 진료 여부</td><td colspan="2">□안함 □함</td></tr>
<tr><td>의료기관 진료를 한 경우</td><td colspan="5">□외래 진료를 받음(예 : 진료실, 응급실)
□입원(시간/일)</td></tr>
<tr><td colspan="3">기타 사후처리 상황
(경찰조사, 피해합의 등)</td><td colspan="3"></td></tr>
<tr><td colspan="3">사고아동 보호(치료)를 위한 추후 계획</td><td colspan="3"></td></tr>
<tr><td colspan="3">재발방지를 위한 조치사항</td><td colspan="3"></td></tr>
<tr><td>직원 서명</td><td colspan="5">(인) 날짜 : . . 오전/오후</td></tr>
<tr><td>부모 서명</td><td colspan="5">(인) 날짜 : . . 오전/오후</td></tr>
</table>

- 어린이집 영유아의 안전사고 및 감염병 발생 보고는 보육통합정보시스템에 입력 보고를 원칙으로 한다.

〈표 3-4〉 보육통합정보시스템 감염병 발생 보고서 양식

〈작성방법〉

- 보고 질환 : 10가지 감염병(수족구병 외 9종)에 한함
  ※ 질병 종류는 유행 정도에 따라 변경될 수 있음
- 보고대상자 : 해당질병으로 '의사진단을 받은 아동'에 한하여 연령별 아동 수 기재
- 보고시기 : 매주 월요일에 보고(지난주 월~토에 발생한 현황을 집계하여 보고)

<table>
<tr><th>보고대상 기간</th><th colspan="6">년 월 주(전주 월~토까지)</th></tr>
<tr><th>연령별
질병명</th><th>0세</th><th>1세</th><th>2세</th><th>3세</th><th>4세</th><th>5세 이상</th></tr>
<tr><td>수족구병</td><td>명</td><td>명</td><td>명</td><td>명</td><td>명</td><td>명</td></tr>
<tr><td>풍진</td><td>명</td><td>명</td><td>명</td><td>명</td><td>명</td><td>명</td></tr>
<tr><td>유행성 결막염</td><td>명</td><td>명</td><td>명</td><td>명</td><td>명</td><td>명</td></tr>
<tr><td>인플루엔자(유행성 독감)</td><td>명</td><td>명</td><td>명</td><td>명</td><td>명</td><td>명</td></tr>
<tr><td>장염</td><td>명</td><td>명</td><td>명</td><td>명</td><td>명</td><td>명</td></tr>
<tr><td>홍역</td><td>명</td><td>명</td><td>명</td><td>명</td><td>명</td><td>명</td></tr>
<tr><td>유행성이하선염(볼거리)</td><td>명</td><td>명</td><td>명</td><td>명</td><td>명</td><td>명</td></tr>
<tr><td>전염성농가진</td><td>명</td><td>명</td><td>명</td><td>명</td><td>명</td><td>명</td></tr>
<tr><td>수두</td><td>명</td><td>명</td><td>명</td><td>명</td><td>명</td><td>명</td></tr>
<tr><td>무균성수막염</td><td>명</td><td>명</td><td>명</td><td>명</td><td>명</td><td>명</td></tr>
<tr><td>아동상태</td><td colspan="6">□자택격리 중 ○명
□등원 중 : ○명
□사망 : ○명
□기타 ( ) 직접 입력</td></tr>
<tr><td>조치사항</td><td colspan="6">(해당사항을 모두 체크)
□어린이집 소독 실시
□타 아동의 감염 여부 확인(검진 실시 등)
※ 의심 증상 아동은 즉시 병원 내원 조치
□각 가정에 감염병 발생사실 공지
□기타 ( ) 직접 입력</td></tr>
<tr><td>조치계획</td><td colspan="6">(해당사항을 모두 체크)
□어린이집 소독 실시
□타 아동의 감염 여부 확인
□각 가정에 감염병 발생 사실 공지
□기타 ( ) 직접 입력</td></tr>
</table>

※ 2011년 1월 1일부터 감염병 보고는 매주 월요일마다 지난주의 발생 현황을 보고해야 한다.

2) 인적 환경

(1) 교사행동지침

유아교육기관의 교사는 영유아의 안전사고 예방을 위해 영유아에 대한 보호와 감독을 철저히 하여야 한다.

(2) 안전교육

영유아 안전교육	• 영유아 스스로가 자신의 안전을 보호할 수 있는 능력과 기술을 가지도록 교육해야 한다. 원장은 비상대응계획을 작성하고 소방대피, 지진대피, 폭설대비훈련을 포함하여 다양한 유형의 재난대비훈련을 월 1회 실시해야 한다. • 원장은 보육대상 영유아의 연령을 고려하여 아동복지법 제31조 및 같은 법 시 행령 제28조, 안전교육기준을 참고하여 안전교육 기준에 따라 매년 안전교육계획을 수립하여 교육을 실시하고, 계획 및 교육실시 결과를 관할 시장 · 군수 · 구청장에게 매년 1회 보고하여야 한다.
교사 안전교육	• 교사는 안전교육지침 등을 숙지하여야 하며, 시 · 도 및 시 · 군 · 구 등에서 안전 관련 교육을 시행할 때 적극 참여 및 이수해야 하고, 화재 등 긴급사태에 대비한 계획수립 및 정기적인 점검훈련을 실시하여야 한다.
부모 안전교육	• 원장은 영유아의 건강위생, 아동학대, 안전, CCTV 열람 등과 관련된 내용을 포함하여 부모와 충분히 협의하고 고지해야 하며, 안전, 아동학대 예방 등 관련 교육에 부모가 참여할 수 있도록 해야 한다.

3) 안전관리책임관

어린이집 안전관리에 관한 총괄적 관리감독 및 사고 발생 시 효과적인 대응을 위해 안전관리책임관을 지정하며, 시설장이 안전관리책임관 역할을 수행한다.

(1) 평시 주요 업무

- 어린이집이 직면할 수 있는 재난, 재해에 대해 비상대응계획을 수립(연 1회)한다.
- 어린이집 비상대응훈련 계획을 수립 및 실시 총괄(월 1회)한다.
- 어린이집의 비상연락망 수립 및 관내 안전관리기관과의 연락체계를 수립한다.
  ※ 비상연락망은 유관기관(소방서, 병원, 의료, 경찰, 지방자치단체), 영유아 보호자, 교사의 연락처를 포함한다.

(2) 어린이집 내 안전관리시설 유지관리 담당

어린이집 내 안전 관련 시설

- 화재감지기, 소화기, 화재경보기와 수신기 등 소방시설 점검
- 비상대피도 마련, 가스 밸브, 전기 차단기 점검 및 정기적인 유지보수

(3) 비상상황 및 재해발생 상황

- 발생 시 : 인명과 재산 피해 최소화를 위한 대응활동 전개 및 어린이집의 비상대응계획을 가동 및 운영한다.
- 발생 후 : 재해발생 전 상황으로 어린이집 운영이 되돌아갈 수 있도록 복구 절차를 총괄한다.

Chapter 04

제4차 어린이집 표준보육과정과 2019 개정누리과정 및 어린이집 평가제에서의 안전

1. 제4차 표준보육과정의 0~1세 영아 안전
2. 제4차 표준보육과정의 2세 영아 안전
3. 2019 개정누리과정에서의 3~5세 유아 안전
4. 제4차 어린이집 평가제

1. 제4차 표준보육과정의 0~1세 영아 안전

1) 목표 : 안전한 일상생활을 한다.

(1) 안전한 일상생활을 경험한다.

교통수단을 이용하는 등 일상에서 안전한 생활을 경험하는 것을 목표로 한다.

2) 내용

내용범주	내용
안전하게 생활하기	• 안전한 상황에서 놀이하고 생활한다. • 안전한 상황에서 교통수단을 이용해 본다. • 위험하다는 말에 주의한다.

안전하게 생활하기

영아가 안전한 상황에서 놀이하고 생활하며, 위험하다고 일러주면 주의할 수 있는 안전을 경험하는 내용이다.

내용범주 **안전하게 생활하기**

내용

- **안전한 상황에서 놀이하고 생활한다.**

  0~1세 영아가 안전한 상황에서 놀이하고 생활하도록 하는 내용이다.

- **안전한 상황에서 교통수단을 이용해 본다.**

  0~1세 영아가 차량으로 이동할 경우 안전 장구를 착용하고 안전하게 이용하는 경험을 하도록 하는 내용이다.

- **위험하다는 말에 주의한다.**

  0~1세 영아가 위험하다는 말을 듣고 이에 반응을 보이며 주의를 할 수 있도록 하는 내용이다.

영아 경험의 실제 1.	올라가면 위험해

누워서 자장자장 놀이를 하던 아영이가 옆에서 그림책을 보는 은빛을 보고 일어나 앉는다.
아영이가 그림책이 있는 책장으로 가서 기어오르자 이를 본 은빛이도 책장으로 다가간다.

교사 : 아영아, 위험해! 쾅 넘어질 수 있으니 내려오자. 아영이가 교사를 쳐다본다.

책놀이터에서 아영이가 그림책을 들고 와 책상 위에 올라앉아 살펴본다.
교사 : 아영이 책 보고 있구나~ 근데 책상 위에 앉으면 떨어져 다칠 수 있어. 내려와서 보자. 여기 은빛이 옆에 앉아서 볼까?

교사가 아영이의 몸을 돌려주자, 아영이가 교사의 손을 잡고 내려온다.

자동차를 타던 은혁이가 창가에 멈춰 자동차를 밟고 올라서서 창밖을 본다.
교사 : 은혁이가 창밖이 보고 싶구나~ 미끌미끌 바퀴가 있는 자동차 위에 올라가면 넘어질 수 있어. 여기 안전한 매트 위에 올라가서 보자.

은혁이는 매트 위에 올라가 창밖을 본다.

호윤이가 책장을 빙글빙글 돌고 있다.
하린이가 위자 위로 올라가 선반의 인형을 잡는다.
호윤이도 책장 난간을 밟고 올라서서 선반 속을 들여다본다.

교사 : 호윤이도 이 위에 뭐가 있는지 보고 싶구나?
책장에 매달리면 책장이 무너질 수도 있고, 네가 떨어질 수도 있어.
다칠 수 있으니까 내려와서 선생님이랑 같이 뭐가 있나 보자.

호윤이가 교사에게 안긴다.
교사는 "선생님이랑 같~이~ 선생님이랑 같~이~ 보자."라고 노래 부르듯 말하며 호윤이를 안아 올린다.

영아 경험 이해

- 아영이는 그림책을 보려고 책장으로 가서 아래쪽 틀에 한 발을 올려보았다. 다른 쪽 발도 올리고, 양손으로 위쪽 틀을 잡아 몸의 균형을 맞추었다. 그러다가 교사의 위험하다는 말에 주의를 기울였다.
- 아영이는 그림책을 보려고 책상에 올라앉았으나 교사의 손을 잡고 내려와 바닥에서 책을 보았다. 아영이는 안전한 상황에서 놀이하는 경험을 하였다.
- 은혁이는 창밖을 보려고 자동차를 밟고 올라서서 두 팔로 몸을 지탱하며 발 끝에 힘을 주었다. 교사가 쌓아놓은 매트를 창문 아래로 이동시켜주어 안전한 상황에서 창밖을 볼 수 있었다.
- 호윤이는 선반 위를 보려고 책장에 매달렸다. 안전하게 볼 수 있도록 교사가 안아 올려주자 책장 선반이 아래로 보이는 공간감을 경험했다.

교사 지원

- **공간**
  - 영아의 대근육 발달을 고려하여 안전하게 활동할 수 있는 대근육 활동 공간을 구성하였다.
- **자료**
  - 안전과 관련된 동화책, 그림 자료 등을 비치하여 영아가 관심을 보일 때 이를 탐색할 수 있도록 지원하였다.
- **상호작용**
  - 영아가 원하는 것에 공감해주고, 위험한 이유를 구체적으로 말해준 후, 안전하게 행동하는 대안을 제시하였다.
  - 부정어 대신 긍정어를 사용하고, 안전하게 행동한 영아를 격려해주는 긍정적인 지도방법을 사용하였다.
  - "선생님이랑~ 같~이~ 선생님이랑~ 같~이~"와 같이 짧은 문장을 노래 부르듯 반복적으로 말하며 영아가 안전규칙을 쉽게 인식할 수 있도록 지원하였다.
- **안전**
  - 영아가 생활하는 환경에 위험한 물건이 없도록 점검하고, 안전한 상황이 유지될 수 있도록 관리하였다.
  - 영아의 행동에 즉각적으로 위험을 알려 영아가 위험을 인식할 수 있도록 하였다.

영아 경험의 실제 2.	내 카시트예요

아영이 어머니가 하원을 도와줄 외할머니에게 카시트를 전달해주도록 부탁하였다.
놀이 중 아영이가 복도로 나와 자신의 카시트를 가리키며 앉으려고 한다.
교사는 "그래. 이거 아영이 카시트지~ 우리 이거 교실로 가져가서 앉아보자."라고 말하며 카시트를 교실로 가져간다.

아영이는 교사의 도움을 받아 카시트에 앉아, 안전띠를 팔에 끼우려 하고 버클을 만지작 거린다.

교사 : 아영이가 카시트 버클 끼워보고 싶구나~ 엄마차 붕~ 타고 올 때도 이렇게 카시트에 앉아서 안전띠를 하고 버클 딸깍 채우고 왔지~

교사 : (버클을 채우며) 차가 끽~ 멈출 때 버클이 있어야 카시트가 아영이를 다치지 않게 지켜주지~

아영이는 교사와 함께 카시트 버클을 끼웠다 풀었다 반복하며 놀이한다.

하린이가 카시트를 만지며 교사를 바라본다.

교사 : 하린이도 카시트 해보고 싶구나~ 선생님이 도와줄게~ 카시트 앉아보자~

하린이는 교사의 도움을 받아 카시트에 앉는다.
호윤이가 다가와 하린이에게 버클을 채우는 시늉을 한다.

교사 : (버클 채우는 것을 도와주며) 호윤이가 하린이 카시트 버클 채워주네.

교사 : 우리 하린이랑 호윤이도 엄마 아빠 차에 카시트 있지~ 집에 갈 때도 차에서 카시트 버클 채우고 가자.

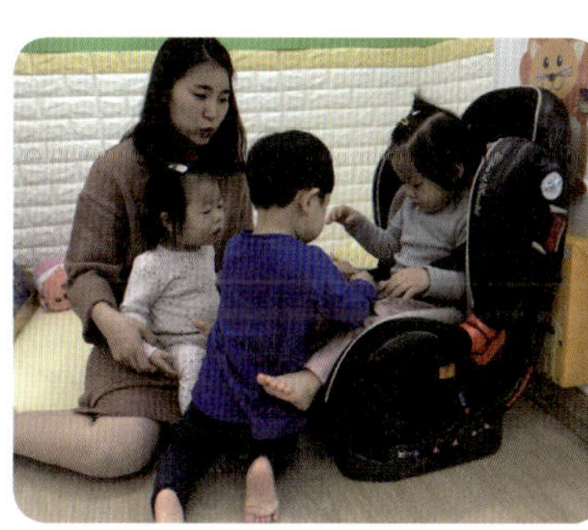

영아 경험 이해
• 아영이는 교사의 손을 끌고 복도로 나와 내 것이라는 의사를 표현하고, 카시트에 앉아보고 싶다는 욕구와 감정을 나타내었다. • 아영이는 교사의 도움을 받아 카시트체 올라앉아 엉덩이를 움직여 편안한 자세를 잡았다. 팔을 뒤로하여 안전띠에 끼우고, 버클을 만지작거리며 누르는 모방 행동을 하였다. • 영아들은 카시트 곁에 서서 높이를 느껴보고, 엉덩이를 대고 앉아보고 안전띠에 팔을 끼워보고, 버클이 딸깍 채워지고 딸깍 풀리는 청각 자극을 느껴보는 등 카시트에 호기심을 가지고 감각으로 탐색하였다. • 영아들은 카시트 안전에 대한 교사의 이야기를 들으며 안전한 상황에서 교통수단을 이용하는 경험을 환기하였다.

교사 지원
• 공간 및 자료 – 영아가 관심을 보이는 카시트를 안전한 보육실로 가져와 충분히 탐색하고 놀이할 수 있도록 지원하였다. **• 상호작용** – 카시트에 대한 영아들의 관심을 일상의 놀이에서 교통안전교육의 기회로 연결하였다. – 영아가 카시트에 오르내리고, 안전띠에 팔을 끼우고 빼며, 버클을 끼우고 푸는 단순 행동을 반복할 때 이를 지켜보고 필요한 순간에 도움을 주며 탐색이 지속될 수 있도록 하였다. – 영아의 욕구와 행동을 언어로 표현해주며 탐색과 모방 행동을 지원하였다. – 모방 놀이를 하면서 자동차 안전이용 수칙을 간단하면서 자연스럽게 안내하였다. **• 안전** – 영아가 실물 카시트를 탐색하는 과정에서 부딪힘, 넘어짐, 끼임 등의 사고가 발생하지 않도록 안전에 유의하였다.

2. 제4차 표준보육과정의 2세 영아 안전

1) 목표 : 안전한 생활습관의 기초를 형성한다.

(1) 안전한 생활습관의 기초를 형성한다.

안전한 놀이와 생활, 위험한 상화에서의 대처 등 일상생활에서 안전한 생활습관의 기초를 형성하는 것을 목표로 한다.

2) 내용

내용범주	내용
안전하게 생활하기	• 일상에서 안전하게 놀이하고 생활한다. • 교통수단을 안전하게 이용해 본다. • 위험한 상황에 대처하는 방법을 경험한다.

안전하게 생활하기

영아가 놀이와 일상생활에서 안전하게 지내고, 위험한 상황에서 어른의 지시에 따라 대피하여 자신의 안전을 지키는 경험을 해보는 내용이다.

내용범주 **안전하게 생활하기**

내용

- **일상에서 안전하게 놀이하고 생활한다.**

  2세 영아가 안전한 상황과 장소에서 놀이 및 일상생활을 하고 주변의 위험 요소에 주의를 기울이거나 이를 조심하여 안전하게 지내도록 하는 내용이다.

- **교통수단을 안전하게 이용해 본다.**

  2세 영아가 교통수단을 안전하게 이용해보는 경험을 통해 교통수단의 위험을 인식하고 사고위험으로부터 자신을 보호하는 안전습관의 기초를 형성하는 내용이다.

- **위험한 상황에 대처하는 방법을 경험한다.**

  2세 영아가 사고, 화재, 재난 등 위험한 상황에서 어른의 지시에 따라 대피하거나 대처하는 방법을 경험해보도록 함으로써 비상 시 대처능력의 기초를 형성하는 내용이다.

영아 경험의 실제 1.	바닥을 살펴봐요.

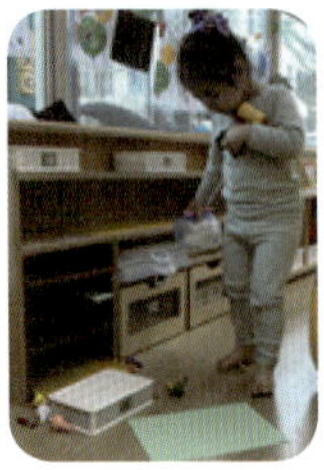

유림이가 교구장에서 점토 놀이를 꺼내 일어선다.

교사 : 유림아~ 누가 종이를 꺼내 놓았네~ 종이 밟으면 미끌~ 넘어져서 다칠 수 있어. 선생님이 종이 정리해줄게~ 다치지 않도록 치워보자.

유림이는 교사가 종이 정리하는 것을 지켜본 후 책상으로 간다.

건율이가 보던 책을 책장에 갖다둔다. 돌아선 건율이가 바닥에 있는 책을 밟는다.

교사 : 우리 건율이 책 다 보고 책장에 넣었구나~ 제자리에 잘 넣었네. 근데, 건율아~ 친구가 책을 바닥에 두고 갔네~ 책을 밟으면 어떻게 될까?

건율이가 몸을 기우뚱기우뚱하는 흉내를 낸다.

교사 : 그래~ 꽈당 넘어지면 다칠 수 있으니까 책은 책장에 정리하자.

건율이는 고개를 끄덕이며 책을 갖다 넣는다. 옆에 있던 예린이도 책을 가져와 책장에 넣는다.

교사 : 우와~ 우리 건율이, 예린이가 책을 책장에 정리해서 솔방울반이 더 안전해졌네~

준범이가 손잡이 북으로 줄에 달린 풍선 치기 놀이를 한다.

이윽고 손잡이 북을 내려놓고 점프하여 손으로 풍선을 잡는다.

교사 : 준범아 손잡이 북이 바닥에 있네~ 준범이가 점프하다가 북 밟아서 넘어질 수 있겠다.

준범 : (북을 잡으며) 집에 데려다 줄래~

교사 : 우와~ 준범이가 북 정리해주었네~ 이제 준범이 넘어지지 않게 신나게 놀이할 수 있겠다~

영아 경험 이해

- 유림이가 점토를 팔에 안고 이동하려고 하였다. 교사가 미끄러질까 위험하다고 말하자, 종이를 밟지 않으려고 조심하여 옆으로 비켜섰다.
- 건율이는 바닥에 있는 책을 의식하지 못하고 밟고 지나려다가, 위험하다는 교사의 말을 듣고 책을 집어서 책장에 갖다 넣는 정리 행동을 하였다

- 준범이는 손잡이 북으로 천장에 매달린 풍선을 쳐보다가, 북을 내려놓고 몸의 균형을 잡은 후 점프하여 풍선을 건드려보고, 두 손을 뻗어 풍선을 잡아 보았다. 위험하다는 교사의 말을 관심 있게 들은 후 북을 제자리에 가져다 두었다.
- 영아들은 위험하다는 교사의 말에 주의를 기울이고 이를 조심하여 일상에서 안전하게 놀이하고 생활하는 경험을 하였다.

교사 지원

- **공간 및 안전**
  - 영아가 안전하게 신체활동을 할 수 있도록 보육실 내에 충분한 공간을 마련하였다.
  - 놀잇감은 영아가 자유롭게 꺼내어 쓰고 스스로 정리할 수있도록 개방된 교구장이나 바구니 등에 배치하였다.
  - 사용하지 않은 놀잇감이 바닥에 많이 나와 있는 경우 이를 일부 정리하여 밟고 미끄러지거나 걸려 넘어지는 안전사고가 발생하지 않도록 하였다.
- **상호작용**
  - 영아가 위험 요소에 주의를 기울일 수 있도록 대상과 이유를 구체적으로 설명하였다.
  - 위험 요인이 발견되는 경우 즉시 이를 제거해주거나 혹은 영아가 이를 피할 수 있도록 안내하였다.

영아 경험의 실제 2.	버스 타고 나들이 가요.

실외 활동을 준비하고 있는데 창밖으로 노란색 견학 차량이 보인다.

영아들 : 라니~ 라니~

교사 : 그래, 우리 오늘 라니버스 타고 선생님이랑 같이 놀러 가자~

교사 : 차 타러 갈 때는 선생님, 엄마, 아빠 손 꼭 잡고 가는 거지~

재겸 : (교사를 쳐다보며) 선생님이랑 같이~

교사 : 한 명씩 차례차례 올라가자~

유영 : (교사를 보며) 차례차례~

교사 : (유영이의 손을 잡아주며) 한 발, 한 발, 선생님 손 잡고 차에 올라가자.
(다른 영아들을 보며) 그대로 멈춰라! 기다려 주세요~ 유영이 타고 차례차례 타자.

재겸, 태은이가 유영이가 타는 것을 보며 서 있다.

교사 : 우리 재겸이 태은이, 안전하게 기다려줬구나~ 이제 재겸이!! (차례대로 손을 잡아준다)

지수가 카시트에 팔을 끼우려고 한다. 교사는 지수의 카시트 착용을 도와준다.

교사 : 지수 차에 타서 제일 먼저 카시트에 앉는구나~ 카시트 했으니까 안전하게 갈 수 있겠다.

지수 : 카시트는 지켜주지요~

교사 : 그치 쾅 사고 나면 카시트가 지수 지켜주자~ 카시트를 안 하면 아야~ 많이 다칠 수 있지~

교사 : (모든 영아의 카시트 착용을 확인하고) 모두 모두 안전하게 카시트 했나요? 그럼 출발할까요?

영아들 : (큰 소리로) 네~

영아 경험 이해

- 유영, 재겸, 태은이는 교사, 친구들의 손을 잡고 안전하게 버스로 걸어갔다. 친구들이 올라가는 모습을 보며 차례를 기다렸다. 교사가 잡아준 손과 계단에 올려놓은 한쪽 발에 힘껏 힘을 주어 높은 버스 계단에 올라섰다.
- 지수는 버스에 올라 의자에 앉은 후 팔을 뒤로 돌려 안전벨트에 팔을 끼워보였다. 교사가 버클을 채워주고 모두 카시트를 착용했는지 묻자 힘껏 소리 질러 답하였다.
- 영아들은 교사와 손잡고 이동하기, 차례로 탑승하기, 안전벨트 채우기 등의 행동을 통해 교통수단을 안전하게 이용해보는 경험을 하였다.

교사 지원

- **상호작용**
  - 교통수단 이용 시 지켜야 할 안전 약속을 미리 말해주어 영아가 준비될 수 있도록지원하였다.
  - 위험할 수 있는 상황을 단계마다 예측하여 알려줌으로써 영아가 주의할 수 있도록 지원하였다.
  - 영아가 스스로 안전하게 행동할 때, 구체적인 언어로 표현하며 격려하였다.
  - 영아들과 안전 수칙(영아 손잡고 이동하기, 차량 정차 확인하기, 영아 먼저 차량 탑승하기, 보호 장구 착용, 인원 확인 등)을 철저하게 지키도록 유의하였다.

- **안전**
  - 원장은 보육교직원이 교통안전 수칙을 숙지하고 지킬 수 있도록 교육하였다.
  - 원장은 영아가 안전하게 견학 차량을 이용할 수 있도록 견학 차량 업체를 관리하고, 필요한 경우 보호 장구 등을 구비하였다.
  - 견학 차량 운전기사는 교사와 모든 영아가 개별 안전띠 또는 영아용 보호 장구 착용을 완료한 후 차량을 출발시켰다. 또한 모든 사람이 차량을 하차한 후에는 교사와 영아들이 안전한 곳으로 이동한 것을 확인하고 차량을 출발하였다.
  - 교사는 남은 영아가 있는지 차량 탑승 전, 후 차 안을 점검하고 인원을 체크하였다.
  - 교통수단 이용 시 영아의 안전을 최우선으로 여기고 모든 영아가 교사의 보호 하에 있도록 유의하였다.

영아 경험의 실제 3.	선생님과 함께 약을 먹어요

교사 : 재언아~ 재언이 기침 콜록콜록 약 먹자~

교사가 투약함에서 약을 꺼낸다.

재언이와 예린이가 교사에게 다가온다.

재언 : 이거, 이거, 약 주세요.

교사 : 그래, 그래~ 여기 재언이 약이라고 적혀 있네. 우리 재언이 약 먹고 어서 낫자~

예린이가 약 먹는 재언이를 본다.

교사 : 예린아~ 재언이 뭐 하고 있어?

예린 : 약 약~ 먹어~

교사 : 그치 재언이 선생님이랑 약 먹고 있지~ 예린이도 지난번에 선생님이랑 감기약 먹었지.

예린 : 엄마랑도 감기약 먹었어.

교사 : 맞아~ 약은 선생님, 엄마, 아빠랑 같이 먹는거지~

예린이가 인형과 약병을 가져와 인형에게 약을 먹인다.

교사 : 예린이 선생님~ 아기가 어디 아파요?

예른 : 배가 아파요~교사: 아이고~ 아기가 배가 아프군요~

예린 : 자 이제~ 주사도 맞아야 해요.

예린이는 주사기와 체온계도 가져와 인형에게 약을 먹이고 주사를 놓으며 놀이한다.

영아 경험 이해

- 재언이는 약을 먹자는 교사의 말에 따라 미각으로 느껴지는 약의 질감과 쓴 맛을 참고 정해진 용량을 먹었다.
- 예린이는 약을 먹는 또래의 모습에 관심을 나타내었다. 교사와 감기약을 먹었던 이야기를 듣고, 집에서 엄마와도 약을 먹었던 경험을 말했다.
- 예린이와 재언이는 '약은 어른과 함께 다루어야 한다.'는 교사의 약물안전 이야기에 관심을 갖고 들었다.
- 예린이는 병원 놀이 장난감을 가져와 인형에게 약을 먹여주는 모방 행동을 하였다.

교사 지원

- **공간 및 안전**
  - 투약할 약은 보관방법(상온, 냉장보관 등)을 준수하여 영아의 손이 닿지 않는 곳에 안전하게 보관하였다.
  - 정확한 투약이 이루어지도록 약 봉투, 약 병 등에 영아의 이름을 적고, 투약 전에 확인하였다.
  - 부모가 의뢰한 투약사항에 따라 영아에게 투약하고, 투약한 내용을 기록하여 부모에게 보고하였다.

• **상호작용**
- 영아가 투약을 긍정적으로 받아들일 수 있도록 편안한 분위기를 형성하였다.
- 영아가 교사의 행동을 모방할 때 관심을 보이며 놀이 상대가 되어 주고, 상황이나 놀잇감을 추가로 제시하여 놀이를 활성화시킴으로써 영아의 표상활동을 지원하였다.
- 일상생활에서의 투약경험과 관련하여 영아가 관심을 보이는 부분이 모방놀이나 투약안전교육으로 이어질 수 있도록지원하였다.

3. 2019 개정누리과정에서의 3~5세 유아 안전

1) 목표 : 실내외에서 안전한 생활을 한다.

(1) 안전한 생활습관을 기른다.

2) 내용

내용범주	내용
안전하게 생활하기	• 일상에서 안전하게 놀이하고 생활한다. • TV, 컴퓨터, 스마트폰 등을 바르게 사용한다. • 교통안전 규칙을 지킨다. • 안전사고, 화재, 재난, 학대, 유괴 등에 대처하는 방법을 경험한다.

안전하게 생활하기

유아가 안전하게 놀이하고 생활하며, 자주 접하는 TV, 컴퓨터, 스마트폰을 바르게 사용하고, 안전하게 다닐 수 있도록 교통안전 규칙을 지키며, 안전사고, 화재, 재난, 학대, 유괴 등의 위험한 일이 발생하였을 때 도움을 요청하거나 대처할 수 있는 방법을 경험하는 내용이다.

내용범주 **안전하게 생활하기**

내용

• 일상에서 안전하게 놀이하고 생활한다.

- TV, 컴퓨터, 스마트폰 등을 바르게 사용한다.
- 교통안전 규칙을 지킨다.
- 안전사고, 화재, 재난, 학대, 유괴 등에 대처하는 방법을 경험한다

내용 이해	유아 경험의 실제
일상에서 안전하게 놀이하고 생활한다. 유아가 일상에서 위험한 장소, 상황, 도구 등을 알고, 안전한 놀이 방법과 놀이 규칙을 지키며 놀이하고 생활하는 내용이다.	한 유아가 미끄럼틀을 내려오려고 한다. 다른 유아가 미끄럼틀 아래서 바라보다가 올라가려고 한다. 이때, 미끄럼틀을 타고 내려오던 유아가 "야, 비켜, 다쳐!"하고 큰 소리로 외친다. 이 모습을 지켜본 교사는 유아들에게 다가와 안전하게 미끄럼틀을 타기 위한 약속을 정하자고 제안한다.
TV, 컴퓨터, 스마트폰 등을 바르게 사용한다. 유아가 일상에서 자주 접하는 TV, 컴퓨터,스마트폰 등을 필요한 상황에서 적절하게 사용하며, 바른 자세로 이용하는 내용이다.	유아가 색종이를 반으로 접어 한 면에는 모니터를 그리고, 다른 한 면에는 컴퓨터 자판 모양처럼 그린다. 다른 유아들에게 "나는 지금 컴퓨터로 공룡에 대해서 찾아보고 있어." 하며 색종이 자판을 두드린다. 그리고 옆에 있던 친구에게 "같이 찾아볼래?" 라고 말한다.
교통안전 규칙을 지킨다. 유아가 안전한 보행 및 도로 횡단, 교통기관의 안전한 이용 등 교통안전 규칙을 알고 실천하는 내용이다.	3세 유아가 종이 벽돌을 이어 길을 만들고, 그 위에 교통 표지판과 자동차를 일렬로 놓는다. 만들어진 길을 바라보다 갑자기 팔이 움직이는 사람 모형 2개를 가져와 팔 한쪽을 반복적으로 들어 올리고 내리며 "조심, 조심 지나가요. 자동차들은 우리가 건너면 지나가세요."라고 흥얼거린다.
안전사고, 화재, 재난, 학대, 유괴 등에 대처하는 방법을 경험한다. 유아가 안전사고, 화재, 재난, 학대, 유괴 등의 위험에 처한 상황을 알고, 주변에 도움을 요청하는 방법을 배우며, 평소 훈련에 따라대피하는 연습을 하는 등의 안전교육과 관련된 내용이다.	 화재경보기 소리와 함께 지진 대피 방송이 들리자, 유아들은 재빨리 책상 아래와 벽 쪽으로 대피한다. 지진이 잠시 멈췄다는 안내방송 후 유아들은 교사의 안내에 따라 침착하면서도 신속하게 바깥으로 대피한다.

"나 잘하죠?"

바깥 놀이터에서 4세 반과 5세 반 유아들이 함께 놀이하고 있다. 유아들은 모래를 파 커다란 구덩이를 만들었다. 4세 은제는 모래 구덩이를 뛰어넘다가 모래 구덩이 속에 빠진다.

은제 (모래 구덩이를 바라보며) 아, 이거 어려운데….

은제는 한쪽 다리를 크게 들어올려 모래 구덩이에서 위로 올라온다. 그러다 옆에서 소꿉놀이를 하던 수하의 얼굴에 모래가 튄다.

은제 (수하의 표정을 살피며) 수하야, 미안해.

4세 수하는 얼굴을 찡그리더니 말없이 얼굴에 묻은 모래를 털어 낸다. 옆에 있던 5세 지원이가 말한다.

지원 음…. 나는 이거 할 수 있을 것 같은데…. 하얏!

지원이는 모래 구덩이를 가볍게 뛰어넘는다. 지원이는 모래 구덩이의 가장 긴 거리를 뛰어넘고, 반대편에서 또 다시 뛰어 넘기를 반복한다. 지원이는 모래 구덩이 뛰어넘기를 성공할 때마다 웃는다.

지원이를 지켜보던 은제가 모래 구덩이 뛰어넘기를 다시 시도한다. 은제는 모래 구덩이 가장자리 끝을 뛰어넘었지만, 두 발로 제시 착지하지 못하고 넘어졌고, 두 손으로 바닥을 짚고 곧바로 일어난다. 그리고 손바닥과 무릎에 묻은 모래를 툭툭 털어낸다.
지원이와 은제의 모습을 보고 있던 4세 수하가 소꿉놀이를 멈추고 벌떡 일어난다. 그리고 금세 모래 구덩이를 풀쩍 뛰어 넘는다. 그리고 활짝 웃으며 말한다.

수하 "나 잘하죠?"

4. 제4차 어린이집 평가제

1) 실내외 공간의 청결 및 안전

영유아는 성인에 비해 면역력이 약해 질병 등에 취약하므로 보건위생 측면에서의 청결과 안전이 중요하다. 어린이집의 환경이 쾌적하고 안전하여 질병이나 사고의 위험이 없는 상태로 조성되는 것은 영유아의 신체적 건강은 물론 전인적 발달을 지원하기 위한 기본 조건이다.

안전한 환경은 영유아로 하여금 활동에 자유롭게 참여하도록 하여 자신의 욕구와 호기심에 따라 마음껏 탐색하고 궁금한 문제를 탐구하며 해결방안을 모색하도록 지원해준다.

어린이집에서는 놀잇감과 실내외 시설 및 설비를 안전하게 구비하고 상시점검을 통해 위험요인을 즉시 수리 보완하여 영유아가 안전사고의 위험 없이 즐겁게 생활할 수 있는 환경을 조성하여야 한다.

평가항목		결과
3-1-1	실내외 공간을 청결하고 쾌적하게 관리한다.	□Y □N
3-1-2	실내외 공간과 설비를 위험요인 없이 안전하게 관리한다.	□Y □N
3-1-3	실내외 공간의 놀잇감 및 활동자료와 위험한 물건을 안전하게 관리한다.	□Y □N
합 계		총 개

지표 평정기준

우 수	3개의 평가항목 중 'Y' 개수가 3개
보 동	3개의 평가힝목 중 'Y' 개수가 2개
개선필요	3개의 평가항목 중 'Y' 개수가 1개 이하

3-1-2	실내외 공간과 설비를 위험요인 없이 안전하게 관리한다.
평가내용	① 현관문, 출입문, 창문, 천장, 바닥, 벽면을 위험요인 없이 안전하게 관리함 ② 실내외 공간의 고정식 및 이동식 시설 · 설비, 전기설비 등을 위험요인 없이 안전하게 관리함 ③ 세면대, 정수기의 온수 사용을 위험요인 없이 안전하게 관리함 ④ 영유아가 성인이 주로 사용하는 실내외 공간에 출입하지 않도록 관리함
평정기준	4개 중 3개 이상을 충족해야 Y로 평정

❶ 현관문, 출입문, 창문, 천장, 바닥, 벽면을 위험요인 없이 안전하게 관리함

관찰

- 현관문에는 개폐장치가 설치되어 관리되고 있음.
- 출입문(보육실 문, 화장실 문, 현관 중간문 등)에는 손 끼임 방지 장치가 있음.
- 출입문 문턱은 영유아가 발에 걸려 넘어질 위험이 없도록 마감되어 있음.
- 창문 하단의 높이가 바닥으로부터 120cm 이하인 창문(2층 이상)에는 영유아의 추락 방지를 위해 창문 보호대가 설치되어 있음.
  ※ 방충망은 창문 보호대에 포함되지 않음.
- 천장, 바닥, 벽면 등에 균열, 돌출 등 위험요인이 없음.
- 계단이나 화장실, 세면장 등의 바닥은 영유아가 넘어지지 않도록 미끄럼 방지를 위한 안전조치가 되어 있음.

❷ 실내외 공간의 고정식 및 이동식 시설 설비, 전기설비 등을 위험요인 없이 안전하게 관리함

관찰

- 보육실 및 실내공간의 고정식 시설 설비를 위험요인 없이 안전하게 관리함.
  - 벽면에 설치된 게시판, 선반 등은 떨어지지 않도록 안전하게 고정되어 있음.
  - 선풍기에는 안전덮개가 덮여져 있고, 영유아의 손이 닿지 않는 곳에 안전하게 설치되어 있음.
  - 온열기는 영유아의 손이 닿지 않는 곳에 안전하게 설치되어 있음.
  - 돌출형 라디에이터는 영유아의 손이 직접 닿지 않도록 계절에 관계없이 안전덮개가 설치되어 있음.
  - 화기시설, 가스밸브 등에는 적절한 보호장치가 되어 있음.
  - 블라인드 줄, 샤워기 줄 등은 안전하게 처리되어 있음.
  - 덤웨이터(요리 및 식기 운반용 소형 승강기)가 있는 경우, 영유아가 접근하지 못하도록 관리하고 있음.
  - 유희실이나 실내놀이터의 고정식 놀이기구(고정식 미끄럼틀, 볼풀장 등)는 안전하게 설치되어 있으며, 파손된 곳이 없음.
- 보육실 및 실내 공간의 이동식 시설 설비를 위험요인 없이 안전하게 관리함.

- 책상, 의자, 활동자료장 등의 가구는 파손된 곳이 없고, 모서리가 날카로운 경우 보호대가 설치되어 있음.
- 가전제품(공기청정기 등)은 파손된 곳이 없고, 안전하게 설치되어 있음.

• 실외 공산의 고정식 및 이동식 시실 설비를 안진하게 관리함.

- 옥외놀이터의 바닥면은 평평하며, 웅덩이, 요철 등이 없음.
- 옥외놀이터에 설치된 고정식 놀이기구는 파손된 곳이 없고 안전함.
- 에어컨 실외기, LPG 가스통 등은 영유아의 접근이 가능하지 않은 곳에 설치하거나, 안전덮개가 설치되어 있음.
- 사고 유발 위험이 있는 적재물(목재더미, 파손된 가구 등)은 영유아 활동공간과 분리하여 안전하게 보관되어 있음.

• 실내외 공간의 전기콘센트, 전선줄 등을 위험요인 없이 안전하게 관리함.

- 모든 실내외 공간의 전기콘센트(이동식 콘센트 포함)는 영유아의 손이 닿지 않는 곳에 설치되어 있거나 안전덮개로 덮여져 있음.
- 전선줄 등은 영유아가 잡아당기거나 걸려 넘어지지 않도록 관리되고 있음.
- 선풍기 등을 벽면에 설치한 경우, 전선이 벽면에 늘어지지 않도록 관리되고 있음.

❸ 세면대, 정수기의 온수 사용을 위험요인 없이 안전하게 관리함

관찰

• 보육실 및 실내 공간에 설치된 세면대, 정수기에서 뜨거운 온수가 나와 화상의 위험이 없도록 온수 조절을 위한 안전조치가 되어 있음.

❹ 영유아가 성인이 주로 사용하는 실내외 공간에 출입하지 않도록 관리함

관찰

• 원장실, 교사실 등 성인이 주로 사용하는 공간에 성인의 보호 없이 영유아가 출입하지 않음.

• 조리실, 보일러실, 자료실 등 위험요인이 있는 장소는 영유아가 출입하지 못하도록 관리하고 있음.

• 어린이집 구조상 조리실과 영유아의 활동공간이 분리되어 있지 않은 경우, 안

전장치를 설치하여 영유아가 접근할 수 없도록 관리하고 있음.

3-1-3	실내외 공간의 놀잇감 및 활동자료와 위험한 물건을 안전하게 관리한다.
평가내용	① 보육실 내 놀잇감 및 활동자료를 안전하게 관리함 ② 실내외 공간에 비치된 놀잇감 및 활동자료를 안전하게 관리함 ③ 보육실 내의 위험한 물건을 안전하게 보관 · 관리함 ④ 실내외 공간의 위험한 물건을 안전하게 보관 · 관리함
평정기준	4개 중 3개 이상을 충족해야 Y로 평정

❶ 보육실 내 놀잇감 및 활동자료를 안전하게 관리함

관찰

- 보육실 내 모든 놀잇감 및 활동자료, 보관함이나 바구니 등은 파손된 부분이 없이 안전하게 관리되고 있음.
- 실물자료는 안전한 방식으로 제공하고 있음.

❷ 실내외 공간에 비치된 놀잇감 및 활동자료를 안전하게 관리함

관찰

- 실내외 공간의 모든 놀잇감 및 활동자료, 보관함이나 바구니 등은 파손된 부분이 없이 안전하게 관리되고 있음.
  - 실내외 공간에 비치된 자전거, 탈것 등은 파손된 부분이 없으며, 영유아가 사용하기에 안전한 상태임.

❸ 보육실 내의 위험한 물건을 안전하게 보관 · 관리함

관찰

- 보육실 내 모든 위험한 물건을 영유아의 손이 닿지 않는 곳에 별도로 보관함.
- 영유아의 손이 닿는 위치에 위험한 물건을 보관하는 경우에는 잠금장치를 사용하고 있음.
- 영아(만0, 1세)가 삼킬 수 있는 작은 크기의 놀잇감이나 활동자료가 없음.

❹ 실내외 공간의 위험한 물건을 안전하게 보관 · 관리함

관찰

- 실내외 공간의 모든 위험한 물건을 영유아의 손이 닿지 않는 곳에 별도로 보관함.
- 영유아의 손이 닿는 위치에 위험한 물건을 보관하는 경우에는 잠금장치를 사용하고 있음.
- 영아(만 0, 1세)가 삼킬 수 있는 작은 크기의 놀잇감이나 활동자료가 없음.

위험한 물건의 예

- 칼, 성인용 가위, 송곳, 스테이플러, 칼날이 드러나 있는 테이프 커터기 등 작업 시 자르거나 찌르는 용도로 사용하는 도구
- 강력접착제, 목공용 본드, 글루건, 살충제, 방향제, 어항수질 개선제, 각종 스프레이, 침핀, 건전지, 놀잇감으로 제시된 화장품에 내용물이 들어있는 경우(립스틱, 매니큐어 등) 등
- 화장실 내 각종 세제, 세척제, 표백제, 나프탈렌, 세척용 소독 스프레이 등
- 비상약품함, 영유아가 투약을 위해 가져온 약 등
- 삽, 호미 등 영유아가 다칠 위험이 있는 물건
- 영아(만0, 1세)가 삼킬 수 있는 놀잇감이나 활동자료
  - 직경 3.5cm 이하 작은 크기의 물건이나 놀잇감(블록이나 구슬, 솜공 등)
  - 직접 활동자료로 제공되거나, 영아가 쉽게 열 수 있는 통 안에 들어 있는 크기가 작은 자연물(콩, 팥, 은행, 도토리 등)
- 전기포트, 밥솥 등 영유아가 화상을 입을 수 있는 물건

2) 등 · 하원의 안전

어린이집에서는 등원부터 하원까지 영유아를 안전하게 보호할 책임이 있다. 영유아는 성인의 안전한 보호 하에서 어린이집 일과를 즐겁게 경험하고 심신의 성장과 발달을 이루어나갈 수 있게 된다.

어린이집에서는 등 · 하원 시 어린이집과 지정된 보호자 간 영유아의 인계가 안전하게 이루어질 수 있도록 명확한 인계절차와 관련 규칙을 수립하여 보호자에게 안내하고 이를 준수하여야 한다. 교사는 매일 일과를 시작할 때 영유아의 등원 여부를 확인하고 일과 중 상시 모든 영유아를 살펴보아야 하며, 특히 공간 이동이나 일

과 전이 시에는 영유아 안전에 대해 더욱 주의 깊게 살펴야 한다. 어린이집에서는 가능한 차량을 운행하지 않는 것이 바람직하지만 부득이하게 차량을 운행할 경우에는(등 · 하원이나 견학 등) 매일 안전점검을 실시하여 안전하게 관리하고, 요건을 갖춘 운전자 및 책임 있는 성인이 영유아를 안전하게 보호할 수 있도록 하여야 한다. 본 지표는 3개의 평가항목으로 평가한다. 교사가 영유아의 출석을 확인하고 인계 규정에 따라 귀가지도를 하는지, 영유아가 등원부터 하원까지 성인의 보호 하에 있는지, 등 · 하원 차량을 운행할 경우 안전요건을 갖추어 관리하는지에 대해 평가한다.

평가항목		결과
3-4-1	교사는 영유아의 출석을 확인하며 인계규정에 따라 귀가지도를 한다.	☐ Y ☐ N
3-4-2	영유아는 등원부터 하원까지 성인의 보호 하에 있다.	☐ Y ☐ N
3-4-3	등 · 하원용 차량을 운행할 경우 안전요건을 갖추어 관리한다.	☐ Y ☐ N
합 계		총 개

지표 평정기준

우 수	3개의 평가항목 중 'Y' 개수가 3개
보 통	3개의 평가항목 중 'Y' 개수가 2개
개선필요	3개의 평가항목 중 'Y' 개수가 1개 이하

3-4-1	교사는 영유아의 출석을 확인하며 인계규정에 따라 귀가지도를 한다.
평가내용	① 영유아의 인계과정에 대한 체계적인 규정이 수립되어 있음 ② 영유아의 보호자에게 받은 귀가동의서를 구비하고 있음 ③ 교사는 매일 일과를 시작할 때 영유아의 등원 여부를 확인함 ④ 영유아의 인계과정이 규정에 따라 안전하게 이루어짐 **필수**
평정기준	4개 중 3개 이상(필수요소 포함)을 충족해야 Y로 평정 ※ 필수요소 미충족 시 N 평정

❶ 영유아의 인계과정에 대한 체계적인 규정이 수립되어 있음

기록

- 영유아 인계과정에 대한 규정이 마련되어 있음.

  ※ 귀가동의서 내 영유아의 인계과정에 대한 규정 포함 가능

- 영유아 인계규정에는 필수기재사항이 모두 포함되어 있음.
  ※ 필수기재사항 : 영유아가 등·하원하는 구체적인 절차와 방법, 지정된 보호자에게 영유아를 인계한다는 내용, (부모가 희망하더라도) 영유아를 혼자 귀가시키지 않는다는 내용

❷ 영유아의 보호자에게 받은 귀가동의서를 구비하고 있음

기록

- 모든 원아의 귀가동의서가 구비되어 있음.
- 귀가동의서에는 필수기재사항이 모두 포함되어 있음.
  ※ 필수기재사항 : 영유아의 이름, 귀가 시 영유아를 인계받을 보호자의 이름, 관계 및 연락처, 보호자의 서명

❸ 교사는 매일 일과를 시작할 때 영유아의 등원 여부를 확인함

관찰

- 교사는 오전 일정 시간에 영유아의 등원 여부를 확인함.
  – 원장 등 보육교직원은 영유아의 결석 사유 확인 등을 위해 오전 중에 가정에 연락을 취함.

면담

- **(공통)** 오늘 등원하지 않은 영유아가 있는가? 사유는 무엇인가?
- **(공통)** 등원하지 않은 영유아가 있는 경우 어떻게 조치하는가?
- **(공통)** 차량을 이용하는 영유아가 별도의 연락 없이 결석하는 경우 어떻게 조치하는가?

❹ 영유아의 인계과정이 규정에 따라 안전하게 이루어짐 필수

관찰

- 어린이집 하원 시 모든 영유아(차량 이용 영유아 포함)를 지정된 보호자에게 직접 인계함.
- 지정된 보호자가 아닌 다른 성인에게 인계할 때에는 사전에 보호자와의 통화나 서면으로 미리 확인을 받음.

• 혼자 등 · 하원하는 영유아가 없음.

면담

• **(공통)** 하원 차량 운행 시, 보호자가 지정된 장소에 나와 있지 않으면 어떻게 조치하는가?
• **(공통)** 보호자가 영유아를 혼자 하원시켜 달라고 요청하는 경우 어떻게 하는가?
• **(공통)** 영유아가 혼자 등 · 하원하는 사례가 있는가?

3-4-2	영유아는 등원부터 하원까지 성인의 보호 하에 있다.
평가내용	① 교사는 영유아의 안전을 위해 항상 전체 상황을 주시함 ② 교사는 일과나 장소가 바뀔 때마다 전체 영유아를 확인함 ③ 통합보육 시 통합반 또는 연장보육 전담교사는 담당 영유아의 인원과 특이사항을 파악함 ④ 영유아를 두고 자리를 비울 때에는 책임 있는 성인에게 인계함 **필수**
평정기준	4개 중 3개 이상(필수요소 포함)을 충족해야 Y로 평정 ※ 필수요소 미충족 시 N 평정

❶ 교사는 영유아의 안전을 위해 항상 전체 상황을 주시함

관찰

• 보육실 환경은 교사가 전체 영유아를 한 눈에 볼 수 있도록 구성되어 있음.
• 교사는 어느 장소에서든 가능한 많은 영유아를 관찰할 수 있는 자리에 위치함.
• 교사는 일부 영유아와 활동을 하고 있어도 주기적으로 전체 영유아를 살펴보는 등 전체 영유아가 어디에 있는지 수시로 확인하며 전반적인 상황을 주시하고 있음.
  – 영유아가 화장실에 다녀오는 등 보육실 밖으로 나갈 때는 교사가 이를 인지하고 있고, 영유아가 일정 시간이 지나도 돌아오지 않을 경우에는 직접 살펴봄.
  – 돌연사 등의 위험을 예방하기 위하여 영유아가 낮잠을 자는 경우에도 수시로 확인함.
  – 교사가 영아의 기저귀를 갈거나 우유를 타는 등 특정 행동에 몰두해 있을 때에도 자주 모든 영아를 살핌.

❷ 교사는 일과나 장소가 바뀔 때마다 전체 영유아를 확인함

관찰

- 교사는 일과나 장소가 바뀔 때마다 담당하고 있는 모든 영유아가 안전한지 확인함.
  - 일과를 시작할 때, 전이활동 후, 보육실에서 유희실, 화장실 등으로 이동 시, 실내에서 실외로 이동 등
- 산책이나 견학 등을 위해 영유아와 함께 어린이집 밖으로 나갈 때는 모든 영유아가 교사의 보호 하에 있도록 유의하여 살펴봄.

❸ 통합보육 시 통합반 또는 연장보육 전담교사는 담당 영유아의 인원과 특이사항을 파악함

통합보육 시 담임교사는 담당교사에게 인계할 영유아의 정보(이름, 인계할 보호자와 특이사항, 하루 일과의 특이사항, 건강상태, 부모전달사항, 투약 여부 등)에 대해 전달하여야 함.

관찰

- 통합보육 시 통합반 또는 연장보육 전담교사는 담임교사로부터 영유아를 인계받을 때 영유아의 정보(이름, 인계할 보호자)와 특이사항에 대해 전달받음.
  - 영유아별 하루 일과의 특이사항, 건강상태, 부모전달사항, 투약 여부 등에 대해 전달받음.

면담

- **(공통)** 통합보육은 몇 시부터 이루어지는가?
- **(공통)** 통합보육 시 인계되는 영유아에 대한 특이사항은 어떻게 전달되는가? 어떤 내용이 있는가?

❹ 영유아를 두고 자리를 비울 때에는 책임 있는 성인에게 인계함 필수

관찰

- 교사는 영유아만 남겨두고 활동공간에서 자리를 비우지 않음.
- 교사가 등 · 하원 지도, 휴게시간 사용 등을 위해 일정 시간 이상 활동공간에서 자리를 비워야 하는 경우에는 원장이나 다른 교사 등 책임 있는 성인과 교체한 후 자리를 비움.

3-4-3	등 · 하원용 차량을 운행할 경우 안전요건을 갖추어 관리한다.
평가내용	① 차량에 안전수칙, 영아용 보호장구, 개별 안전띠, 차량용 소화기, 어린이 하차확인장치, 비상약품을 구비함 ② 운전자는 매일 차량 안전점검을 실시함 ③ 운전자와 차량에 동승하는 모든 성인은 어린이통학버스 안전교육을 받음 ④ 운전자와 함께 차량에 동승한 성인은 영유아를 안전하게 보호함 **필수**
평정기준	등 · 하원용 차량을 운행하지 않는 경우 Y로 평정 4개 중 3개 이상(필수요소 포함)을 충족해야 Y로 평정 ※ 필수요소 미충족 시 N 평정

❶ 차량에 안전수칙, 영아용 보호장구, 개별 안전, 차량용 소화기, 어린이 하차확인장치, 비상약품을 구비함

관찰

- 등 · 하원용 차량 내부에 탑승자가 지켜야 할 안전수칙이 부착되어 있음.
  - 안전수칙에는 운전자 및 동승교사의 차량운행 관련 준수사항, 영유아 안전 준수 사항 등이 포함되어 있음.
- 차량 내부에 영아용 보호장구, 개별 안전띠가 구비되어 있음.
  - 영아용 보호장구와 개별 안전띠는 차량을 이용하는 영유아의 수에 충분함.
  - ※ 36개월 미만 영아는 영아용 보호장구를 착용하는 것을 원칙으로 함.
  - 영아용 보호장구와 개별 안전띠는 파손된 부분이 없으며 정상적으로 작동함.
  - 영아용 보호장구는 안전인증(KC)을 받고 영아에게 적합한 안전인증 검사기준(W1, W2 또는 0그룹, 0+그룹, I그룹)을 충족하는 제품을 사용하고 있음.
  - ※ 안전인증 마크와 인증번호가 반드시 부착되어 있어야 함.
  - ※ 단, 36개월 미만 영아가 15kg 이상인 경우에 한해 W3 또는 II그룹 제품 사용 가능
- 차량 내부에 차량용 소화기가 구비되어 있으며, 구비되어 있는 모든 소화기는 안전핀이 고정되어 있고, 소방약제가 충분하며, 압력이 정상범위 내에 있도록 관리되고 있음.
- 어린이 하차확인장치가 설치되어 있으며, 정상적으로 작동함.
- 차량 내부에 비상약품이 구비되어 있고, 유효기간 내로 관리되고 있음.

면담

- **(공통 / 운전자)** 어린이 하차확인장치 사용법에 대해 알고 있는가?
- **(공통 / 운전자)** 어린이 하차확인장치를 매일 어떻게 사용하고 있는가?

등·하원용 차량이란?

- 등 · 하원용 차량은 등 · 하원용으로 이용하는 모든 차량을 의미하며, 어린이집 소유 차량, 지입 및 대여 차량도 모두 포함됨.

〈참고〉「자동차용 어린이 보호장치(영아용 보호장구)」의 올바른 선택방법

1. 자동차용 어린이 보호장치란?

자동차에 의한 교통사고 시 승차하고 있는 어린이를 상해로부터 보호하거나 상해를 경감하기 위하여 그 차량에 붙어있는 안전벨트를 사용하여 자동차의 시트 위에 부착하여 사용하는 장치

2. 자동차용 어린이 보호장치 선택 방법은?

1) 먼저 통학차량의 승객석 안전벨트 종류를 확인한다.
   (Ⓐ 2점식 안전벨트 Ⓑ 3점식 안전벨트)
2) 확인된 안전벨트 종류에 맞는 안전인증 검사기준을 선택한다.
   Ⓐ 2점식 벨트 → W2
   Ⓑ 3점식 벨트 → W1, W2
3) 안전인증(KC)된 제품인지 확인한다(안전인증서, 인증번호).
4) 제품 사용설명서를 설치 전 자세히 읽어보고, 안전하게 장착한다.

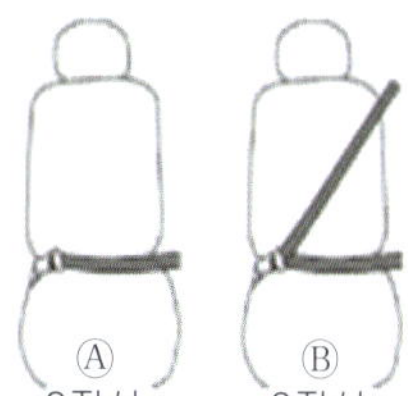

Ⓐ 2점식 벨트 Ⓑ 3점식 벨트

3. 안전인증(KC)이란?

안전인증번호 : 00000000

2011년 이전에 실시한 공산품 안전인증 마크

- 「전기용품 및 생활용품 안전관리법」 제2조제10호에 의하여 소비자의 생명, 신체에 대한 위해 재산상의 피해 등을 방지하기 위한 법으로 안전관리대상 공산품을 지정 관리하는 제도로, 2011년부터 국가통합 인증마크(KC)를 사용하고 있음.
- 안전인증 검사기준

〈변경 전〉

구 분	체중 범위(kg)
W1	10kg 미만
W2	9kg ~ 18kg 이하
W3	15kg ~ 25kg 이하
W4	22kg 이상

〈변경 후〉

구 분	체중 범위(kg)
0그룹	10kg 미만
0+그룹	13kg 미만
Ⅰ그룹	9kg ~ 18kg 이하
Ⅱ그룹	15kg ~ 25kg 이하
Ⅲ그룹	22kg ~ 36kg 이하

※ '영아용 보호장구'는 자동차용 어린이 보호장치 중 영아의 체중범위에 해당되는 안전인증 검사기준(W1, W2 / 0, 0+, Ⅰ그룹)을 선택, 사용하여야 함.

❷ 운전자는 매일 차량 안전점검을 실시함

기록

- 차량별로 안전점검표가 마련되어 있고, 운전자가 매일 차량 이상 유무 등 안전 상태를 점검한 기록이 있음.

❸ 운전자와 차량에 동승하는 모든 성인은 어린이통학버스 안전교육을 받음

기록

- 운전자와 운영자는 어린이통학버스 안전교육을 이수하였으며, 이를 증빙하는 교육확인증이 있음.
  ※ 도로교통법 제53조의3에 의한 신규 또는 정기 안전교육에 한함.
- 보육교사 등 차량에 동승하는 성인은 보건복지부 장관이 정하는 동승보호자 안전교육(온 · 오프라인 모두 가능)을 이수하였으며, 이를 증빙하는 수료증이 있음.
  ※ 동승보호자 안전교육의 경우, 도로교통공단에서 주관하는 교육(사이버교통학교 동승보호자 안전교육 및 오프라인교육)에 한해 인정함.

어린이통학버스 안전교육

- 도로교통법 및 동법 시행령에 의해 실시하여야 하는 어린이통학버스 안전교육의 내용은 다음과 같음(도로교통법 제53조의3, 동법 시행령 제31조의2).

구분	내용
신규 안전교육	어린이통학버스를 계속하여 운영하는 사람과 운전하는 사람을 대상으로 그 운영 또는 운전을 하기 전에 실시하는 교육
정기 안전교육	어린이통학버스를 계속하여 운영하는 사람과 운전하는 사람을 대상으로 2년(직전에 어린이통학버스 안전교육을 받은 날부터 기산하여 2년이 되는 날이 속하는 해의 1월 1일부터 12월 31일 사이)마다 정기적으로 실시하는 교육

- 교육확인증 비치 방법(도로교통법 시행령 제31조의2 제5항)
  – 어린이통학버스의 운영자와 운전자는 발급받은 교육확인증을 정확히 비치해야 한다.
    · 운영자 교육확인증 : 어린이교육시설 내부의 잘 보이는 곳
    · 운전자 교육확인증 : 어린이통학버스의 내부

❹ 운전자와 함께 차량에 동승한 성인은 영유아를 안전하게 보호함 필수

관찰

- 차량 운행 시 운전자 외에 책임 있는 성인(원장, 교사 등)이 동승함.
- 차량에 동승한 성인(교사 등)과 모든 영유아가 개별 안전띠(또는 영아용 보호장구)를 착용한 후 차량이 출발함.
  - 36개월 미만 영아의 경우, 안전인증(KC)을 받고 영아에게 적합한 안전인증 검사기준 (W1, W2 또는 0그룹, 0+그룹, 1그룹)을 충족하는 제품을 착용함.

  ※ 영아용 보호장구는 등받이에 고정하여 안전하게 장착함.
- 운전자와 차량에 동승한 성인(교사 등)은 차량을 완전히 정차시킨 후 영유아가 안전하게 하차할 수 있도록 돕고, 영유아가 안전한 곳으로 이동한 것을 확인한 후 출발함.
- 운전자 및 차량에 동승한 성인(교사 등)은 마지막에 모든 영유아가 차에서 내렸는지 확인하고 하차함.
  - 모든 영유아가 하차하였는지 전 좌석을 확인한 후, 어린이 하차확인장치의 확인버튼을 누르고 하차함.
- 운전자는 휴대전화 사용, 음주 등 운전 판단능력에 영향을 미치는 행위를 하지 않고 안전하게 운행함.

면담

- **(공통)** 차량 운행 시 동승하는 성인은 누구인가?
- **(공통)** 운전자가 음주 상태로 운전을 하거나, 운전 중에 휴대전화를 사용하는 것을 본 적이 있는가? 만약 발견되면 어린이집에서는 어떻게 조치할 것인가?
- **(공통)** 차량에 동승한 성인은 영유아가 차량에 타고 내릴 때 어떻게 도와주는가?

  ※ 관찰이 어려운 경우에 한해 면담으로 확인
- **(공통)** 차량 탑승 영유아에 대한 관리는 어떻게 이루어지는가? 모든 영유아의 하차 여부는 어떤 방식으로 확인하는가?

3) 안전교육과 사고예방

어린이집에서는 영유아가 여러 가지 위험으로부터 자신의 안전을 보호할 수 있는 능력과 기술을 가지도록 지도하여야 한다. 영유아와 교직원이 안전교육 등을 통해 안전사고를 예방하고 적절하게 대처할 수 있는 능력을 기른다면 영유아는 보다 안전한 환경에서 생활할 수 있게 된다.

이를 위해 어린이집에서는 영유아의 연령 등 발달특성에 맞는 안전교육계획을 수립하여 교육을 실시하여야 하며, 전체 영유아를 대상으로 정기적인 소방대피훈련을 실시하여야 한다. 또한 어린이집에서는 비상사태 발생 시 이에 대처하기 위한 교직원 업무분장을 갖추고, 평상시 교직원에게 기본적인 안전교육을 하여야 하며, 교직원은 자신의 소관 업무를 숙지하고 있어야 한다. 어린이집 교직원은 어떠한 상황에서도 영유아를 체벌하지 않으며, 특히 아동학대 예방 및 신고의무와 관련된 교육을 이수하여 영유아가 아동학대의 피해를 받지 않도록 지원하여야 한다. 어린이집에서는 안전 설비를 비상시 효율적으로 사용할 수 있도록 관리하고 보육교직원은 안전설비의 올바른 사용법과 대처능력을 갖추고 있어야 한다.

본 지표는 3개의 평가항목으로 평가한다. 영유아를 대상으로 안전교육을 지속적으로 실시하는지, 보육교직원 대상 안전교육을 실시하고 영유아 학대 예방 지침을 준수하는지, 안전설비를 비상시 효율적으로 사용할 수 있도록 관리하는지에 대해 평가한다.

평가항목		결과
3-5-1	영유아를 대상으로 안전교육을 지속적으로 실시하고 있다.	□Y □N
3-5-2	보육교직원은 안전교육을 받고 영유아 학대 예방 지침을 준수한다.	□Y □N
3-5-3	안전설비를 비상시 효율적으로 사용할 수 있도록 관리하고 있다.	□Y □N
합 계		총 개

지표 평정기준

우 수	3개의 평가항목 중 'Y' 개수가 3개
보 통	3개의 평가항목 중 'Y' 개수가 2개
개선필요	3개의 평가항목 중 'Y' 개수가 1개 이하

3-5-1	영유아를 대상으로 안전교육을 지속적으로 실시하고 있다.
평가내용	① 영유아를 대상으로 발달에 적합한 안전교육을 정기적으로 실시함 ② 영유아가 정기 소방대피훈련에 참여함 ③ 영유아가 놀잇감 및 활동자료, 놀이기구를 안전하게 사용하도록 지도함 ④ 계절 및 날씨 관련 놀이 안전수칙을 준수함
평정기준	4개 중 3개 이상을 충족해야 Y로 평정

❶ 영유아를 대상으로 발달에 적합한 안전교육을 정기적으로 실시함

기록

- 연간 영유아 안전교육 계획이 수립되어 있음.
- 영유아 안전교육을 실시한 기록이 있음(보육일지 등).
  - 아동복지법에서 규정한 안전교육의 기준(교육내용, 실시주기)을 준수하고 있음.
- 안전교육의 내용과 방법 등은 영유아의 발달수준에 적합함.
  - 영아의 경우, 개별 또는 소집단 활동으로 안전교육을 진행함.

면담

- **(교사)** 영유아를 위한 안전교육으로 주로 어떤 내용을 다루는가? 어떤 방법으로 이루어지는가?

영유아 안전교육 * 출처 : 2020년도 보육사업안내

- 아동복지법 및 동법 시행령에 의해 어린이집에서 실시하여야 하는 안전교육의 내용과 실시주기는 다음과 같음(아동복지법 제31조 및 동법 시행령 제28조 [별표 6]).

내용	실시주기
성폭력 및 아동학대 예방교육	6개월에 1회 이상
실종 · 유괴의 예방 · 방지교육	3개월에 1회 이상
감염병 및 약물 오용 · 남용 예방 등 보건위생관리 교육	3개월에 1회 이상
재난대비 안전교육	6개월에 1회 이상
교통안전 교육	2개월에 1회 이상

Q&A 궁금해요

Q 영아반도 안전교육을 실시해야 하나요?

A 영아반의 경우에도 아동복지법에서 규정한 안전교육의 내용, 주기에 따라 안전교육을 실시하여야 합니다. 다만, 만0, 1세의 경우, 발달수준을 고려하여 일상적인 양육이나 기본생활 관련 활동 등으로 안전교육을 진행할 수 있습니다.

Q&A 궁금해요

Q 영아에게는 의도적인 대집단 활동을 진행하는 것이 바람직하지 않다고 알고 있습니다. 안전교육의 경우에도 대집단 활동으로 실시하면 안 되나요?

A 어린이집에서 실시하는 안전교육의 내용, 방법 등은 영유아의 발달수준에 적합해야 합니다. 특히, 영아의 경우 발달특성상 대집단 활동이나 교사 주도의 활동보다는 영아의 개별적 요구, 발달적 특성을 고려하여 소집단 또는 개별 활동으로 안전교육을 진행하는 것이 바람직합니다. 예를 들어 쌓기영역에 횡단보도를 구성한 뒤 안전하게 횡단보도를 건너는 놀이를 해볼 수 있습니다. 이처럼 영아에게 안전교육을 실시할 경우 일과 중 영아의 발달수준을 고려하여 일상생활, 놀이, 동화, 이야기 나누기 등의 방법으로 보육과정 내에서 자연스럽게 경험할 수 있도록 진행하는 것이 바람직합니다.

영아를 위한 안전교육 계획 시에는 아래의 자료를 참고하시기 바랍니다.

- 어린이집 안전공제회(http://www.csia.or.kr) 연령별로 알아보는 영아 안전교육 프로그램 개정판

Q&A 궁금해요

Q 영유아를 대상으로 아동복지법에 근거한 안전교육을 실시하는데 어려움이 있습니다. 안전교육 관련 지표는 어떻게 평정하나요?

A 어린이집에서는 영유아가 스스로 자신의 안전을 보호할 수 있는 능력과 기술을 기를 수 있도록 영유아를 대상으로 안전교육을 실시하는 것이 바람직합니다. 본 항목에서는 아동복지법에서 규정한 안전교육의 내용(종류), 실시주기에 따른 안전교육 실시 여부를 확인합니다.

❷ 영유아가 정기 소방대피훈련에 참여함

기록

- 영유아가 소방대피훈련에 참여한 기록이 월 1회 이상 있음.
  ※ 지진 등 재난대비훈련 등도 포함 가능
- 소방대피훈련 시, 비상사태를 대비하여 어린이집 건물 외부로 대피함.

면담

- (공동) 소방대피훈련은 얼마나 자주 실시하는가? 어떤 방식으로 이루어지는가?

Q&A 궁금해요

Q 소방대피훈련을 할 때 반드시 어린이집 외부로 나가야 하나요? 영아들이 어려서 외부까지 나가기가 어려워요.

A 어린이집에서는 비상사태를 대비하여 정기적으로 월 1회 이상 소방대피훈련을 실시하여 교직원과 영유아의 대피능력을 키울 수 있어야 하므로, 영아의 경우에도 실제 비상상황과 동일하게 어린이집 외부로 대피하는 훈련을 실시해야 합니다.

Q&A 궁금해요

Q 소방대피훈련을 월 1회 이상 실시할 때 지진이나 폭설 등의 재난대비훈련을 소방대피훈련과 매월 번갈아가며 진행해도 인정되나요?

A 소방대피훈련은 실제 비상상황과 동일하게 반드시 어린이집 외부까지 대피해야 하며, 모든 반의 영유아가 월 1회 이상 소방대피훈련에 참여해야 합니다. 이때, 지진 등 재난대비훈련은 영유아가 직접 참여할 수 있는 훈련에 한하여 인정하며, 매월 번갈아가며 진행할 수 있습니다..

❸ 영유아가 놀잇감 및 활동자료, 놀이기구를 안전하게 사용하도록 지도함

관찰

- 교사는 영유아가 놀잇감을 던지거나 모래를 또래에게 뿌리는 등의 위험행동으로 안전사고를 초래하지 않도록 하며, 이를 긍정적인 방법으로 지도함.

- 교사는 영유아가 놀이기구를 정해진 방법으로 안전하게 사용할 수 있도록 시범을 보이거나 안내를 해주는 등의 방법으로 지도함.

❹ 계절 및 날씨 관련 놀이 안전수칙을 준수함

관찰

- 교사는 실외활동을 하는 영유아에게 계절이나 날씨에 따라 필요한 조치를 취함.

계절 및 날씨 관련 놀이 안전수칙의 예

- 여름철에는 날씨가 너무 더운 시간을 피해 실외활동 시간을 조정하도록 함.
- 햇볕이 강하고 더운 시간대에는 영유아가 모자를 쓰거나 차양막 또는 그늘에서 놀이할 수 있도록 함.
- 햇볕이 강하고 더운 시간대에 영유아가 바깥놀이나 물놀이를 장시간 할 경우 자외선 차단제를 바름.
- 비가 많이 내리는 날씨에 산책을 할 경우 영유아는 필요에 따라 우산, 비옷, 장화 등을 갖추고 있음.
- 추운 겨울날 바깥놀이를 할 때 영유아는 따뜻한 겉옷과 장갑 등을 갖추고 있음.
- 황사가 있거나 미세먼지(초미세먼지 포함) 농도가 '나쁨' 이상일 경우, 실외활동을 자제하고 실내 신체활동으로 대체함.

면담

- **(공통)** 햇볕이 강하고 더운 시간대에 바깥놀이를 나갈 경우 어떠한 조치를 하는가?
- **(공통)** 황사가 있거나 미세먼지(초미세먼지 포함) 농도가 높은 날에는 어떻게 조치하는가?

3-5-2	보육교직원은 안전교육을 받고 영유아 학대 예방 지침을 준수한다.
평가내용	① 보육교직원을 대상으로 기본적인 안전교육을 정기적으로 실시함(영유아 학대예방교육 포함) **필수** ② 비상시 보육교직원의 대처방안과 업무분장이 체계적으로 수립되어 있고, 보육교직원은 자신의 역할을 숙지하고 있음 ③ 응급처치(심폐소생술) 관련 교육에 참여한 보육교직원이 있음 ④ 영유아 학대 예방 지침(체벌 금지 포함)을 준수함 **필수**
평정기준	4개 중 3개 이상(필수요소 포함)을 충족해야 Y로 평정 ※ 필수요소 미충족 시 N 평정

❶ 보육교직원을 대상으로 기본적인 안전교육을 정기적으로 실시함(영유아 학대 예방교육 포함) 필수

기록

- 보육교직원의 연간 안전교육 계획이 수립되어 있음(영유아 학대 예방교육 포함).
- 모든 보육교직원이 안전교육과 영유아 학대 예방교육을 각각 연 1회 이상 받은 기록이 있음.
  - 대상
    - · 안전교육 : 원장, 담임교사(반을 맡지 않은 경우 포함), 연장보육 전담교사
    - · 영유아 학대 예방교육 : 임용된 모든 보육교직원(원장, 연장보육 전담교사, 기타 보육교직원 포함)

    ※ 입사 1개월 미만인 교직원은 평정에서 제외
  - 방법 : 어린이집 자체교육, 외부 집합교육, 온라인 교육 등

    ※ 현장평가월 기준 1년 이내 실시기록 확인

면담

- **(공통)** 언제, 어떤 내용의 안전교육을 받았는가?
- **(공통)** 영유아 학대 예방교육을 받은 후 영유아를 대하는 것에 어떤 변화가 있었는가?

Q&A 궁금해요

Q 어린이집에서 영유아 학대 예방교육을 반드시 받아야 하는 대상은 누구인가요?

A 어린이집 보육교직원은 아동학대범죄의 처벌 등에 관한 특례법 제10조의 규정에 의한 신고의무자이므로 영유아 학대 예방교육의 대상이 됩니다. 즉, 원장, 보육교사(연장보육 전담교사, 보조교사 포함) 이외에 조리원, 차량기사, 사무원 등 임용된 기타 보육교직원도 모두 영유아 학대 예방교육을 받아야 합니다. 이때 교육은 집합교육, 시청각교육, 인터넷 강의, 또는 자체교육 등의 방법으로 진행 가능합니다.

❷ 비상시 보육교직원의 대처방안과 업무분장이 체계적으로 수립되어 있고, 보육교직원은 자신의 역할을 숙지하고 있음

기록

- 어린이집에 비상시 대처방안이 마련되어 있음.
- 비상시 대처방안에는 필수기재사항이 모두 포함되어 있음.
  ※ 필수기재사항 : 비상사태를 대비한 보육교직원의 역할분담표, 비상대피도, 대피요령

면담

- **(공통)** 비상사태를 대비하여 분장된 업무 중 자신의 역할은 무엇인가?
  – 화재 발생 시 자신이 해야 할 역할은 무엇인가?

Q&A 궁금해요

Q 업무분장표와 비상시 역할분담표는 무엇이 다른가요?

A 업무분장표는 어린이집의 효율적 운영을 위하여 공동업무를 적절하게 분담하여 문서화한 것입니다. 반면 비상시 역할분담표는 화재나 재난, 안전사고 등 비상사태 발생 시 효과적인 대처를 위하여 보육교직원의 역할을 구분해 둔 것입니다.

Q&A 궁금해요

Q 매월 소방대피훈련을 실시하고 실행기록을 작성하고 있는데 비상시 대피요령을 별도로 마련해야 하나요?

A 대피요령은 화재, 재난, 응급상황 등 비상사태 전반을 대비한 행동지침을 의미합니다. 반면 소방대피훈련은 특정 상황을 가정하고 진행한 것으로, 대피과정의 일부 사례일 뿐 대피요령으로 보기 어렵습니다. 따라서 비상시 대피요령은 별도로 마련해야 합니다.
※ 비상시 대피요령은 보육사업안내 서식(부록) 참고
※ 재난별 대피요령은 '국민재난안전포털(www.safekorea.go.kr)' 참고

❸ 응급처치(심폐소생술) 관련 교육에 참여한 보육교직원이 있음

기록

- 보육교직원 중 응급처치(심폐소생술) 관련 교육을 이수한 자가 있으며, 이를 증빙하는 이수증(또는 자격증)이 있음.
  - 교육과정 내 실습이 포함되어 있음.

  ※ 이수증은 당해연도 또는 전년도에 발급된 것에 한해 인정함. 단, 유효기간이 기재된 경우 해당기간에 한해 인정함.

면담

- **(교육참여자)** 교육받은 내용 중 가장 유용한 정보는 무엇인가?
- **(교육참여자)** 응급처치 시 반드시 지켜야 할 원칙은 무엇인가?
- **(교육참여자)** 영유아 질식 시 응급처치(심폐소생술)를 어떻게 실시하는가?

❹ 영유아 학대 예방 지침(체벌 금지 포함)을 준수함 필수

기록

- 영유아 학대 예방 지침이 수립되어 있고, 지침에는 필수기재사항이 포함되어 있음.

  ※ 필수기재사항 : 영유아 학대의 정의와 유형, 신고의무 등
- 보육교직원은 영유아 학대 예방 지침을 숙지하고 있음.

관찰

- 보육교직원은 어떠한 경우에도 영유아를 신체적, 정서적으로 학대하거나, 방임하는 행동을 하지 않음.
  - 보육교직원은 영유아를 체벌하지 않음.

체벌의 범위

- 훈육의 목적으로 성인의 신체나 도구를 이용하여 영유아에게 신체적 압박을 가하는 것
  - 예 : 때리거나, 꼬집거나, 약하게 깨무는 행위 등

면담

- **(공통)** 영유아 학대 예방 지침의 내용 중 학대의 정의와 유형은 무엇인가?
- **(공통)** 영유아 학대 신고가 의무인 것을 알고 있는가?
- **(공통)** 영유아 학대 신고 전화번호는 무엇인가?

  ※ 아동학대 신고번호 : 국번 없이 112
- **(공통)** 영유아 학대가 의심되는 상황(멍, 상처 등 신체적 상흔, 무단 결석, 명확한 사유 없이 퇴소 신청 등)이 발생하면 어떻게 대처해야 하는가?
- **(공통)** 영유아를 학대로부터 보호하기 위한 자신의 역할 범위는 어디까지인가?
- **(공통)** 영유아를 학대로부터 보호했던 경험이 있는가?

3-5-3	안전설비를 비상시 효율적으로 사용할 수 있도록 관리하고 있다.
평가내용	① 비상사태를 대비한 피난설비(비상구, 비상계단 또는 영유아용 미끄럼대, 피난구 유도등 등)를 비상시 원활하게 대피할 수 있도록 관리하고 있음 ② 비상사태를 대비한 소화설비(소화기 등)를 비상시 제대로 작동되도록 관리하고 평가내용 있음 ③ 비상사태를 대비한 경보설비(단독경보형감지기, 가스누설경보기 등)를 비상시 제대로 작동되도록 관리하고 있음 ④ 보육교직원은 안전시설 및 설비(소화기 등)의 사용법을 숙지하고 있음
평정기준	4개 중 3개 이상을 충족해야 Y로 평정

❶ 비상사태를 대비한 피난설비(비상구, 비상계단 또는 영유아용 미끄럼대, 피난구 유도등 등)를 비상시 원활하게 대피할 수 있도록 관리하고 있음

관찰

- 비상계단이나 영유아용 미끄럼대는 언제나 사용 가능하도록 유지 · 관리되고 있음.
- 비상구는 잠그지 않거나 평소 잠가두어도 잠금장치가 안쪽에 있어 성인이 쉽게 열 수 있는 상태임.
- 비상구 및 비상계단에는 적재물이나 위험한 물건 등이 없어 비상시 원활히 대피할 수 있게 관리되고 있음.
- 설치되어 있는 모든 피난구 유도등이 제대로 작동함.

❷ 비상사태를 대비한 소화설비(소화기 등)를 비상시 제대로 작동되도록 관리하고 있음

관찰

- 각 층마다 소화기를 구비함.
- 구비되어 있는 모든 소화기는 안전핀이 고정되어 있고, 소방약제가 충분하며, 압력이 정상범위 내에 있도록 관리되고 있음.
  - 각 층에 투척용 소화기를 추가로 마련한 경우, 투척용 소화기도 파손 및 내용물이 소실되지 않도록 관리해야 함.

Q&A 궁금해요

Q 어린이집에 소화기 대신 투척용 소화기(간이소화용구)만 구비하여도 무방한가요?

A 어린이집에서는 화재 등 비상사태를 대비하여 각 층마다 소화기를 구비해야 합니다. 흔히 어린이집에서 지칭하는 투척용 소화기는 간이소화용구이므로, 어린이집에서는 투척용 소화기가 아닌 분말 소화기(소화약제를 압력에 따라 방사하는 기구)를 구비해야 합니다. 소화기구 및 자동소화장치의 화재안전기준(NFSC101)에 의하면, 간이소화용구는 소화기 및 자동확산장치를 제외한 소화 능력단위 1단위 이하의 소화용구로서 화재발생 초기단계에서 사용하지 않으면 소화효과를 기대하기 어려우며 일반적으로 1회용으로 제작되는 보조 소화용구이므로, 반드시 분말소화기를 마련 하시기 바랍니다.

❸ 비상사태를 대비한 경보설비(단독경보형감지기, 가스누설경보기 등)를 비상시 제대로 작동되도록 관리하고 있음

관찰

- 각 실마다 단독경보형감지기가 설치되어 있고, 제대로 작동하도록 전원이 켜져 있음.
  ※ 단독경보형감지기는 화재 발생 시 열 또는 연기를 쉽게 감지할 수 있도록 천장에 부착해야 함.
  ※ 해당 층에 자동화재탐지설비를 설치한 경우, 단독경보형감지기 추가 설치 불필요
- 설치되어 있는 모든 가스누설경보기가 제대로 작동하도록 전원이 켜져 있음.

Q&A 궁금해요

Q '단독경보형감지기'는 무엇인가요?

A 단독경보형감지기는 천장에 붙여 두면 연기 등 화재의 위험을 감지해 경보음을 울려주는 장치입니다. 화재 발생 시 빠른 이동이 어려운 영유아 특성을 감안하여 조기경보를 통해 영유아의 인명피해를 예방하기 위해 영유아보육법 시행규칙이 개정되었으며, 이에 어린이집 건물(1~3층)의 구획된 모든 각 실에는 단독경보형감지기를 반드시 설치해야 합니다. 다만, 해당 층에 이미 자동 화재탐지설비를 설치한 경우 단독경보형감지기를 추가로 설치할 필요는 없습니다. 단독경보형감지기 설치 장소는 보육실, 유희실, 조리실, 교사실(휴게공간 포함), 원장실, 사무실, 자료실, 현관, 베란다, 보일러실, 창고, 드레스룸, 복도, 계단 등으로, 반드시 천장(계단은 최상층 천장)에 부착하여야 합니다. 다만, 목욕실, 욕조나 샤워시설이 있는 화장실은 오동작의 우려를 고려하여 단독경보형감지기 및 화재감지기 설치를 제외할 수 있습니다.

❹ 보육교직원은 안전시설 및 설비(소화기 등)의 사용법을 숙지하고 있음

면담

- **(공통)** 지금 이 장소에서 가장 가까운 소화기는 어디에 비치되어 있는가?
- **(공통)** 소화기는 어떻게 사용하는가?
- **(공통)** 비상구는 어디에 있으며 어떻게 여는가?

Chapter 05

유아교육기관 실내 안전관리

1. 보육실
2. 출입구, 현관문, 벨, 인터폰
3. CCTV
4. 복도 및 계단
5. 바닥 및 벽관리
6. 중간안전문 설치
7. 놀잇감 관리
8. 비품관리
9. 전선 및 콘센트 관리
10. 유희실
11. 화장실
12. 비품 및 세제관리
13. 라디에이터 및 화기시설관리
14. 조리실 및 식당
15. 기타 공간
16. 생활용품 안전관리
17. 실내 공기질 관리

유아교육기관 내 안전사고에 대한 최근 2년간 현황을 보면, 어린이집이 891건(34.5%), '유치원'이 380건(14.7%)으로 나타났다. 보육 · 교육시설의 교사들은 정기적인 시설 안전점검 및 안전규정 강화를 통해 안전사고를 예방해야 한다.

〈표 5-1〉 보육 · 교육시설 내 안전사고 발생 현황 (단위: 건, %)

구분	2015년	2016년	합계
어린이집	481 (33.6)	410 (35.5)	891 (34.5)
유치원	220 (15.4)	160 (13.9)	380 (14.7)

출처 : 한국소비자원(2017)

1. 보육실

1) 보육실 전체

- 보육실은 넓고 개방적인 공간으로 어린이집은 1인당 2.64m^2(유치원은 1인당 4.2m^2)이어야 한다. 보육실이 협소한 경우에는 교사가 영유아를 한눈에 파악 가능하도록 유사한 영역을 통합하여 배치할 수 있다.
- 보육실 문에는 영유아의 손가락과 발가락이 문과 문틀 사이에 끼이지 않도록 하는 손끼임 방지 장치를 설치하고, 바닥은 턱이 없어야 하며 미끄럼 방지 처리를 한다.

문틀 손끼임 방지장치

문 손끼임 방지장치

미끄럼 방지매트

- 창문은 영유아가 밖을 볼 수 있는 높이에 설치하고, 2층 이상에 설치 시에는 창문 보호대를 설치하며, 창문의 유리는 안전유리를 사용하고, 부딪침 방지를 위해 유리에 스티커를 부착한다.

창문 보호대

- 교사는 영유아를 안고 창문 밖을 내다보지 않고, 창문 아래쪽에 영유아들이 올라설 수 있는 비품은 두지 않는다.
- 보육실의 천장, 벽, 또는 바닥에 소리를 흡수할 수 있는 방음 장치를 설치하고, 영아반에는 안전문(안전울타리)을 설치한다.

안전문

사고사례와 예방법 **끼임 사고(보육실)**

사고경위 및 발생원인

남양주 아파트단지 내 가정어린이집에서 발생한 사고로, 17개월 남자 아기가 베란다 문에 손이 끼어 손가락이 거의 절단 되는 바람에 뼈와 신경망, 혈관을 접합하는 대수술을 받음

출처 : http://kspeople.tistory.com/2 [전국의 모든 원장님을 위한 공간]

예방 수칙

- 베란다 문에 안전잠금장치와 손끼임 방지 장치 필요
- 영아들만 두고 교사가 자리 비우지 않기
- 보육실에 안전문 설치

2) 안전한 보육실 활동 공간 배치

- 보육실의 흥미영역 구성
  - 영아(만 0세) : 신체영역, 언어영역, 감각 · 탐색영역
  - 영아(만 1세) : 신체영역, 언어영역, 감각 · 탐색영역, 역할 및 쌓기 놀이영역

  – 영아(만 2세) : 신체영역, 언어영역, 감각 · 탐색영역, 미술영역, 음률영역, 역할 및 쌓기 놀이영역
  – 유아(만 3~5세) : 언어영역, 미술영역, 음률영역, 수 · 조작영역, 과학영역, 역할놀이영역, 쌓기 놀이영역

- 흥미영역은 보육실 내에 배치하여 영유아가 스스로 탐색하고 쉽게 이용할 수 있도록 하고, 보육실의 공간이 충분하지 않은 경우, 유사한 활동이 이루어지도록 흥미영역을 통합하여 구성하며, 너무 구석지거나 폐쇄된 공간, 사각지대를 만들지 않는다.
- 영아반은 교구장을 벽 쪽으로 배치하여 영아들이 한눈에 볼 수 있도록 하고, 영아의 키보다 낮은 교구장을 사용하고 바퀴 달린 교구장은 사용하지 않는다.
- 유아반은 교구장을 이용하여 영역별 구역을 나누어 각 활동에 방해받지 않도록 배치하고, 유아의 이동 통로를 충분히 확보한다.

구분	바퀴 없는 교구장		낮은 책상
만 0~1세 영아반			
만 2세 영아반			

구분	충분한 이동통로 확보		
만 3~5세			

출처 : 보건복지부(2014)

3) 안전한 보육실 내 흥미영역 배치 시 고려할 점

영역	내용	안전사고 관리
언어	• 책상은 조용하고 밝은 곳에 배치 • 자료는 편안한 자세로 꺼낼 수 있게 배치 • 보육실 공간이 협소할 경우 휴식 공간과 함께 사용 가능  	• 카세트를 사용할 때 음향 크기를 적당하게 조절하여 사용하고, 영유아가 음향을 조작하지 않도록 주의시킨다. • 헤드폰이나 이어폰 전선줄은 보이지 않게 처리하거나 짧게 정리한다. • 연필은 가급적 사용을 자제하되, 사용할 경우 연필 끝이 뾰족하지 않은 것으로 제공해 주고, 보관 시 끝이 뾰족한 쪽을 아래로 향하게 한다.
수 · 조작 및 과학 (탐색)	• 가급적 조용한 곳에 책상과 함께 배치 • 과학영역은 식물이나 곤충을 키울 수 있도록 햇볕이 잘 드는 곳에 배치  	• 과학영역에 있는 여러 가지 탐색도구(거울, 프리즘, 자석, 현미경)는 안전하게 사용한다. • 과학영역에 배치한 화분의 작은 돌은 가급적 큰 돌로 교체하고 깨지지 않는 재질의 화분을 사용한다. • 거북이, 금붕어, 달팽이, 장수풍뎅이, 사슴벌레 등과 같은 동물(곤충)을 배치할 경우 영유아 신체에 유해하거나 전염성이 없는 것으로 사용한다. • 가열이 필요한 요리는 조리실이나 영유아가 다니지 않는 공간에서 준비하고, 보육실에서 영유아와 함께 가열하지 않는다. • 요리활동 시 사용하는 칼은 끝이 무딘 플라스틱 칼을 사용한다. • 기름에 튀기는 요리활동은 하지 않는 것을 권장한다.
음률	• 활동적이고 소리가 많으므로 조용한 영역과 떨어진 곳에 배치 • 카펫을 깔아서 소음이 크지 않도록 함  	• 몸을 많이 움직여야 할 경우 영유아들과 서로 부딪히지 않도록 충분한 공간을 마련해 준다. • 피아노를 사용할 때는 영유아의 손가락이 끼지 않도록 주의한다. • 피아노를 사용한 후에는 즉시 피아노 뚜껑을 닫고 안전잠금장치를 한다. • 카세트를 사용할 때 음향 크기를 적당하게 조절하여 사용하고, 영유아가 음향을 조작하지 않고록 주의시킨다. • 악기를 바르게 익혀 사용하도록 지도한다. • 악기로 위험한 놀이를 하지 않도록 지도한다. • 악기를 사용한 후 안전하게 보관할 수 있도록 지도한다.

출처 : 어린이집안전공제회(2014) 재편집

영역	내용	안전사고 관리
미술	• 조용하고 밝은 곳, 물을 사용하기 쉬운 곳에 배치 • 영유아들이 손쉽게 자료를 꺼내고 정리할 수 있는 자료장 구비 • 완성된 작품을 말리거나 전시할 수 있는 공간 제공  	• 미술재료는 피부에 닿아도 해롭지 않은 것으로 사용한다. • 색종이, 유점토 등의 색소는 유해할 수 있으므로 입에 대지 않도록 하고 사용 후에는 반드시 손을 씻도록 지도한다. • 재활용품, 자연물 등을 사용할 때는 깨끗하게 씻어 안전하게 처리한 후 사용한다. • 가위는 끝이 무디며 가볍고 안전한 것(유아용)으로 사용한다. • 교사의 지도가 필요한 미술 도구(스테플러, 펀치, 목공용 본드, 칼날이 드러나 있는 테이프 커터기 등) 사용에 주의한다.
역할놀이 및 쌓기놀이	• 소음과 움직임이 많으므로 다른 놀이에 방해하지 않도록 배치 • 다수의 영유아들이 함께 참여할 수 있도록 충분한 공간 확보  	• 무거운 블록은 아래에 배치한다. • 영아반의 경우 너무 무거운 블록은 제공하지 않는다(던지거나 깨지는 사고 방지). • 블록은 영유아가 쉽게 꺼내고 정리할 수 있는 높이의 정리함에 보관한다. • 블록은 끝이 날카롭거나 조작하기 뻑뻑하지 않은 것으로 선택한다. • 블록을 가지고 총, 칼 등을 만들어 위험한 놀이를 하지 않도록 한다. • 부서진 블록을 보면 바로 치운다.
신체	• 영아반의 경우 보육실 내 배치 • 탐색과 움직임을 위한 충분한 공간 확보 	끌차 등 바퀴 달린 놀잇감
일상생활	• 보육실 내에 마련 (예 : 수유, 기저귀 갈기 등) 	소독액, 뜨거운 물 등

출처 : 어린이집안전공제회(2014) 재편집

구분	고려사항
재질	• 안전검사에 합격한 제품이어야 한다(건전지를 이용하는 놀잇감은 반드시 확인). • 무독성 페인트를 사용한 것이어야 한다. • 빨거나 만질 때 표면이 쉽게 벗겨지지 않아야 한다(유해 중금속, 착색료 위험). • 헝겊으로 만든 놀잇감은 불연성이어야 한다. • 나무로 만든 놀잇감은 쉽게 가시가 일어나거나 마모되지 않아야 한다. • 화학섬유로 만든 것이나 합성 머리카락이 달린 인형은 좋지 않다. • 전기로 작동되는 놀잇감의 사용을 줄인다. • 유리나 깨어지기 쉬운 금속의 놀잇감은 사용하지 않는다.
구조	• 내구성이 강하고, 조립상태가 견고한 놀잇감이어야 한다. • 영아에게 제공하는 놀잇감은 직경이 3.5㎝ 이상이어야 한다. • 너무 무겁거나 복잡하지 않은 놀잇감이어야 한다. • 질식, 목졸림 등의 위험이 있거나 뾰족한 모서리, 깨짐, 균열, 헐거운 나사나 볼트, 끝이 깨진 사기그릇, 안전 처리되지 않은 깡통, 화상 및 화재의 위험이 있는 총, 화약을 이용한 불꽃놀이 놀잇감, 장시간 현란한 빛을 발생하는 놀잇감 등은 제공하지 않는다.

출처 : 어린이집안전공제회(2014)

2. 출입구, 현관문, 벨, 인터폰

1) 출입구

- 외부와 연결되는 출입구는 등 · 하원이 용이하고 통행에 방해되지 않도록 충분한 출입 공간을 확보한다.
- 출입구 공간이 협소한 경우 영유아가 한꺼번에 몰릴 수 있는 등 · 하원, 견학, 나들이 시간에는 출입시간을 조절하여 혼잡함을 피하도록 한다.
- 우산꽂이는 벽면 가까이에 고정시키고, 유모차는 출입구 옆쪽에 별도의 공간을 마련하여 보관할 수 있게 하며, 주차된 유모차가 움직이지 않도록 고정시킨다.

우산꽂이

유모차 보관

출처 : 어린이집안전공제회(2014)

- 어린이집 마당에서 출입구 쪽으로 들어가는 바닥에는 발판이나 매트 및 물기 제거판 등을 설치하여 미끄럼을 방지한다.

출입구 매트 설치

2) 현관과 현관문

현관문
출처 : 어린이집안전공제회(2014)

- 현관은 가능하면 넓게 너무 무겁거나 두껍지 않도록 설치하여 개폐의 어려움이 없어야 하며, 여닫이문의 경우 한 방향으로만 열리도록 한다.
- 현관 유리문은 영유아들의 안전을 위해 깨지지 않는 강화유리로 설치한다.
- 현관문 앞에 영유아의 출입을 막는 중간문(중간 분리막)을 설치하여도 현관문은 반드시 잠겨 있어야 한다.
- 현관의 문이 자동문일 경우에는 영유아가 들어가고 나갈 경우 반드시 교사가 동반하고, 현관문에 영유아의 몸이나 발이 끼이지 않도록 항상 주의한다.
- 문이 닫히는 것을 방지하는 문닫힘 방지대와 문이 서서히 닫히도록 하는 속도조절장치를 설치한다.
- 문틀 사이, 문틈 아래에 손가락이나 발이 들어가는 공간이 있을 경우 끼임 방지대를 설치하고, 문에 모서리가 있을 경우 모서리보호대를 설치한다.

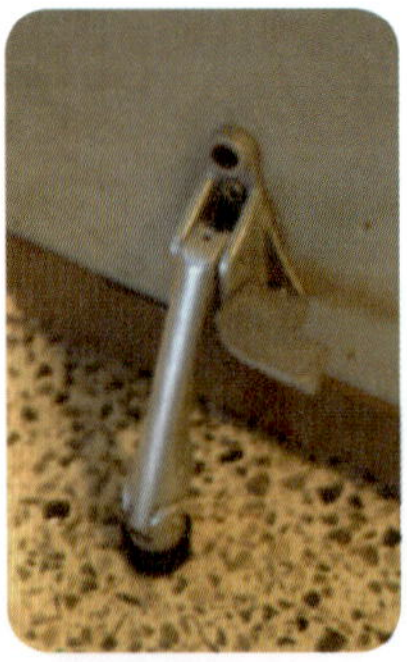

문닫힘 방지대

속도조절장치

- 신발장은 영유아가 함께 사용 시 혼잡을 피하기 위해 가로로 넓고 낮게 설치하는 것이 좋고, 위에는 무거운 물건을 적치하거나 깨지기 쉬운 물건을 올려놓지 않는다.

신발장

사고사례와 예방법 **끼임사고(현관)**

사고경위 및 발생원인

바깥놀이 후 현관으로 들어와 신발을 벗는 도중 한 유아가 신발을 벗으려다가 몸에 중심을 잃고 손을 바닥에 짚음. 그때 열려 있던 자동문이 다시 닫히면서 오른손이 문에 스쳤고 4개의 손가락을 다치게 됨

예방 수칙

- 현관에서 함께 신발을 신고 벗을 수 있는 인원이 몇 명인지 정하여 진입하도록 지도함
- 실외활동 전후에는 많은 영유아들이 드나들므로, 자동문을 수동으로 해두고 중간에 닫히지 않도록 해야 함

3) 벨 또는 인터폰

- 외부인이 방문할 때마다 벨 또는 인터폰으로 신원을 확인한 후 출입시킨다.
- 벨이나 인터폰에 선이 달려 있는 경우 영유아의 손이 닿지 않는 위치에 설치한다.
- 인터폰을 설치할 경우 각 교실의 인터폰 번호와 수업시간 공지 등 안내글을 부착한다.

벨 또는 인터폰 설치

3. CCTV

2015년 어린이집에 CCTV(Closed Circuit TeleVision) 설치가 의무화됨에 따라 어린이집을 설치 · 운영하는 자는 영유아의 안전과 어린이집의 보안을 위하여 개인정보 보호법 및 관련 법령에 따른 CCTV(폐쇄회로 텔레비전)를 설치 · 관리하여야 한다.

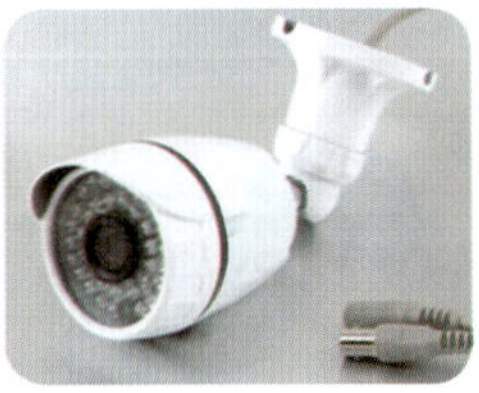

CCTV 카메라

CCTV 모니터

※ CCTV를 설치하지 않는 경우에는 보호자 전원으로부터 미설치 동의서를 첨부하여 특별자치도지사 · 시장 · 군수 · 구청장에게 신고하여야 한다.

1) 설치

- 각 보육실, 공동놀이실, 놀이터 및 식당, 강당에 1대 이상씩 사각지대의 발생을 최소화할 수 있도록 설치한다.
- 모니터를 통하여 그 영상을 구현할 수 있으며, 영상정보를 녹화 · 저장할 수 있는 기능을 갖추어야 한다.
- 화면 속 인물의 행동 등이 식별될 수 있도록 고해상도 HD(High Definition)급 이상의 성능을 보유하여야 하며 영상정보를 60일 이상 저장할 수 있는 용량을 갖추어야 한다.
- 일정한 방향을 지속적으로 촬영할 수 있도록 설치해야 하며 임의로 조작이 가능하거나 녹음기능이 있도록 설치해서는 안 된다.
- 설치목적, 설치장소, 촬영범위 및 시간, 관리책임자의 성명 및 연락처를 포함한 안내판을 출입구 등 잘 보이는 곳에 설치하여야 한다.

2) 운영 · 관리

- 책임자 지정
  - 영상정보처리기기 설치 운영 책임자(관리책임자) : 원장

- 열람요청 접수 처리, 영상정보 수집 처리 등에 관한 업무를 총괄하며, 영상자료 유출 오남용 방지에 대한 책임이 있다.
  - 운영담당자 : 전담자를 지정하여 운영 가능하다.
  - 보호자의 서면에 따른 개인영싱정보 열람요청이 있는 경우 CCTV 관리책임자는 열람에 필요한 사항을 정하여 요청자에게 10일(신청일 산입, 토요일과 공휴일 제외) 이내에 서면으로 통지하여야 한다.
  - CCTV 관리책임자는 영상정보 열람요청 등에 대한 내용 및 조치사항을 기록한 영상정보 관리대장을 작성하여 3년간 보관해야 한다.

  ※ 관리대장 기재사항 : 열람 요청자의 성명 및 연락처, 열람 요청 영상정보 파일의 명칭 및 내용, 영상정보 열람의 목적 등

주의사항

- 어린이집 영상정보는 그 수집 목적의 범위 내에서만 이용할 수 있으며 제3자에게 제공해서는 안 된다.
- 영상정보 관리자가 관리 차원에서 어린이집 영상정보 열람 시에도 관리대장에는 기록 관리한다.
- 영상정보 열람은 어린이집 내에서 하는 것이 원칙이며, 폐쇄회로 텔레비전을 운영하는 어린이집의 원장이 스마트폰 앱을 이용하여 외부에서 열람하는 것은 허용 안 된다(네트워크 카메라 설치 · 운영 어린이집은 외부 열람 가능)

〈표 5-2〉 영유아보육법 제54조(벌칙), 제56조(과태료)

벌칙 및 과태료	내용
300만 원 이하의 과태료	폐쇄회로 텔레비전을 설치하지 아니하거나 설치 · 관리의무를 위반한 자 (제15조의 제4항 위반) – 열람요청에 응하지 않는 자(제15조의 5 제1항 위반)
3년 이하의 징역 또는 3천만 원 이하의 벌금	폐쇄회로 텔레비전의 설치 목적과 다른 목적으로 폐쇄회로 텔레비전을 임의로 조작하거나 다른 곳을 비추는 행위를 한 자(제15조의 제2항 위반) – 녹음기능을 사용하거나 보건복지부령으로 정하는 저장장치 이외에 장치 또는 기기에 영상정보를 저장한 자(제15조의 5 제2항 제2호 위반)
2년 이하의 징역 또는 2천만 원 이하의 벌금	안전성 확보에 필요한 조치를 하지 아니하여 영상정보를 분실 · 도난 · 유출 · 변조 또는 훼손 당한 자(제15조의 5 제3항 위반)

4. 복도 및 계단

- 복도는 우측통행하도록 지도하고, 충돌 방지를 위해 최소한 두 사람이 어깨를 부딪치지 않고 지나갈 수 있는 정도의 너비를 확보한다.
- 계단의 높이와 너비, 경사는 영유아의 신체 크기에 맞게 설치한다.
- 난간은 계단 양쪽에 설치하고, 한쪽에만 설치할 경우 오른쪽에 설치하며, 다른 한쪽은 벽으로 되어 있어야 한다.
- 어른용으로 설치된 계단을 사용할 경우에는 영유아의 신체 크기에 맞는 손잡이형 난간을 설치한다.
- 계단 바닥재는 미끄럽지 않은 재질을 사용하고, 계단의 난간은 세로봉 10cm 이하의 간격으로 설치하고, 계단의 끝부분에 미끄럼 방지대를 설치한다.
- 안전한 통행을 위하여 계단의 이동방향에 발모양을 표시해 주어도 좋다.

손잡이형 난간
오른쪽에 설치

영유아 신체 크기에 맞는
계단 설치

미끄럼방지 설치

5. 바닥 및 벽관리

- 보육실 바닥은 미끄럽지 않은 재질이어야 하며, 미끄러질 우려가 있는 곳에는 고무 매트나 카펫을 깔거나 미끄럼 방지용 스티커를 부착한다.
- 영아가 삼킬만한 이물질(특히 3.5cm 미만), 영유아 발에 걸려 넘어질 수 있는 물건(전선, 줄 등), 발을 다치게 하는 물건(작은 블록, 유리조각, 바늘, 철사, 파편 등)이 있는지 수시로 점검하고 발견 즉시 제거한다.
- 장판이 들뜨거나 울퉁불퉁하여 영유아가 걸려 넘어질 우려가 없는지 확인한다.
- 벽면에 설치된 영유아용 게시판은 안전하고 튼튼하게 고정하여 쉽게 떨어지지 않도록 수시로 점검한다. 영유아가 만질 수 있는 위치에 설치된 경우 핀이나 압정은 사용하지 않고 대신 사무용 집게나 클립, 파일바인더를 사용한다.

안전하게 게시

곰팡이 예방법

- 하루 2번 30분씩 환기를 시켜준다.
- 보육실의 창문을 열어 환기를 시키면 실내 공기가 순환하여 습기를 자연스럽게 건조시켜 준다. 하루 2번, 오전과 오후에 각각 30분씩 환기를 하여 온도와 습도를 조절한다.
- 곰팡이는 20~30℃의 온도와 60~80%의 습도에서 활발하게 번식한다. 에어컨이나 선풍기, 제습기 등을 이용하여 보육실의 온도와 습도를 적정하게 조절한다.

6. 중간안전문 설치

계단 중간안전문

- 계단의 중간안전문은 이동 시를 제외하고 항상 잠겨 있어야 하고, 잠겨 있는 문은 성인이 쉽게 열수 있어야 한다.
- 실내에 엘리베이터가 설치되어 있는 경우 영유아가 혼자서 탈 수 없도록 엘레베이터 앞에도 안전문을 설치하고, 영유아의 손이 닿는 높이에 버튼이 있을 경우 영유아가 들어가 갇힐 우려가 있으므로 누를 수 없도록 조치한다.
- 부득이하게 2층에 영아반이 배치된 경우 영아가 기어오르거나 거꾸로 타고 내려올 수 있는 모든 계단의 위 · 아래에는 안전중간문을 반드시 설치한다.

사고사례와 예방법

사고경위 및 발생원인

2층에 영아반이 있는 ○○어린이집에서 만 2세 여자 아이가 중간안전문이 열린 채 혼자 계단을 내려오려다가 계단 아래로 구름. 바로 응급실로 가서 치료를 받았지만, 영아는 쇄골에 금이 감

예방법

계단의 중간안전문은 항상 잠겨 있어야 하고, 계단을 오르내릴 때는 교사와 함께 함

7. 놀잇감 관리

놀잇감은 영유아의 연령과 발달 정도를 고려해야 하고, 색상, 모양 등이 매력적이어야 한다.

1) 놀잇감 세척

구분	세척방법
플라스틱 소재	• 영유아용 세제를 손수건에 묻혀 표면을 닦고, 젖은 수건으로 깨끗이 닦아낸 다음 바람이 잘 통하는 그늘에 말린다. • 크기가 큰 것은 젖은 수건이나 알코올로 닦을 수 있다. • 솔을 이용하여 더러운 부분을 유아용 세제로 닦을 수 있다.
털로 만든 봉제인형	• 먼지를 털어주고 물세탁을 한다. • 세탁할 때는 미지근한 물에 샴푸나 유아용 세제를 푼 다음 가제 수건과 같은 부드러운 천에 묻혀 살살 주무르듯 때를 닦아낸다. • 헹굴 때는 미지근한 물을 부드러운 천에 묻혀 꾹꾹 눌러 물기와 비눗기를 뺀 다음, 물기를 털고 드라이어로 말린다. • 봉제인형은 물에 담그면 모양이 망가지고 천의 질감이 달라질 수 있으므로 주의한다.
타월 재질	• 세탁기에 넣기보다는 손으로 조물조물 주물러 때를 빼는 게 손상을 줄일 수 있다. • 세탁 후 그늘에서 말린다.
나무 재질	• 물로 씻지 않고 마른 수건으로 닦아준다. • 항균 코팅된 장난감은 젖은 수건으로 닦고, 다시 마른 수건으로 물기를 없앤 다음 바람이 잘 통하는 그늘에 말린다.

구분	세척방법
고무 재질	• 솔을 이용하여 손이 잘 닿지 않는 안쪽이나 틈새 사이에 먼지를 가볍게 털어주고 유아용 세제를 이용하여 세척한다.
천 소재	• 먼지를 털고 정기적으로 세탁한다. • 세탁기를 이용할 때에는 올이 나가거나 찢어지지 않도록 세탁망에 넣어준다. • 손빨래를 할 때에는 유아용 세제를 물에 풀어서 조물조물 문지른 후 깨끗한 물로 여러 번 헹궈준다. • 햇볕에 완전히 말린다.
기타	• 건전지 등을 사용하는 놀잇감은 녹이 슬거나 칠이 벗겨질 수 있으니 물로 세척하지 않는다. • 놀잇감에 낀 틈새 먼지들은 칫솔이나 면봉 등을 이용하여 제거한다.
※ 세척 시기	• 놀잇감은 수시로 세척하여 항상 청결을 유지시킨다. • 영아반의 경우 입에 넣고 빠는 놀잇감은 매일 세척한다.

2) 놀잇감 보관

놀잇감 보관은 바구니를 사용하여 영유아가 교구장에서 쉽게 꺼낼 수 있는 크기와 가볍고 튼튼한 것으로 사용하고, 사용하지 않는 놀잇감은 세척 후 유형별로 분류하여 속이 비치는 투명한 박스나 비닐에 넣어 보관한다. 공이나 물놀이 놀잇감은 그물주머니를 이용하면 편리하게 보관할 수 있다.

3) 놀잇감 안전관리

(1) 교재교구

- 교재교구의 올바른 사용법에 대해 안내하고, 발달에 따른 적합한 크기의 견고한 교재교구 선정하며, 무독성이고 불가연성의 재질로 된 것을 사용한다.
- 모서리를 둥글게 잘라 영유아들이 활용 시 위험하지 않게 않며, 빛이 반사되어 눈에 부담이 되므로 가능하면 코팅한 교재교구는 피하는 것이 좋다.
- 영아를 위해 너무 크거나 푹신한 인형은 피하고, 영아반은 직경 3.5cm보다 작은 크기의 교재교구는 삼킬 위험이 있으므로 제공하지 않는다.
- 유아반의 경우 주사위, 말, 구슬과 같은 크기가 작은 교재교구까지 정리할 수

있는 정리함을 설치하여 유아들이 작은 교재교구를 유실하지 않고 정리할 수 있도록 한다.

- 영유아에게 충분한 수의 교재교구를 마련해주고, 인기 있는 교재교구를 동일한 것을 여러 개 구비하며, 수리가 필요한 것은 방치하지 않고 즉시 수리하며, 파손 시 즉시 폐기하고 새 것으로 교환해 준다.
- 바닥에 걸려 넘어지거나 밟아 다칠만한 놀잇감이 있는지 수시로 확인한다.
- 영유아에게 직경 3.5cm 미만 놀잇감(구슬, 작은 레고 블록, 단추, 공기 등)을 제공하지 않는다.
- 건전지나 자석, 기타 작은 부속물이 빠지지 않았는지 확인한다.

사고사례와 예방법 **이물질삼킴사고(단추형 건전지)**

사고경위 및 발생원인

단추형 전지를 삼켰을 때 장기 손상 정도를 알아보기 위해 Intertek사의 시험*을 준용하여 돼지 식도 모의시험을 실시한 결과, 단추형 전지가 식도 내에 2시간 이상 머무를 경우 심각한 손상(화상, 장기천공 등)을 입을 수 있는 것으로 나타났으며, 실제로 외국에서 삼킴 사고로 인한 사망 사고가 보고되고 있어 그 위해성이 심각

〈시간 경과에 따른 돼지 식도 손상 모습(리튬전지3V)〉

구분	2시간 경과	4시간 경과	8시간 경과
손상정도	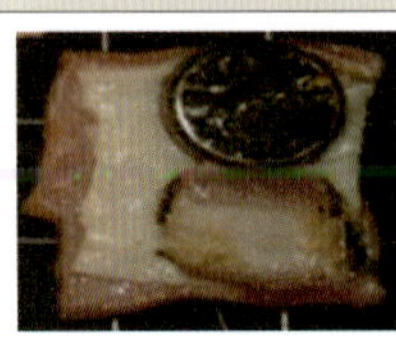		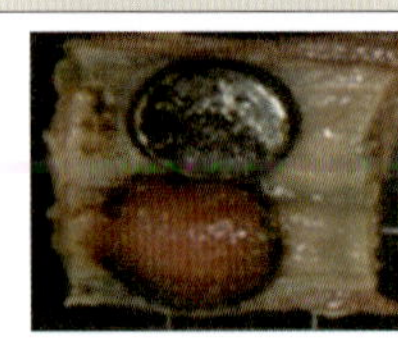

※단추형전지 어린이 삼킴사고 중 약 70%, 만 1세 이하 영아

출처 : 유씨에스(2014. 01. 27)

예방법

- 유아교육기관에서 사용하고 있는 놀잇감의 건전지들을 정기적 점검을 통해 관리

8. 비품관리

1) 영유아의 가구(책상, 의자, 교구장, 사물함 등)

- 영유아가 사용하는 가구는 영유아의 신체 크기에 적합한 것으로 사용한다.
- 가구의 모서리는 표면이 둥글고 매끄럽게 처리된 것을 사용하고, 직각이나 뾰족한 경우 모서리보호대를 설치한다.
- 가구의 표면에 가시, 썩은 부분, 튀어나온 금속(못) 등은 없는지 확인하고, 교구장 아래쪽에 무거운 교구와 물건을 보관하며, 위쪽일수록 가벼운 것을 보관한다.

모서리 보호대

- 교구장은 연령별로 구별하여 만 0,1세 1~2단, 만 2세 3단 이하, 만 3~5세 4단 이하를 사용하고, 영아 보육실에 비치된 교구장, 사물함은 바퀴가 없는 것으로 사용한다.

2) 교사의 가구(수납장, 사물함, 기타 가구 등)

- 교사의 개인 물품은 잠금장치가 된 별도의 공간이나 영유아 손이 닿지 않는 곳에 보관한다. 이불장, 가구장이 보육실 내에 있을 경우 영유아가 스스로 열지 못하도록 잠금장치를 한다.

개인용품 영유아 손이 닿지 않게 보관

개인 물품 잠금장치

출처 : 어린이집안전공제회(2014)

3) 전자제품

- 영유아가 사용하는 컴퓨터, 카세트 등은 사용 전에 반드시 안전교육을 실시한다.
- 성인만 조작해야 하는 가전제품 TV, VTR, 가습기 등은 조작버튼을 가려주거나 안전덮개로 덮어두고, 선풍기나 히터는 보호망을 사용하거나 벽걸이용으로 사용한다.

4) 기타 비품

- 약품은 영유아 손이 닿지 않도록 교구장이나 수납장 안에 보관하고 잠금장치를 한다.
- 보행기를 사용하는 주변에는 부딪쳐서 떨어질 위험이 있는 물건을 두지 않으며, 바닥에 있는 모든 장애물을 치운다. 보행기가 넘어졌을 때, 보행기를 지지하고 있는 X자형의 틀에 손가락이 끼이면 절단될 수 있으므로 특별히 유의한다. 계단이 있는 층에서 보행기를 사용할 경우에는 반드시 보육실 문을 닫고, 추락을 방지하기 위한 중간문을 설치한다.
- 영유아용 거울을 부착할 경우 안전거울이나 투명 시트지를 부착하여 깨짐을 방지한다.
- 쓰레기통 뚜껑은 항상 닫아두고, 자주 비워주며, 위험한 물건(목공용 본드, 못 등)을 버리지 않는다.
- 화상을 입을 수 있는 전기주전자, 글루건 등은 보육실에서 사용하지 않는다.
- 여름철 전자 모기약을 켤 경우 영유아의 손이 닿지 않는 위치에 설치한다.

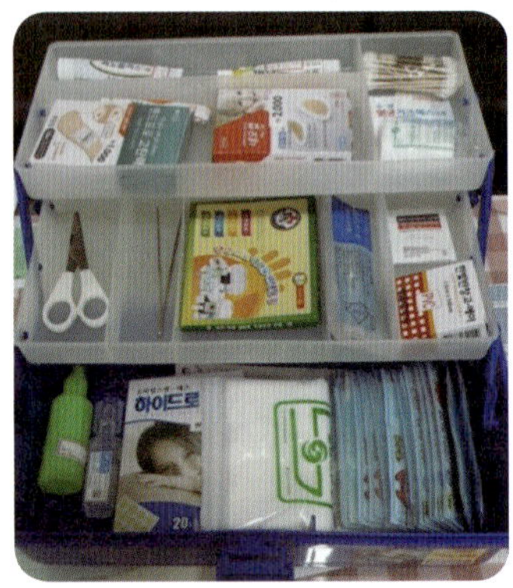

약품 보관

보행기 보관

안전거울

9. 전선 및 콘센트 관리

1) 전선

- 전기용품 사용 시 전기용품 안전관리법에 의해 인증받은 제품을 사용한다.
- 전선은 영유아 손에 닿도록 길거나 엉키지 않게 하고 짧게 정리하며, 바닥이나 문틀을 통과하는 전선은 통행에 방해되거나 손상되지 않도록 정리하고, 전선 정리용 쫄대, 전선보관함을 이용한다.
- 모든 전선은 짧게 정리하여 만지거나 잡아 당기지 않게 한다.

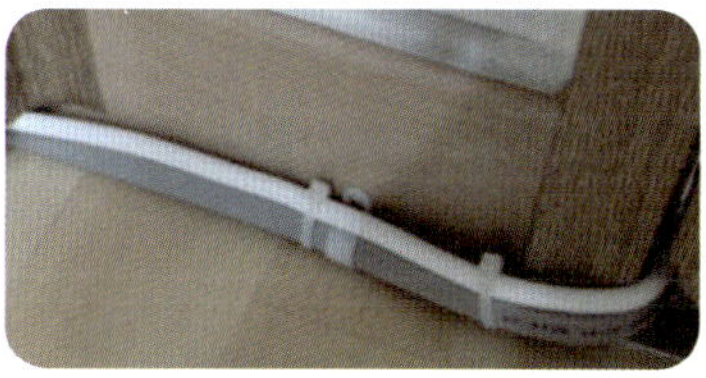

엉키지 않은 전선

쫄대 및 전선 보관함

출처 : 어린이집안전공제회(2014)

2) 콘센트

- 콘센트는 플러그가 정상적으로 꽂혀 있는지 확인한다. 정상적으로 꽂혀 있지 않아 검게 그을린 곳은 없는지 확인한다.
- 접지극이 있는 콘센트를 사용하여 누전에 의한 감전사고를 예방한다.
- 전기 용량을 초과하면 과열되므로 멀티콘센트에 너무 많은 플러그를 꼽지 않는다.
- 물기가 있는 화장실, 주방 등에는 덮개용 콘센트 또는 누전 차단 콘센트를 사용하는 것이 좋다.

접지극이 있는 콘센트

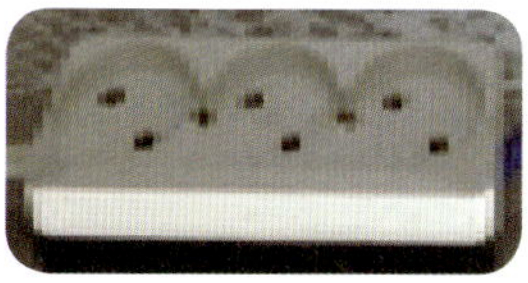

접지극 없는 콘센트

누전 차단 콘센트

3) 안전덮개

- 콘센트가 영유아의 손이 닿는 위치에 있을 경우, 안전용 콘센트 또는 안전덮개를 설치한다.
- 사용하지 않는 콘센트는 안전덮개로 덮어 둔다.

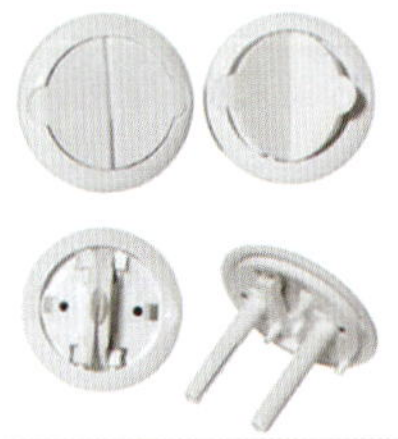

안전덮개

10. 유희실

대근육활동 기구는 서로 충분한 공간을 두고 비치하고, 대근육활동 시 충격을 흡수할 수 있는 충격완화 장치를 설치한다.

벽면 충격완화 장치 설치

- 1m 이상 높이의 모든 놀이기구에는 벽면, 바닥, 기둥, 모서리 면에 충격을 완화할 수 있는 장치(충격 흡수용 표면제) 또는 안전매트를 설치하고, 창문 없는 벽면에 놀이기구를 배치한다.
- 놀이기구에는 살이 베이거나 찔릴 수 있는 날카로운 부분이나 모서리, 돌출 부분과 파손 부분이 없어야 한다.
- 1,200mm 이상의 놀이기구 개구부는 손가락이 끼일 수 있는 틈(8~25mm)이 없어야 한다.
- 미끄럼틀 등 고정식 놀이기구는 움직이지 않도록 고정시킨다.

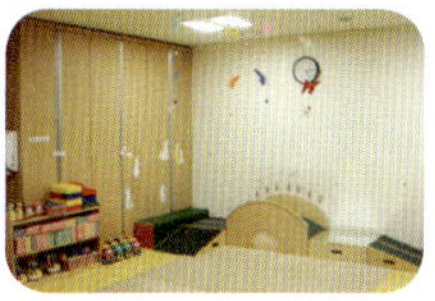

놀이기구

출처 : 보건복지부, 육아정책연구소(2014)

11. 화장실

1) 화장실

- 화장실은 교실에서 바로 연결하고, 화장실 문은 안과 밖에서 다 열 수 있도록 설치한다. 화장실 바닥은 하수구를 향해 적정 경사가 이루어져 배수가 잘 되는 구조여야 하고, 바닥재는 표면이 미끄럽지 않은 것을 사용한다. 바닥이 미끄러울 경우 미끄럼방지대 또는 물기제거판을 설치한다.
- 화장실 바닥은 수시로 체크하고 마른 걸레로 물기를 제거하여 항상 물기가 없고 건조한 상태를 유지하고 화장실용 신발은 미끄럽지 않은 것으로 구비한다.
- 화장실은 영유아의 신체 크기에 맞춰 스스로 열고 닫을 수 있도록 하고, 배변 시 영유아가 불안해하지 않도록 교사가 쉽게 감독할 수 있는 높이로 문을 설치한다.

미끄럼방지대 설치

영유아 신체에 맞는 변기와 문

출처 : 보건복지부, 육아정책연구소(2014)

- 영유아용 변기는 가급적 10~15인당 1개 이상 설치가 적당하며, 영유아의 신체 크기에 맞는 변기를 설치한다. 성인용 변기를 사용할 경우 디딤판 및 탈부착식

유아용 변기커버를 설치한다.

- 휴지걸이는 영유아가 앉아서 안전하게 사용할 수 있는 위치에 설치한다.

사고사례와 예방법 **세면대 화상사고**

사고경위 및 발생원인

만 2세 남자 아이가 간식 먹기 전 손을 씻기 위해 세면대의 물을 틀었다가 수도꼭지 방향을 온수 쪽으로 돌려 뜨거운 물이 나옴. 아이는 손과 팔에 약간의 화상을 입음

예방 수칙

- 영아의 피부는 매우 약해서 화상사고에 취약하므로, 세면대 수도꼭지에 온수조절장치 설치

사고사례와 예방법 **화장실 미끄럼사고**

사고경위 및 발생원인

화장실에서 소변을 보고 나오던 남자 아이가 손을 씻기 위해 세면대 쪽으로 옮겨 가던 도중 바닥의 물방울들에 의해 미끄러짐 사고 발생. 엉덩이와 어깨 그리고 머리 뒤통수 쪽에 약간의 타박상을 입음

예방 수칙

- 화장실 바닥에 물이 고이거나 물방울이 남아 있지 않게 교사는 수시로 바닥을 닦아주고, 미끄럼 방지매트나 물빠짐 매트를 설치

2) 세면대

- 영유아의 신체 크기에 맞는 세면대를 설치하고, 성인용 세면대 사용 시 영유아 신체 크기에 맞도록 세면대 밑에 계단이나 안전한 발판 등을 설치한다.
- 세면대는 벽과 단단하게 고정시키고, 모서리가 뾰족할 경우 모서리보호대를 설치한다.
- 영유아가 수도꼭지에서 나오는 온수는 뜨겁지 않도록 일정한 온도를 유지하고, 수온을 조절하며 온수 조절장치 등을 설치한다.
- 수건 또는 휴지걸이는 영유아가 안전하게 사용할 수 있는 위치에 설치한다.

안전발판

온수조절장치

수건걸이

출처 : 어린이집안전공제회(2016)

3) 목욕실

- 목욕실은 보육실과 가까운 곳에 설치하고, 샤워기의 위치는 영유아의 손이 닿지 않는 높이에 설치하고, 영유아가 수도꼭지를 조작해서 뜨거운 물이 나오지 않도록 온수 조절 장치 등을 설치한다.

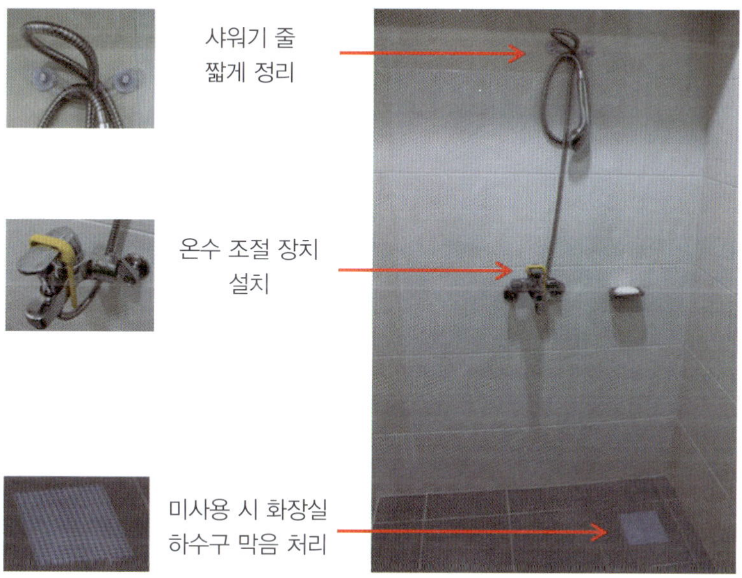

출처 : 어린이집안전공제회(2016)

12. 비품 및 세제관리

- 세탁기가 영유아 활동 공간에 있는 경우 뚜껑을 닫고 잠금 장치를 하며, 영유아가 출입을 하지 못하도록 해당 공간에 중간안전문을 설치하고 잠금장치를 한다.

- 위험한 물건(고무장갑, 변기청소용 솔, 변기 압축기, 각종 세제, 세척제, 표백제, 나프탈렌, 세척용 소독 스프레이, 락스, 빗자루, 대걸레, 삽 등 영유아가 다칠 위험이 있는 물건 등)은 영유아 손이 닿지 않는 수납장이나 선반에 보관한다. 영유아의 손이 닿는 곳일 경우 반드시 잠금 장치 후 보관한다.

세탁실 별도 관리

비품 보관함

출처 : 어린이집안전공제회(2016)

13. 라디에이터 및 화기시설관리

- 라디에이터나 온열기를 사용할 경우에는 영유아의 신체가 직접 닿지 않도록 적절한 울타리를 설치한다.

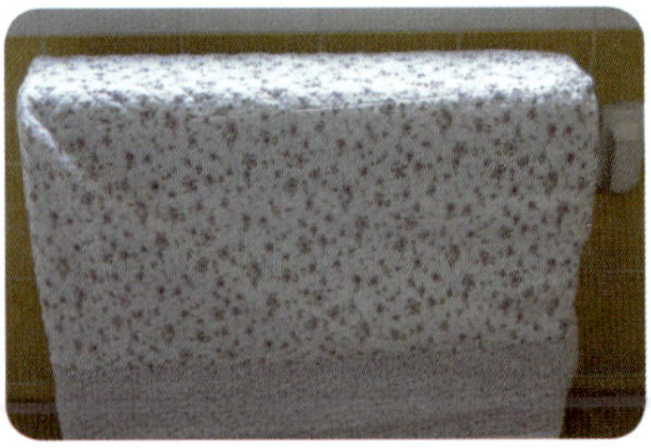

라디에이터

14. 조리실 및 식당

1) 조리실 및 식당

- 조리실은 1층 이상에 설치하는 것을 원칙으로 하고(지하 금지), 조리실의 벽, 바닥, 천장은 모두 내화성, 내수성, 내구성이 있는 재질로 설비한다.
- 영유아의 급간식 제공 시에는 화상 방지를 위해 뜨거운 음식은 조리실에서 미리 식혀서 배식할 수 있도록 준비한다.
- 조리실에는 영유아들이 들어가지 못하도록 항상 문을 닫아 놓거나 중간문을 설치하여 영유아 활동 공간과 분리한다.
- 조리실은 채광이 잘 되고 환기를 자주 시켜 항상 청결하게 유지한다.

- 실외로 나가는 조리실 출입구나 창문에는 방충망을 설치한다.
- 교사가 영유아를 데리고(업거나 안는 등) 조리실에 출입하지 않는다.

사고사례와 예방법 **화상사고(조리실)**

사고경위 및 발생원인

교사가 영아들의 식사준비를 하던 중 잠깐 자리를 비운 사이, 영아가 국이 담긴 큰 통에 엉덩이 쪽으로 앉아서 화상을 당하는 사고

예방 수칙

- 영아들과 식사를 위해 뜨거운 국 등을 사용해야 할 경우에는 자리를 비우지 않고, 국이 있는 곳에 칸막이나 안전장치

2) 비품관리

- 조리실의 설비(예 : 가스레인지, 전기밥솥, 정수기, 조리도구, 사용한 캔, 세제, 철수세미, 칼, 가위, 포크 등)는 영유아가 접근할 수 없도록 관리한다.
- 화재위험을 방지하기 위해 조리실 내에 소화기, 가스누설 경보기 등 소방설비를 설치한다.

15. 기타 공간

교사실, 원장실이나 위험요인이 있는 장소인 조리실, 보일러실, 교재 교구실 등에는 잠금장치를 설치하여 영유아가 접근할 수 없도록 관리한다.

사고사례와 예방법 **신발장 모서리는 무서워요**

사고경위 및 발생원인

만 2세 영아가 바깥놀이 후 신발을 벗고 들어가려다가 신발장 문에 이마를 부딪혀 찢어져 7바늘 꿰멘 사고

예방 수칙

- 신발장 모서리에 모서리 보호대 설치
- 출입 공간이 협소한 경우 한꺼번에 많은 영유아들이 몰리지 않도록 분산하여 운영

사고사례와 예방법 **화장실 바닥은 미끄러워요**

사고경위 및 발생원인

만 0세 영아의 대변 후 씻기기 위해 영아를 화장실 벽쪽에 세워 잡고 샤워기로 씻기는 도중에 영아가 미끄러져 다침

예방 수칙

- 화장실 바닥에 미끄럼 방지매트를 깜
- 화장실 바닥에 물이 고이거나 튀지 않게 수시로 닦아 줌

16. 생활용품 안전관리

① 침구 : 이불, 요, 베개 등 침구류는 너무 푹신한 것을 피하고, 침대는 난간의 매트리스와 침대 사이에 공간이 없는 것으로 사용하며, 침대 난간의 세로 폭 사이는 머리가 들어가지 않도록 7cm 이하로 선택한다.

② 커튼 및 카펫 : 커튼과 카펫은 방염처리된 것을 사용하고, 카펫은 매일 진공청소기 등으로 꼼꼼하게 청소하고 커튼도 자주 세탁한다.

③ 유모차 : 유모차는 견고하며, 안정감이 있어야 하고, 브레이크가 잘 작동하는지 확인하며, 이음새 부분에 손가락이나 발이 끼이지 않는지 확인하고, 유모차에 달린 투명 비닐 덮개는 투명도와 구김을 확인한다.

④ 식판의자 : 식판의자는 흔들리지 않고 안정감이 있으며 견고한 것을 선택하고, 안전띠를 매고 사용하며, 영유아가 식판의자에서 서 있지 않도록 주의한다.

⑤ 접근방지 안전문 : 영아 혼자 밖으로 나가는 것을 방지하기 위해 보육실에 영아용 접근방지 안전문을 부착하고, 안전문 사이 손가락이 끼이지 않도록 푹신한 종류의 재질로 마감된 것을 사용한다.

17. 실내 공기질 관리

유아교육기관의 실내 공기질은 영유아와 교사의 건강에 영향을 미치므로, 실내 공기 오염 여부를 주기적으로 측정하고 관리해야 한다.

1) 실내 공기질 관리

① 복합화학물질 과민증 : 실내 공기 중 복합화학물질에 지속적으로 노출될 경우 피로, 두통, 어지러움, 졸림과 피로, 감기와 같은 증상, 불규칙하거나 빠른 심장 박동을 느낀다. 이를 방지하기 위해 오래된 건물일 경우 석면이 누출되는 건축자재는 확인하여 즉시 교환하고, 석면, 납, 수은, 포름알데히드, 라돈 등을 피하기 위해 친환경재료를 사용한다.

② 부유세균 : 실내 공기 중에 떠다니는 세균으로 먼지나 수증기에 붙어 호흡기에 유입되는 것이다. 부유세균을 막기 위해 에어컨과 가습기는 주기적으로 내부를 청소하며 필터를 교체한다.

③ 결로 : 실내공기와 벽의 온도차가 15도 이상이 되면서 고온다습한 공기가 차가운 벽에 부딪혀 이슬이 맺히는 현상이다. 이를 방지하기 위해서 습기가 있는 곳은 곰팡이가 생겼는지 확인하고 환기 장치를 설치하며, 결로로 인한 곰팡이를 막기 위해 결로 방지 재시공을 실시한다.

④ 석면 : 지질작용에 의해 생성되는 섬유상 규산염 광물로 크기는 머리카락 굵기의 1/5,000 이하로 내마모성, 단열성, 전기 전열성 등의 특성이 있어 건축자재에서 자동차, 가전용품에 이르기까지 다양한 분야에서 이용된다(2009년 1월부터 석면 및 관련 제품 제조 등 금지).

2) 실내 공기질 향상을 위한 생활 수칙

유아교육기관 실내 공기질 관리 요령은 철저한 환기, 정기적인 청소 및 소독, 친환경 제품 사용, 자연정화의 4가지 방법이 있다(환경부, 2013).

(1) 환기

- 환기 시간대는 오전 10시 이후와 일조 · 채광량이 많은 낮 시간대에 오전 · 오후 하루 두 번 이상 30분씩 실시한다.

  ※ 영유아 등원 전, 식사 및 간식 시간, 낮잠 시간 후 등 자주 환기를 시켜 보육실 내에 항상 신선한 공기가 유입되도록 한다.

- 황사, 미세먼지의 날씨 정보를 활용하여 융통적으로 시간과 횟수를 정한다.

(2) 청소 및 소독

- 월 1회 이상 천장, 창틀 및 방충망 등에 먼지가 쌓이지 않도록 청소하고, 벽면 등에 곰팡이 등이 발견될 경우 즉시 소독한다.
- 진드기, 곰팡이 등의 서식을 막기 위해 습도를 60% 이하로 유지, 진드기의 온상인 쿠션재, 담요 등은 뜨거운 물로 정기적으로 세탁하여 햇볕에 말린다.
- 높은 습도는 유기화학물이 다른 유기물과 화학작용을 일으키는 조건이 될 수 있으므로 물 청소 후에는 반드시 마른 걸레로 닦는다.
- 공기청정기, 에어컨, 가습기 등은 가동 후 필터교체 및 내부 청소를 자주 실시(2주에 1회)한다.
- 적절한 실내온도 및 습도를 유지한다.

계절에 따른 실내 적정 온 · 습도

봄 · 가을 19~23℃, 습도 50% / 여름 24~27℃, 습도 60% / 겨울 18~21℃, 습도 40%

(3) 친환경 제품 사용

- 환경마크, HB마크 등의 친환경 건축자재를 사용하고, 환경부장관이 고시한 오염물질 방출 건축자재는 사용하지 않는다.
- 실내에서 사용하는 가구류와 교육용품은 환경마크 인증 제품을 사용하고, 환경마크가 없는 경우 가급적 KS 규격 유해화학물질 규제 준수 품목을 선택한다.

(4) 자연정화

- 숯이나 공기정화식물을 키워 자연정화를 하도록 한다. 계절에 따른 실내 적정 온 · 습도 유지, 봄 · 가을 19~23℃, 습도 50% / 여름 24~27℃, 습도 60% / 겨울 18~21℃, 습도 40%를 유지한다.

Chapter 06

유아교육기관 실외 안전관리

1. 실외 놀이터
2. 모래놀이터
3. 미끄럼틀
4. 그네
5. 시소
6. 옥상 및 베란다
7. 실외 수영장
8. 담장 및 울타리 등
9. 건물 외부관리
10. 동물 및 식물 관리
11. 자전거 및 탈 것
12. 현장학습(관람, 체험, 견학 등)
13. 실종 및 미아 방지

유아교육기관의 실외 환경은 영유아와 교사, 학부모 등이 수시로 드나드는 공간이므로 안전한 환경이 조성되어야 한다. 유아교육기관에서는 기관의 주변이 안전한 설비로 구성되어 있는지, 위험요소가 영유아의 손에 닿지 않게 보관되고 있는지, 동물과 식물은 잘 관리되고 있는지 등을 지속적으로 점검하여 안전한 실외 안전관리를 해야 한다. 이 장에서는 유아교육기관의 실외 안전관리에 대해 살펴보고자 한다.

1. 실외 놀이터

- 어린이집 자체 부지가 있는 정원 50인 이상 어린이집은 실외놀이터를 설치한다 (단, 12개월 미만의 영아만을 보육하는 어린이집은 제외).
- 실외놀이터는 영유아가 길이나 도로에 나가는 일을 방지하기 위해서 울타리를 설치하고, 위험시설로부터 50m 이상 떨어진 곳에 위치시킨다.

옥외놀이터

- 영아용과 유아용 놀이터를 따로 구분하여 적합한 크기의 구조물을 설치하고, 입에 넣을 만한 것이나 손이 베일만한 위험한 물건이 없는지 확인한다.
- 놀이터 바닥은 모래밭, 천연 및 인공잔디, 고무매트, 폐타이어 블록으로 설치한다.

사고사례와 예방법 **찔림사고놀이기구**

사고경위 및 발생원인

실외놀이터에서 놀이 이후, 교실로 들어온 유아의 손에 가시가 박혀 있는 것을 확인하여 병원으로 가서 가시 제거

예방 수칙

- 실외 시설 설비 중 목재로 만들어진 부분에 가시가 일어난 곳이 있는지 점검 필요
- 영유아들이 다치거나 상처가 났을 때는 혼자 참지 않고 상처 부위를 교사에게 이야기하도록 교육함

2. 모래놀이터

- 모래놀이터는 곰팡이 등의 세균번식을 막기 위하여 햇볕이 잘 드는 곳에 설치한다. 햇볕이 강하고 더운 날에는 그늘을 만들어 주어 놀이할 수 있도록 한다.
- 모래에 이물질이 들어가는 것을 막기 위해 사용하지 않을 때는 덮개로 덮어 놓으며, 주기적으로 살균 소독한다.
- 모래는 수시로 체어 걸러서 이물질이나 유리조각 등을 골라내고, 비 온 후 배수가 잘 되도록 모래놀이시설 바닥에는 자갈 등을 깔아 주는 것이 좋다.
- 모래놀이 후 도구를 정리할 수 있는 정리함을 마련해주고, 삽 등의 모래놀이용품은 플라스틱 제품으로 모서리가 둥근 것이 안전하며, 파손될 시에는 즉시 교체해준다.
- 모래가 부족해지면 수시로 보충해 주고, 한 학기에 한 번 정도는 모래를 깨끗이 세척해야 하는데, 모래 세척하는 방법은 다음과 같다.

모래 세척하는 방법

① 모래밭 $10m^2$를 세척할 경우 표백 용액 22mL와 물 18L를 준비함
② 먼저 9L 물에 11mL의 표백 용액을 잘 섞어서 모래밭에 골고루 뿌림
③ 조금 후에 나머지 9L 물에 11mL 표백 용액을 섞어서 모래밭에 뿌림
④ 모래밭 전면에 용액을 골고루 뿌렸으면 속에 있는 모래와 골고루 뒤섞어 줌
⑤ 수도에 호스를 연결해서 모래밭에 물을 뿌려 용액이 밑으로 다 흘러가게 함
⑥ 모래를 다시 섞은 뒤 다시 한 번 물을 뿌려서 용액이 완전히 제거되도록 함

3. 미끄럼틀

- 영유아에게 안전한 미끄럼틀의 높이인 1.8m 이하로 한다. 미끄럼틀은 그늘에 설치하는 것이 좋고 금속제일 경우 녹스는 것에 유의한다.
- 미끄럼틀은 폭이 너무 좁지 않아야 하며, 경사가 30°인 것이 내려오는 속도로 인한 낙상의 위험이 적어 안전하며, 추락 사고를 방지하기 위해서는 올라가는 계단, 내려오는 미끄럼판, 올라가서 기다리는 발판면의 설계를 안전하게 하여야 한다.
- 미끄럼틀 위에서 놀거나 머무는 유아들을 위해 충분한 공간이 있어야 하며 추락을 방지하기 위한 보호난간이 필요하다. 올라가는 계단에는 손잡이가 있는 난간을 설치한다.
- 미끄러지는 면의 양 옆에는 8~15cm 높이의 난간이 있어야 유아가 옆으로 떨어지는 것을 막을 수 있으며 내려오는 속도를 줄이기 위해 끝부분의 밑판은 40cm 정도 평평하도록 하고, 착지지점 밑부분 바닥에는 25cm 이상의 깊이로 톱밥이나 모래를 설치한다.
- 미끄럼틀 판이 스테인리스인 경우, 여름철에는 복사열로 인해 뜨거워질 수 있으므로 교사는 유아들이 미끄럼을 타기 전에 온도를 확인하고 필요하면 물을 뿌려 온도를 조절한다. 미끄럼틀이 나무로 제작된 경우에는 나무가 일어난 곳, 갈라진 부분 등을 정기적으로 점검 하고 수시로 왁스나 기름칠을 하여 항상 매끄럽게 유지한다.

4. 그네

5세 이하의 유아에게는 앉아서 타는 그네가 안전하고, 그네는 벽으로부터 최소한 1.8m 떨어져야 한다. 양쪽 받침대에서 최소한 70cm 간격을 두고 매달며, 두 그네 사이의 간격도 70cm 정도 띄워 놓고 땅바닥에서 그네 밑면까지의 높이는 40cm 정도가 안전하다.

영유아들의 안전을 위해 바닥에 25cm 이상의 깊이로 톱밥이나 모래를 설치하고, 그네 받침대에는 2개 이상의 그네를 매달지 않고, 그네의 앉은 부분은 가죽이나 고무타이어 등의 부드러운 재료를 사용한다.

그넷줄은 위쪽 받침대에 단단히 매어 있나 수시로 점검하고, S자 후크는 절대로 사용하지 않는다. 그넷줄의 고리는 유아의 손가락이 끼이지 않을 만큼 8mm 이하로 작게 하고, 구멍이 클 경우 밑에서 120cm 높이까지 튜브로 싸서 손가락이 끼이는 것을 방지한다.

타이어 그네일 경우에는 타이어 밑쪽에 15cm 간격으로 구멍을 뚫어 물이 빠지도록 하고, 타이어 속에 흰색 페인트칠을 하여 모기가 서식하지 않도록 하며 타이어 그네는 2개의 줄로 균형을 잡아 안전하게 맨다.

그네의 주변은 그네를 타고 내리는 데 필요한 2개의 출입구를 제외하고 낮은 나무를 심어 보호벽을 설치하고, 그네를 타다가 생긴 파인 바닥은 즉시 부드러운 재질로 메워 주며, 그네 밑에는 발이 끼일 만한 공간이 없도록 한다.

5. 시소

- 시소는 무게의 균형이 정확하게 잡히고 흔들거림이 없도록 안전하게 설치하고, 시소가 땅에 닿는 부분은 폐타이어를 묻어 시소를 탈 때 유아의 뇌나 척추에 충격이 가지 않도록 한다.
- 시소에 손잡이를 반드시 부착하여 유아가 손잡이를 붙잡고 안전하게 탈 수 있도록 하며, 나무 재질의 시소에는 갈라진 부분이 없어야 하고 썩은 부분이 있을 시 즉시 교체하고, 쇠로 된 시소는 녹슬지 않도록 주의하며, 페인트가 일어나면 즉시 벗겨내고 다시 칠한다.

6. 옥상 및 베란다

옥상에 놀이터를 설치할 경우 가장자리의 난간을 최소 1.5m 이상의 높이로 설치하고, 바닥면부터 1.2m까지는 콘크리트 · 벽돌 또는 강화유리 등으로 설치하며 그늘막을 설치한다. 출입구에 손이 끼이지 않게 안전장치를 설치하고, 베란다가 있을 경우 문 잠금장치를 위쪽에 설치한다.

7. 실외 수영장

실외 수영장이 있을 경우, 바닥은 미끄러지지 않는 재질로 시공하고, 영유아 대 성인 비율을 일반 보육실보다 더 높여 설치한다.

8. 담장 및 울타리 등

- 어린이집이 도로와 접해 있거나 지형적으로 위험성이 있는 경우, 울타리나 담장 등을 설치한다.
- 울타리나 담장 설치 시 영유아들이 울타리, 담장을 딛고 올라설 수 없도록 하고, 울타리 아래로 애완동물이 출입할 수 없도록 설치한다.

울타리 및 담장 설치

출처 : 어린이집안전공제회(2014)

9. 건물 외부관리

- 어린이집 외부에 놓여 있는 에어컨 실외기, LPG 가스통 등은 영유아의 접근이 가능하지 않은 곳에 설치하거나, 자물쇠로 잠가 놓는다.
- 어린이집의 주변에 있는 맨홀 뚜껑이 잘 덮여 있는지 확인하고, 웅덩이, 요철, 녹슨 부분, 감전 위험물 등을 없앤다.
- 어린이집의 마당이나 구석진 곳에 위험요소(깨진 화분, 적재물, 삽, 목재더미, 파손된 가구 등)가 없는지 확인한다.
- 위험요소(에어컨 실외기, LPG 가스통, 웅덩이, 요철, 녹슨 부분, 감전 위험물, 호미, 괭이, 낫, 원예용 전정가위 등 농기구, 목재더미, 못 등이 도출된 파손된 가구, 깨진 유리 등)가 발견될 경우 즉시 제거한다. 보수하는 데 시간이 걸릴 경우 '접근 불가' 혹은 '수리 중'으로 표시하여 영유아의 접근을 막는다.

에어컨 실외보관

보관 창고

10. 동물 및 식물 관리

- 유아교육기관에는 원칙적으로 전염성이 있는 동물(예 : 닭, 오리 등)을 누어서는 안 되는데, 동물을 둘 경우에는 사전에 부모에게 고지하여 동의를 구한다.
- 동물은 반드시 전염병 예방접종을 하고 정기적으로 건강검진을 받게 한다.
- 동물의 배설물은 영유아의 손이 닿지 않도록 바로 치우고 정기적으로 사육장을 소독한다.
- 신체 자극, 호흡곤란, 중독 등으로 신체에 해를 끼치거나 가시가 있는 식물(옻나무, 담쟁이덩굴, 철쭉, 등나무, 장미, 탱자나무 등)은 키우지 않는다.
- 화단에는 울타리 등을 설치하여 영유아가 직접적으로 접근하지 않도록 한다.

- 모든 식물에 대해 유독성 여부를 점검하고, 유독성 식물일 경우 바로 없애거나 영유아 손에 닿지 않는 곳으로 옮겨 심는다.

화단에 울타리 설치

출처 : 보건복지부(2014)

11. 자전거 및 탈 것

- 자전거나 기타 바퀴 달린 탈 것은 바퀴의 상태와 연결 부위를 확인한다.
- 자전거를 타기 위한 공간을 충분히 확보하여, 영유아들끼리 부딪치지 않도록 주의한다.

자전거와 자동차

12. 현장학습(관람, 체험, 견학 등)

1) 현장학습 전 준비사항

① 계획 수립 : 연간 보육계획 수립, 영유아 건강 및 날씨 고려, 학부모 의견을 수렴한다.

② 부모 공지

- 문서로 공지하기(가정통신문, 홈페이지, 대화수첩, 보육계획안 등)
- 동의서 받기(참여 유무, 부모 서명)

③ 사전 답사 : 동선 파악, 위험요인을 확인한다.

현장학습을 가기 전에는 자주 가는 장소라도 계절이나 시기에 따라 주위환경이 달라질 수 있으므로 반드시 사전답사를 실시한다. 사전답사 시에는 영유아의 이동 동선과 화장실, 의무실과 함께 인근 병원도 미리 확인한다.

④ 계획표 및 시간별 세부일정을 작성한다.
- 현장학습에 대한 전반적인 계획표를 작성한다.
- 시간에 따른 교사역할 분장을 작성한다.

⑤ 영유아 및 교사 안전교육을 실시한다.

⑥ 구조법 및 응급처치 요령을 숙지한다.

⑦ 물품 소지 : 영유아 명단, 비상약품, 비상연락처, 기타 물품(핸드폰, 호루라기, 일정표, 카메라, 물수건, 여벌옷 등)

⑧ 영유아 및 교사 복장을 확인한다.
- 어린이집명, 어린이집 연락처 등이 기재되어 있는 이름표(유괴에 대비해 이름을 기재하지 않는다)
- 활동하기 편한 복장, 끈이 없고 신체 크기에 맞는 운동화

⑨ 영유아 및 운전자에게 협조를 요청한다.
- 영유아 차량 이용에 대한 안전약속
- 운전자 정보 공개 및 안전운전에 대한 협조를 요청한다.

⑩ 준비사항 체크리스트를 확인한다.

2) 현장학습 중 주의사항

① 이동 시 주의사항

- 도보 : 전체 무리에서 벗어나지 않도록 주의, 빨리 걷도록 재촉하지 않는다.
- 차량 : 안전벨트 착용, 차량 내부 안전사항을 살피고 트렁크에 음식을 보관해서는 안 된다, 안전하게 하차한다.
- 횡단보도 : 횡단보도에서 한 발짝 물러섬, 횡단보도 건널 시 손을 들고 가도록 지도한다.

② 관람, 체험, 견학 시 주의사항

안전한 장소로 인솔하고 수시로 인원 확인 및 건강상태를 살핀다. 충분한 휴식

시간, 활동하는 시간만큼 충분한 휴식시간을 가지며, 앉아서 기다리게 한다.

③ **간식 및 식사 시 주의사항**

그늘지고 서늘한 곳에 보관하고 손을 씻거나 위생 물수건으로 청결 관리를 한다. 점심 도시락은 가급적 정오 12시 이전에 섭취한다.

3) 현장학습 후 확인사항

- 인원 및 소지품 확인 : 최종 인원 점검을 하고 소지품을 확인한다.
- 손 씻기 및 건강상태 확인 : 손 씻기 및 건강상태를 살핀다.
- 평가표 작성 : 활동 관련 평가, 안전 관련 평가한다.

13. 실종 및 미아 방지

1) 예방 수칙

- 현장학습 시 활동 이전, 중간, 이후 영유아 인원수를 확인한다.
  ※ 영유아에게도 수시로 교사와 친구들을 확인하도록 돕는 안전교육 실시한다.
- 차량 승차 이전, 중간, 이후에 수시로 인원수를 확인한다.
- 외부 현장에서는 교사 대 영유아 수를 더 적게 배정한다.

2) 대처방법

- 우선 영유아를 마지막으로 본 곳에 되돌아간다.
- 함께 걸어가던 짝이나 친구들에게 묻기를 한다.
- 걸어오던 방향으로 가면서 영유아를 찾아본다(발달상 뒤로 돌아 걷기보다는 가던 방향으로 계속 걷는 성향이 있음).
- 영유아가 좋아하는 음식을 팔거나 장난감이 있던 곳에 가 본다.
- 근처에 있는 어린이집 관계자, 야외 활동 관리자, 부모님(일정 시간이 지나도 못 찾았을 경우)께 신속히 사실을 알린다.

- 안내 방송을 할 수 있는 경우에는 영유아의 옷차림과 신체적 특징을 자세히 이야기하며 안내 방송을 하도록 한다.
- 경찰서(112)와 경찰청 실종아동찾기센터(182)로 신고한다.

3) 실종예방 구호 3단계

- 멈추기 : 길을 잃거나 헤어지면 제자리에 서서 보호자를 기다리게 함. 보호자는 역시 영유아가 사라지면 왔던 길을 되짚어 가봐야 한다.
- 생각하기 : 자신의 이름과 부모 이름, 부모 연락처, 주소 등을 10번씩 외우며 기다리도록 한다.
- 도와주세요 : 주위에 있는 영유아와 함께 있는 어른에게 도움을 요청하도록 한다. 또한 가까운 곳에 공중전화를 찾아 '긴급전화 112' 또는 '182'를 눌러 경찰 아저씨나 가까운 아동안전지킴이집에 가서 도움을 요청한다.

사고사례와 예방법 **익사사고(현장학습)**

사고경위 및 발생원인

현장학습을 분수대가 있는 넓은 공원으로 갔는데, 만 3세 여아가 없어져 찾아보니 30cm 정도 되는 물 높이의 분수대 안에 빠져 사망

예방 수칙

- 현장학습 시 물가에서는 호기심이 많은 영유아들이 가까이 가고 싶어 하므로 교사의 세심한 주의가 필요함

사고사례와 예방법 **미아사고(바깥놀이)**

사고경위 및 발생원인

어린이집 단지 내에서 4세 영아들이 물총놀이를 하던 중 영아 한 명이 없어진 것을 확인. 교사와 원내의 원장과 다른 교사들까지 근처를 모두 찾아다녔는데, 한참 지난 후에 옆 아파트 단지 경비 아저씨가 우는 영아의 손을 잡고 데려다 줌

예방 수칙

- 실외활동을 할 때는 교사가 수시로 인원을 점검하는 등 영유아를 지속적으로 살피는 것이 바람직

현장학습 시 영유아 안전수칙

횡단보도에서
- 횡단보도 앞에 가면 반드시 멈춰요.
- 빨간불일 때는 건너지 않아요.
- 초록불이 켜지면 차가 멈춰 섰는지 왼쪽, 오른쪽을 살펴보아요.
- 차의 운전자를 보며 손을 높이 들고 건너가요.
- 신호등이 초록불이더라도 차가 횡단보도로 들어올 때는 건너가지 않아요.
- 신호등이 초록불이더라도 횡단보도가 아닌 곳으로 건너가지 않아요.
- 횡단보도를 건너는 중에 초록불이 깜빡거릴 때에는 건너지 않고 다음 신호를 기다려요
- 신호등이 없는 횡단보도에서는 어른(교사)과 함께 건너요.

차에서
- 차가 서기 전에 타려고 뛰어가지 않아요.
- 밀지 않고 차례로 줄을 서서 차를 타요.
- 안전벨트를 하고 자리에 바르게 앉아요.
- 물건이 떨어져도 차 밑으로 손을 넣지 않아요.
- 차에서 내리면 교사와 함께 있어요.

산책 및 공원에서
- 혼자 멀리 돌아다니지 않아요.
- 잔디나 풀밭에 눕지 않아요.
- 화장실에 갈 때에는 교사에게 말씀드린 후 함께 가요.

동물원 및 식물원에서
- 동물에게 먹이를 함부로 주지 않아요.
- 동물 우리 안으로 신체 일부를 넣지 않아요.
- 쓰레기는 쓰레기통에 넣어요.
- 동물과 식물은 함부로 만지지 말고, 눈으로만 봐요.
- 울타리나 유리문을 두드리지 않아요.

유원지 및 놀이공원에서
- 놀이기구가 완전히 멈추기 전에 일어서지 않아요.
- 놀이기구를 함부로 만지지 않아요.

공연장, 박물관에서
- 뛰거나 앞사람을 밀지 않고 천천히 걸어요.
- 소리를 지르거나 장난을 치지 않아요.
- 물건을 함부로 만지지 않아요.

엘리베이터에서
- 천천히 오르고 내려요.
- 엘리베이터 문에 기대지 않아요

에스컬레이터에서

천천히 오르고 내려요.
사람이 올라탄 계단에서 한 칸 건너서 타요.
친구와 손을 잡고 타지 않아요.
에스컬레이터 계단을 함부로 올라가거나 내려가지 않아요.
에스컬레이터 손잡이 밖으로 몸을 내밀지 않아요.

회전문 및 자동문에서 천천히 걸어요.
- 장난치거나 뛰지 않아요.
- 손, 발, 옷이 끼지 않도록 조심해요.
- 문 주변에서 놀지 않아요.

물놀이장에서
- 수영하기 전에 꼭 준비운동을 해요.
- 수영 중 교사의 말씀에 귀를 기울여요.
- 수영 중에 음식을 먹으면 위험해요.
- 수영장으로 심하게 뛰어가거나 제자리에서 뛰지 않아요.
- 물속에서 심한 장난을 치면 위험해요.
- 다리에 쥐가 나거나 몸이 차고 떨리면 물 밖으로 나와요.
- 수영장 안에서는 발이 닿고 배꼽 정도의 깊이에서 물놀이를 해요.
- 어른이나 안전요원이 있는 곳에서만 물놀이를 해요.

친구, 교사 외에 낯선 사람에게 대하는 법
- 낯선 사람, 익숙한 얼굴이라도 함부로 따라가지 않아요.
- 나를 누군가가 억지로 데리고 갈 때 "싫어요. 도와주세요."라고 큰 소리로 도움을 청해요.
- 낯선 사람에게 내 이름, 주소, 전화번호를 알려주지 않아요.

어느 장소에서나 위험한 행동을 하지 않아요
- 계단에서 뛰어내리지 않아요.
- 높은 곳에 올라가지 않아요.
- 위험표시물 줄을 잡고 흔들지 않아요.
- 친구와 위험한 장난을 치지 않아요.
- 자신의 소지품(모자, 가방, 손수건 등)이 날아가거나 놓칠 경우 소지품을 따라가지 않고 교사에게 도움을 요청해요

출처 : 보건복지부 · 어린이집안전공제회(2014).

PART 4

유아교육기관 안전교육

Chapter

07

아동학대 안전

1. 아동학대 예방
2. 아동학대의 이해
3. 아동학대 신고의무자
4. 아동권리 자가 체크리스트
5. 아동학대 안전 실제(영아, 유아)

1. 아동학대 예방

1) 아동권리의 개념

아동권리란, 아동이 인간으로서 누려야 할 기본적 제 권리를 총칭하는 것이다. 그 주체인 아동이 태어나면서부터 성, 언어, 종교, 인종, 피부색, 능력에 관계없이 인간으로서 가지는 기본적인 권리이며, 생애 시기적 특수성에 입각해 특별한 보호와 배려를 받을 권리를 말한다.

2) 아동권리의 중요성

아동은 출생과 함께 자신의 권리를 누릴 권리의 주체로서 살아가지만 많은 성인들이 아동을 성인의 소유물로 생각하거나 의존적 존재로 생각한다. 이런 인식은 아동이 성장하는 데 많은 어려움을 겪게 하는 요인으로, 아동은 태어나면서부터 자신의 권리를 누릴 가치가 있으며 권리의 주체로서 존재함을 알아야 한다. 아동권리가 중요한 이유는, 존중받지 못한 아동은 타인의 권리를 존중하는 성인으로 자라기 힘들기 때문에 성인은 아동의 권리를 존중하고, 하나의 인격체로서 소중하게 생각해야 한다. 따라서 아동에게 적합한 환경과 교육의 기회를 제공하고, 아동을 인격체로서 존중하여 아동 자신의 권리와 타인의 권리를 존중하도록 해야 한다.

우리나라에서는 아래 두 사건이 계기가 되어 아동복지법이 제정되었다.

아동복지법 전부개정(2000년)	
1998년 OO아동학대 사건	1999년 OO아동학대 사건
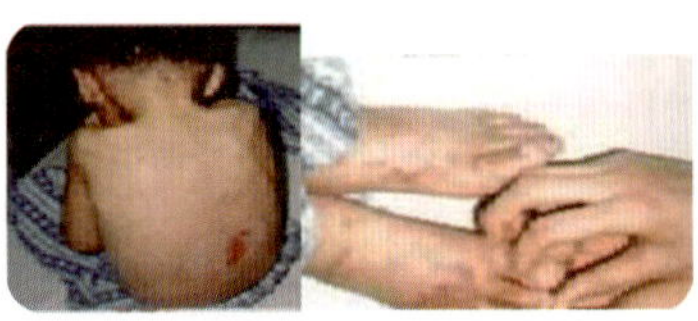	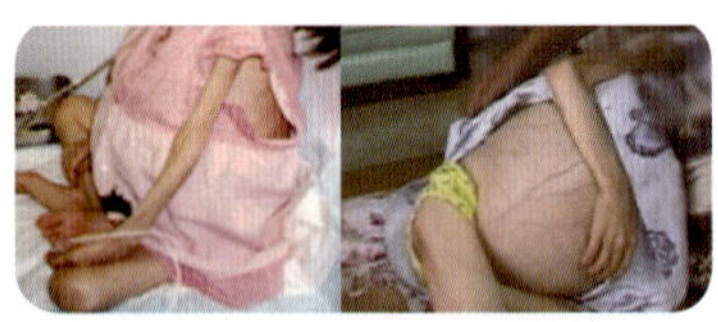
친부와 계모의 구타와 학대에 의해 누나는 굶겨죽여 집 앞마당에 묻고, 동생은 뼈만 앙상하게 남은 모습으로 발견된 사건	부모의 잘못된 믿음으로 인해 병원 치료를 거부당한 채 방치되어, 죽음만을 기다리고 있던 아이가 발견된 사건
→	두 사건을 계기로 2000년 아동복지법을 개정해 아동학대에 대한 정의, 처벌 근거, 관련 기관에 대한 법적 근거를 마련함

출처 : 보건복지부, 중앙아동보호전문기관 홈페이지(www.korea1391.org) 재편집

3) UN아동권리협약(UN Convention on the Rights of the Child : CRC)

19세기 이전에는 아동을 성인들의 전유물로 생각하는 경우가 많았고, 아동을 노동인력으로 이용하거나 혹사시키는 등의 문제가 있었다. 이러한 아동 인권 문제와 열악한 환경을 개선하기 위해 제1차 세계대전 후「아동권리선언문」이 제정하고 이후 아동권리에 대한 관심이 지속되면서 1989년 11월 20일 유엔총회에서 아동에게 부여된 기본 권리들을 규정인【UN아동권리협약】을 승인하였다. 이는 "아동은 한 인간으로서 고유한 존재이며, 스스로가 권리의 주체자임을 인식하고 적극적인 참여를 통해 자신의 권리를 향유하며 자신의 권리를 온전하게 보장받을 수 있어야 함을 담고 있는 국제적인 약속"이다. 총 54개 조항으로 구성된 UN아동권리협약은 아동권리보호를 목적으로 만들어졌으며 아동을 권리를 가진 주체로 인정하고 가장 많은 국가의 비준을 받은 협약으로 최초의 국제협약이다. 총 54개 조항 중 기본 권리는 다음 4개의 기본원칙을 바탕으로 하고 있다.

〈표 7-1〉 기본원칙

기본원칙	내용
무차별의 원칙	모든 어린이는 동등한 권리를 누려야 한다.
아동이익 최우선의 원칙	아동에게 영향을 미치는 모든 것을 결정 시에는 아동의 이익을 최우선으로 고려해야 한다.
아동생명, 생존과 발전 보장의 원칙	생존과 발달을 위해 다양한 보호와 지원을 받아야 한다.
아동 의사존중과 참여의 원칙	어린이 자신의 능력에 맞게 적절한 사회활동에 참여할 기회를 가지며, 자신의 생활에 영향을 주는 것에 대하여 의견을 말할 수 있어야 하며 그 의견은 존중받아야 한다.

〈표 7-2〉 아동인권(아동의 권리 4가지)

생존권	발달권	보호권	참여권
기본적인 삶을 누리는 데 필요한 권리	잠재능력을 최대한 발휘하는 데 필요한 권리	유해한 것으로부터 보호받을 권리	자신의 나라와 지역사회 활동에 적극적으로 참여할 수 있는 권리

출처 : 2017 어린이집 보육직원 안전교육(2017)

2. 아동학대의 이해

1) 아동학대의 정의

아동은 만 18세 미만인 사람을 의미한다(아동복지법 제3조 제1항).

아동학대란 보호자를 포함한 성인이 아동의 건강 또는 복지를 해치거나 정상적 발달을 저해할 수 있는 신체적 · 정신적 · 성적 폭력이나 가혹행위를 하는 것과 아동의 보호자가 아동을 유기하거나 방임하는 것을 말한다(아동복지법 제3조 제7항).

아동복지법에서 금지하는 행위는 다음과 같다.

〈표 7-3〉 아동복지법에서 금지하는 행위

아동복지법 제17조(금지행위) 누구든지 다음 각 호의 어느 하나에 해당하는 행위를 하여서는 아니 된다. 1. 아동을 매매하는 행위 2. 아동에게 음란한 행위를 시키거나 이를 매개하는 행위 또는 아동에게 성적 수치심을 주는 성희롱 등의 성적 학대행위 3. 아동의 신체에 손상을 주거나 신체의 건강 및 발달을 해치는 신체적 학대행위 4. 삭제〈2014. 1. 28.〉 5. 아동의 정신건강 및 발달에 해를 끼치는 정서적 학대행위 6. 자신의 보호 · 감독을 받는 아동을 유기하거나 의식주를 포함한 기본적 보호 · 양육 · 치료 및 교육을 소홀히 하는 방임 행위 7. 장애를 가진 아동을 공중에 관람시키는 행위 8. 아동에게 구걸을 시키거나 아동을 이용하여 구걸하는 행위 9. 공중의 오락 또는 흥행을 목적으로 아동의 건강 또는 안전에 유해한 곡예를 시키는 행위 또는 이를 위하여 아동을 제 3자에게 인도하는 행위 10. 정당한 권한을 가진 알선기관 외의 자가 아동의 양육을 알선하고 금품을 취득하거나 금품을 요구 또는 약속하는 행위 11. 아동을 위하여 증여 또는 급여된 금품을 그 목적 외의 용도로 사용하는 행위 출처 : 아동복지법 제17조 〈개정 2014. 1. 28〉

2) 아동학대의 유형

아동학대 유형은 신체학대, 정서학대, 성학대, 방임으로 구분된다. 아동학대 유형에 따라 구체적 예를 살펴보면 다음과 같다(아동복지법 제17조〈개정 2014. 1. 28〉).

〈표 7-4〉 아동학대 유형 및 구체적인 예

<table>
<tr><th>유형</th><th colspan="2">구체적 행위의 예</th></tr>
<tr><td rowspan="3">신체학대 : 아동의 신체에 손상을 주거나 신체의 건강 및 발달을 해치는 행위</td><td colspan="2">• 직접적으로 신체에 가해지는 행위(손, 발 등으로 때림, 꼬집고 물어뜯는 행위, 조르고 비트는 행위, 할퀴는 행위 등)
• 도구를 사용하여 신체를 가해하는 행위(도구로 때림, 흉기 및 뾰족한 도구로 찌름 등)
• 완력을 사용하여 신체를 위협하는 행위(강하게 흔듦, 신체부위 묶음, 벽에 밀어붙임, 떠밀고 잡음, 아동 던짐, 거꾸로 매닮, 물에 빠트림 등)
• 신체에 유해한 물질로 신체에 가해지는 행위(화학물질 혹은 약물 등으로 신체에 상해를 입히는 행위, 화상을 입힘 등)</td></tr>
<tr><td>처벌</td><td>• 아동복지법상 : 5년 이하의 징역 또는 3천만 원 이하의 벌금
• 처벌법상 : 상해, 폭행, 특수폭행, 폭행치상 등으로 처리 가능함. 특히, 아동학대 치사 시, 무기징역 및 5년 이상 징역에 처함</td></tr>
<tr><td>처벌 예)</td><td>“훈육을 목적으로 8살 아들을 대나무 효자손으로 여러 군데를 때려 몸 곳곳에 피멍이 들게 한 친부”
→ 법원은 아동학대 및 상해혐의로 친부에게 벌금 100만 원을 선고하고 아동학대 치료 프로그램 40시간 이수를 명령했다.</td></tr>
<tr><td rowspan="3">정서학대 : 아동의 정신건강 및 발달에 해를 끼치는 행위</td><td colspan="2">• 원망적/거부적/적대적 또는 경멸적인 언어폭력 등
• 잠을 재우지 않는 것
• 벌거벗겨 내쫓는 행위
• 형제나 친구 등과 비교, 차별, 편애하는 행위
• 가족 내에서 왕따시키는 행위
• 아동이 가정폭력을 목격하도록 하는 행위
• 아동을 시설 등에 버리겠다고 위협하거나 짐을 싸서 쫓아내는 행위
• 미성년자 출입금지 업소에 아동을 데리고 다니는 행위
• 아동의 정서발달 및 연령상 감당하기 어려운 것을 강요하는 행위(감금, 약취 및 유인, 아동 노동 착취)
• 다른 아동을 학대하도록 강요하는 행위</td></tr>
<tr><td>처벌</td><td>아동복지법상 : 5년 이하의 징역 또는 3천만 원 이하의 벌금
처벌법상 : 체포/감금(미수), 중체포/감금(미수), 특수체포/감금(미수), 체포감금치상, 협박(미수), 특수협박(미수) 등으로 처리 가능함</td></tr>
<tr><td>처벌 예)</td><td>“돌보던 3살 아동이 낮잠을 자지 않자, 스마트폰 앱으로 도깨비 전화를 보여 주겠다고 겁을 줬고, 아동이 다리를 떨며 거부 반응을 보이게 한 어린이집 교사”
→ 법원은 어린이집 교사에 대해 정서학대 행위가 인정된다며, 벌금 150만 원을 선고하였다.</td></tr>
</table>

<table>
<tr><th>유형</th><th colspan="2">구체적 행위의 예</th></tr>
<tr><td rowspan="3">성학대 : 아동에게 음란행위를 시키거나 이를 매개하게 하는 행위 또는 아동에게 성적 수치심을 주는 성희롱 등의 성적 행위</td><td colspan="2">• 자신의 성적 만족을 위해 아동을 관찰하거나 아동에게 성적인 노출을 하는 행위(옷을 벗기거나 벗겨서 관찰하는 등의 관음적 행위, 성관계 장면을 노출, 나체 및 성기 노출, 자위행위 노출 및 강요, 음란물을 노출하는 행위 등)
• 아동을 성적으로 추행하는 행위(구강추행, 성기추행, 항문추행, 기타 신체부위를 성적으로 추행하는 행위 등)
• 아동에게 유사성행위를 하는 행위(드라이성교 등)
• 성교를 하는 행위(성기삽입, 구강성교, 항문성교)
• 성매매를 시키거나 성매매를 매개하는 행위</td></tr>
<tr><td>처벌</td><td>• 아동복지법상 : 아동에게 성적 수치심을 주는 성희롱 · 성폭행 등의 학대 행위
: 5년 이하의 징역 또는 3천만 원 이하의 벌금
• 아동을 타인에게 매매, 아동에게 음행을 시키거나 음행을 매개하는 행위
: 10년 이하의 징역 또는 5천만 원 이하의 벌금
처벌법상 : 강간(미수), 유사강간(미수), 강제추행(미수), 준강간, 미성년자약취/유인, 추행 등 목적 약취/유인, 인신매매 등으로 처리 가능함</td></tr>
<tr><td>처벌 예)</td><td>"딸이 9살 때부터 고등학생이 될 때까지 모텔로 데려가 목욕을 시키며 자신의 성기를 만지게 하는 등의 성학대를 한 친부"
→ 법원은 미성년자인 딸을 추행한 혐의로 1심에서 징역 4년을 선고하고, 검찰이 청구한 친권상실도 받아들였다.</td></tr>
<tr><td rowspan="4">방임 : 자신의 보호 · 감독을 받는 아동을 유기하거나 의식주를 포함한 기본적 보호 · 양육 · 치료 및 교육을 소홀히 하는 행위</td><td colspan="2">〈물리적 방임〉
• 기본적인 의식주를 제공하지 않는 행위
• 불결한 환경이나 위험한 상태에 아동을 방치하는 행위
• 아동의 출생신고를 하지 않는 행위, 보호자가 아동들을 가정 내 두고 가출하는 경우
• 보호자가 아동을 시설 근처에 두고 사라진 경우
• 보호자가 친족에게 연락하지 않고 무작정 아동을 친족 집 근처에 두고 사라진 경우 등</td></tr>
<tr><td colspan="2">〈교육적 방임〉
• 보호자가 아동을 특별한 사유없이 학교(의무교육)에 보내지 않거나 아동의 무단결석을 방치하는 행위
※ 의무교육은 6년의 초등교육 및 3년의 중학교를 의미함(교육기본법 제8조 제1항)
※ 무단결석이란 정당한 사유 없이 계속하여 7일 이상 결석하는 경우(초 · 중등교육법 시행령 제 25조 제1항)</td></tr>
<tr><td colspan="2">〈의료적 방임〉
• 아동에게 필요한 의료적 처치 및 개입을 하지 않는 행위</td></tr>
<tr><td colspan="2">〈유기〉
• 아동을 보호하지 않고 버리는 행위
• 아동을 병원에 입원시키고 사라진 경우
• 시설 근처에 버리고 가는 행위</td></tr>
</table>

유형	구체적 행위의 예	
	처벌	아동복지법상 : 5년 이하의 징역 또는 3천만 원 이하의 벌금 : 유기, 영아유기, 학대, 아동혹사, 유기 치상 등으로 처리 가능함 처벌법상 : 유기, 영아유기, 학대, 아동혹사, 유기 치상 등으로 처리 가능함
	처벌 예)	"딸이 4살이 될 때까지 출생신고를 하지 않고, 딸을 둔 채 가출해 밥을 제대로 챙겨주지 않는 등 양육을 소홀히 한 친모" → 법원은 1심에서 아동유기, 방임 혐의로 기소된 친모에게 징역 8월에 집행유예 2년을 선고하였다.

출처 : 2017 어린이집 보육교직원 안전교육(2017) 재편집

3) 아동학대 발생 원인

반복되는 아동학대를 예방하기 위해서 아동학대 발생의 근본적인 원인을 요인별로 원인을 살펴보면 다음과 같다.

〈표 7-5〉 아동학대 발생 원인

가정		유아교육기관	
부모 요인	• 양육에 대한 지식 부족 • 부모의 그릇된 아동관 및 양육관 • (아동존중에 대한 인식부족) • 영유아에게 지나친 기대 • 어릴 적 학대받은 경험 • 불안, 우울증, 기타 정신질환 • 미성숙 또는 자아존중감이 낮은 경우 • 알코올중독 · 약물중독 • 정서적 욕구불만 또는 사회적 고립 • 부모의 분노, 좌절 혹은 성적 욕구와 같은 충동과 감정조절의 무능력	교사 요인	• 과도한 업무와 스트레스 • 아동발달과 보육에 대한 지식 부족 • 그릇된 아동관 및 보육관 • (아동존중에 대한 인식부족) • 영유아에게 지나친 기대 • 어릴 적 학대받은 경험 • 불안, 우울, 기타 정신질환 • 미성숙 또는 자아존중감이 낮은 경우
가정 지역사회 요인	• 가족관계 문제 • 신체적 체벌에 허용적인 문화 • 아동을 존중하지 않는 문화 • 자녀에 대한 소유의식 • 사회적 고립 및 사회적 지지체계 결여	어린이집 요인	• 영유아발달에 부적합한 환경 • 교사교육 부족 • 영유아문제 지도방안에 대한 어린이집 내 논의 부족 • 영유아문제 해결을 위한 전문기관과의 연계 부족

출처 :2017 어린이집 보육직원 안전교육(2017) 재편집

〈표 7-6〉 보육교직원이 하지 말아야 할 부적절 행위 금지 목록의 예

구분	내용
영유아에게 절대 하지 말아야 할 부적절 행위 금지 목록	신체나 도구(자 등)로 영유아를 위협하거나 때리는 행동을 하지 않는다.
	영유아를 향해 물건 등의 물체를 던지지 않는다.
	강압적으로 아동을 끌어당기거나 앉히는 행위를 하지 않는다.
영유아 훈육 시 하지 말아야 할 부적절 행위 금지 목록	훈육 시 화장실이나 교구-교재실 등에 아이를 혼자 있도록 하지 않는다.
	지도 시에 영아의 손목 및 어깨 등 신체 부위를 가한 압력을 주지 않는다.
	영유아가 그대로 당해 보게 하는 보복성 행동을 하지 않는다(예, 너도 꼬집혀 볼래?)
	CCTV 사각지대로 영유아를 데리고 가서 훈육을 하지 않는다.
영유아의 기본생활요구 지원 시 하지 말아야 할 부적절 행위 금지 목록	오염된 기저귀, 젖은 옷 등 영유아의 기본생활요구를 방치하지 않는다.
	영유아를 위협하거나 비위생적인 환경에 노출시키거나 이를 알고도 방치하지 않는다.
	영유아의 의사표현(울 때, 아플 때 등) 및 요구를 모른 척 방치하지 않는다.
	영유아에게 먹기 싫은 음식을 다 먹도록 강요하지 않는다.
영유아 존중을 위해 하지 말아야 할 부적절 행위 금지 목록	화가 나거나 분노를 느껴도 절대 이를 영유아에게 나타내지 않는다.
	영유아의 실수를 인정하지 못한 채 교사의 기분, 감정으로 다그치지 않는다.
	영유아의 이름이 아닌(예, "얘" ,"야", "너" 라는 호칭을 삼간다.
	영유아를 비교하거 조롱하거나 공개적으로 창피를 주지 않는다.

4) 아동학대의 현황

2016년 아동보호전문기관에서 발간한 「2015년 전국아동학대현황보고서」에서 연도별 아동학대 사례 건수를 살펴보면 〈표 7-7〉과 같다. 아동학대사례는 2001년 2,105건에서 2015년에는 1만 1,715건으로 약 5배 이상 늘어났다. 특히, 2014년의 경우 2013년과 비교하여 47.5%로 가장 높은 증가율을 보였고, 2015년에도 전년 대비 16.8%가 증가하였다. 이는 아동 학대처벌법 시행(2014. 9. 29.)으로 아동학대 신고전화가 112로 통합되고 신고의무가 강화되는 등 아동학대 신고가 활성화되고 아동보호전문기관이 증설됨에 따라 피해아동 발견율 및 아동학대사례 건수가 증가한 것으로 보인다.

〈표 7-7〉 연도별 아동학대사례 건수 및 아동보호전문기관 수(중복학대 별도분류)

구분	연도	2001	2002	2003	2004	2005	2006	2007	2008	2009	2010	2011	2012	2013	2014	2015
아동학대사례	건수	2,105	2,478	2,921	3,891	4,633	5,202	5,581	5,578	5,685	5,657	6,058	6,403	6,769	10,027	11,715
	증가율	–	17.7	17.9	33.2	19.1	12.3	7.3	–0.1	1.9	–0.5	7.1	5.7	6.1	47.5	16.8
아동보호전문기관	기관 수	17	17	19	37	38	42	43	43	44	44	44	46	50	51	56
	증가 기관 수	–	–	2	18	1	4	1	–	1	–	–	2	4	1	5

출처 : 보건복지부 · 중앙아동보호전문기관(2016).

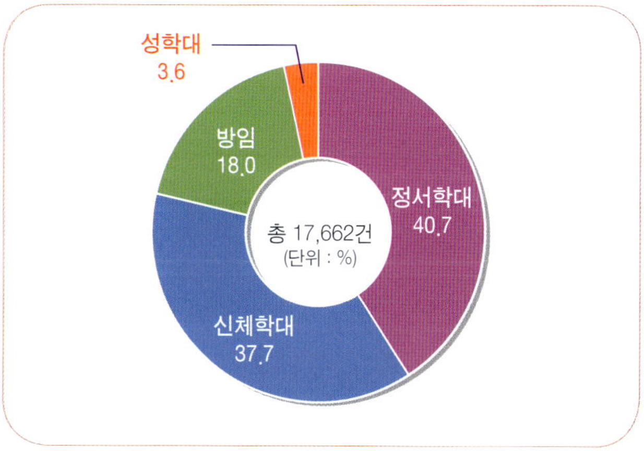

[그림 7-1] 아동학대 유형

출처 : 보건복지부 · 중앙아동보호전문기관(2016).

아동학대 사례 유형 중 정서학대가 전체 40.7%에 해당하는 7,197건으로 가장 많았고, 다음으로 신체학대가 6,661건(37.7%), 방임이 3,175건(18.0%)이었다.

아동학대 발생빈도에 대한 집계결과를 [그림 7-2]로 살펴보면 2,845건(24.3%)이 거의 매일 발생하였으며, 2~3일에 한 번 발생한 사례는 1,546건(13.2%), 일주일에 한 번인 경우는 1,361건(11.6%)이었다. 즉, 일주일에 한 번 이상 빈번하게 학대를 경험한 아동은 49.1%로 전체 사례의 절반 이상을 차지한다고 볼 수 있다.

아동학대가 장기화될 경우 아동은 학대로 인한 지속적인 정신적 · 신체적 손상과 사회적으로 심각한 문제를 겪게 되고 성인이 된 후에도 학대의 후유증에 시달리게 되어 이를 후대에 전승하게 되는 문제까지 발생할 수 있다. 따라서 반복적으로 발생하는 학대를 방지하기 위하여 학대의 근본적인 원인을 파악하여 후유증 최소화를 위한 전문적인 의료 · 심리치료 지원이 필요하다(전국 아동학대현황보고서, 2016).

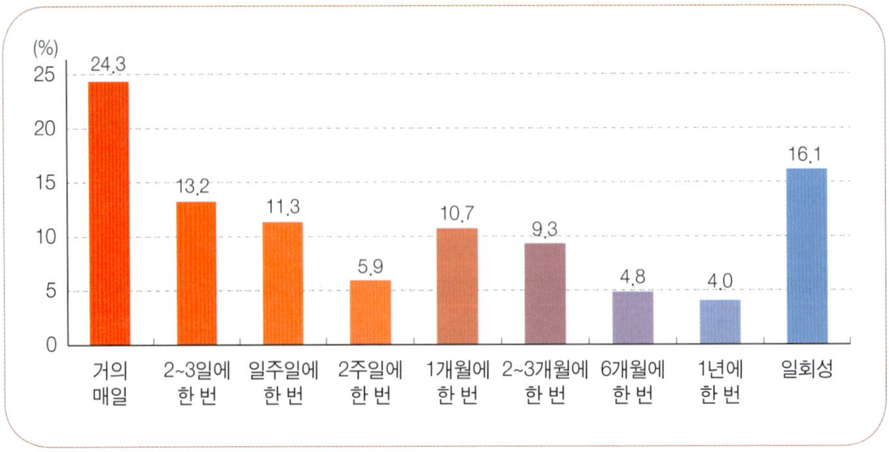

[그림 7-2] 아동학대 발생빈도

출처 : 보건복지부 · 중앙아동보호전문기관(2016)

아동학대의 발생 장소별로 살펴보면 가정 내에서 발생한 사례가 총 9,641건(82.3%)으로 가장 높게 나타났다. 어린이집에서 일어난 학대는 총 432건(3.7%)이었다. 가정 내에서 일어난 총 9,641건 중 아동 가정 내 발생 사례는 9,381건(80.1%), 나머지 260건(2.2%)은 학대행위자 가정에서 발생하였다. 가정에서 학대가 발생하면 외부에 발견되기 어려우므로 학대가 계속 발생할 수밖에 없다. 따라서 아동학대 고위험군 가정 학대를 조기 발견하는 것이 중요하다.

〈표 7-8〉 아동학대 발생 장소

발생장소		건수(비율)	계
가정 내	아동 가정 내	9,381(80.1)	9,641(82.3)
	학대행위자 가정 내	260(2.2)	
집 근처 또는 길가		213(1.8)	1,686(14.4)
친척집		78(0.7)	
이웃집		19(0.2)	
어린이집		432(3.7)	
유치원		207(1.8)	
학교		258(2.2)	
학원		68(0.6)	
병원		49(0.4)	
복지시설	아동복지시설	331(2.8)	
	기타 복지시설	31(0.3)	

숙박업소	61(0.5)	388(3.3)
종교시설	24(0.2)	
기타	286(2.4)	
파악 안 됨	17(0.1)	
계		

출처 : 보건복지부 · 중앙아동보호전문기관(2016)

연도별 어린이집 아동학대 발생건수는〈표 7-9〉와 같이 계속 증가되고 있다. 영유아 보호와 교육 및 권리 증진을 위해 책임을 다해야 할 어린이집에서 아동학대 발생사례가 보고되는 것은 심각한 문제가 아닐 수 없다.

〈표 7-9〉 연도별 어린이집 아동학대 발생건수

구분	2005	2006	2007	2008	2009	2010	2011	2012	2013	2014	2015
발생건수	65	74	72	61	67	100	159	135	232	300	432

출처 : 보건복지부 · 중앙아동보호전문기관(2016).

교사의 아동학대사례 유형을 살펴보면 신체학대가 303건(47.0%)으로 가장 많았고, 정서학대 259건(40.2%), 방임 82건(12.7%) 순으로 나타났으며 성학 대는 나타나지 않았다.

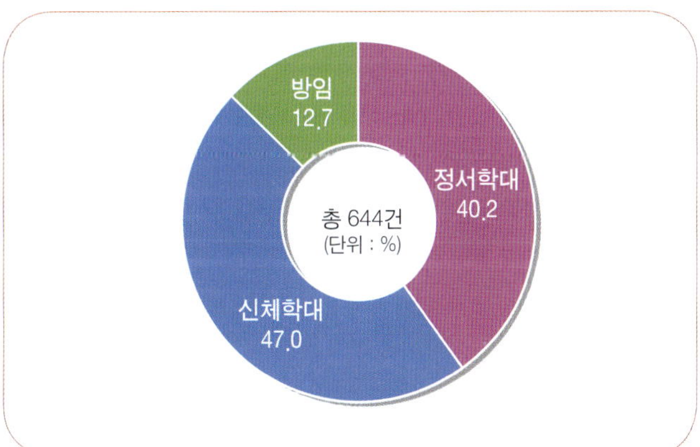

[그림 7-3] 교사의 아동학대사례 유형

출처 : 보건복지부 · 중앙아동보호전문기관(2016)

교사는 '교육'이라는 명목 아래 영유아의 행동을 제한하고 죄책감을 갖게 하거나 일방적인 지시를 하지 않아야 한다. 예를 들면, 영유아에게 책임 전가하기, 비웃기, 창피주기, 위협하기, 애정이나 정서적 지지 주지 않기, 무시하거나 함께 시간을 보내지 않기, 웃어주지 않기, 쉽게 핀잔주기, 필요 이상으로 비난하기, 따끔하게 야단치는 강압적 훈육 등이 포함된다.

이러한 예들은 영유아의 정상적인 발달을 저해할 수 있는 정신적 폭력이나 가혹 행위로 모두 아동학대다. 영유아에게 언어 혹은 정서적 위협을 가하거나 인격이나 감정을 심하게 무시, 모욕하는 행위 등의 정서학대는 눈에 잘 띄지 않고 당장 그 결과가 심각하게 나타나지 않기 때문에 더 유의해야 한다.

■ 어린이집에서 일어난 아동학대 사례

〈사례 1〉 '6세 어린이 학대' 어린이집 교사 집행유예

인천지법 형사 9단독 판사는 아동학대 범죄의 처벌 등에 관한 특례법 위반 혐의로 인천 모 어린이집 보육교사 A씨에 대해 징역 10개월에 집행유예 2년을 선고하고, A씨에게 120시간의 사회봉사와 40시간의 아동학대 재범 예방 강의 수강을 명령했다.
보육교사 A씨는 6살 유아의 팔을 잡아 끌어 교실 밖으로 쫓아내고 넘어뜨려 발로 차고, 넘어진 B군을 일으켜 세운 뒤 턱을 손으로 때리고 교실 출입문 밖으로 끌고 나갔다. 이 과정에서 B군은 출입문 틀에 얼굴이 부딪쳐 전치 2주의 진단을 받았다. 판사는 "범행 당시 피고인은 아동학대범죄를 신고할 의무가 있는 어린이집 교사였음에도 피해 아동에게 학대했다"며 "범행 경위와 수단 등을 보면 죄질이 불량하고 피해 아동의 부모도 엄벌을 탄원하고 있다"고 판단했다.

〈사례 2〉 '억지로 음식 먹여 구토' 아동학대 보육교사 벌금 300만 원

소화 기능이 약한 유아가 점심을 남기자 억지로 먹여 토하게 하여, 부산지검은 아동학대 혐의로 어린이집 보육교사 A씨에게 벌금 300만 원 약식명령을 내렸다.
보육교사 A씨는 자신의 반에서 한 유아가 점심시간에 음식을 남겨 억지로 떠먹여 토하게 하는 등 지난 17일 동안 6명의 원생을 상대로 15차례에 걸쳐 아동학대를 한 혐의를 받았다.
검찰은 "유아가 평소에 밥을 잘 안 먹는다는 부모의 부탁이 있었다"며 "다른 유아를 상대로 훈육을 넘어서는 행위도 있지만, 기간이 짧은 점 등을 고려해 A씨를 정식 재판에 넘기지 않았다"고 벌금형 이유를 설명했다.
원장 B씨는 어린이집 내부에 CCTV를 설치하고 보육교사들을 상대로 교육을 한 점을 인정받아 무혐의 처분을 받았다.

〈사례 3〉 상습적 아동학대한 어린이집 원장 징역 8월

상습적으로 아동을 학대한 어린이집 원장에게 징역형이 선고됐다. 청주지법 형사 4단독 판사는 우는 영아를 어두운 방에 가두거나 몸을 가누지 못하는 영아를 이불로 말아 학대한 혐의(아동학대범죄의 처벌 등에 관한 특례법 위반)로 원장에게 징역 8개월에 집행유예 2년을 선고하고, 사회봉사명령 80시간 이수를 내렸다.
판사는 같은 혐의로 기소된 보육교사 최모(41 · 여)씨는 벌금 400만 원을 선고했다. 판사는 "영아를 방에 가두거나 이불로 덮어 움직이지 못하게 한 행위는 교사로서 기본적 양육을 소홀히 한 방임행위에 해당한다"며 "피고인들의 학대로 영아들이 정서적으로 영향을 받은 것으로 보이는 점, 부모들이 엄벌을 탄원하는 점 등을 참작했다"고 이유를 설명했다.

5) 아동학대의 후유증

아동기는 신체 및 정신적으로 성장이 미완료된 시기로 외부 환경에 취약하다. 따라서 한 번의 학대만으로도 그 피해는 치명적이며, 반복적으로 행해진다면 아동의 바람직한 성장을 방해하고, 심각한 후유증을 발생시킬 수 있다.

아동학대는 모든 범죄의 근원이 됨

연쇄살인범 유영철(2004)	부산 여중생 살해범 김길태(2010)	나주 초등생 성폭행범 고종석(2012)	강력범죄자들의 어린시절
			이혼, 등 부모문제로 고통받음 66.7%, 부모문제 X 33.3%
친부의 음주/폭력 친모의 정서학대	유년시절 친부에 의한 신체학대	불우한 성장과정	

출처 : 중앙일보(2012. 5. 29) ; 보건복지부 · 중앙아동보호전문기관

아동학대 후유증으로는 크게 신체적 후유증과 정신적 후유증으로 나누어 살펴볼 수 있는데, 〈표 7-10〉과 같다.

〈표 7-10〉 아동학대 후유증 유형

유형	내용
신체적 후유증	• 신체 손상 : 신체 일부의 변형, 피부의 결손, 자상, 화상, 기능 손실 (예 : 청력 저하, 시력 저하, 대 · 소변 조절능력의 저하 등) • 발육 부진 : 예상 신장과 체중에 미달함
정신적 후유증	• 지능 손상 : 지능발달에서 결함을 보임 • 충동조절 능력의 저하 : 높은 충동성으로 인해 각종 충동적인 행동들을 보임 • 감정의 불안정성 : 불안, 우울, 감정의 기복 등을 보임 • 사회성의 저하 : 또래관계 및 대인관계를 잘 맺지 못하거나 유지가 어려움 • 학교 부적응 : 학교를 자주 빠지거나 혹은 졸업을 하지 못함 • 각종 정신과적 장애 : 반응성 애착장애, 탈억제형 사회적 참여 장애, 외상후 스트레스 장애, 급성 스트레스장애, 적응장애

〈표 7-11〉 학대 유형별 후유증

유형	내용
신체 학대	• 정서적 문제, 행동상의 문제, 학습문제 등을 야기함 • 타인을 신뢰하지 못하고 버려질 것에 대해 불안해하며, 타인과의 관계에서 긴장이나 공격성을 보임 • 성인기 자아개념에 부정적인 영향을 미침 • 자신의 자녀를 학대할 가능성을 높임 • 성인기의 분노와 공격성, 수면장애, 약물중독, 자살충동에 영향을 미침
정서 학대	• 유아기의 정서학대는 치명적인 후유증을 겪게 함 • 낮은 자아존중감, 의존성, 우울증, 도벽, 거짓말, 낮은 학업 성취, 타인에 대한 공격성 등과 같은 문제행동과의 관계가 입증되고 있음 • 가정폭력, 성인기 정신건강문제, 약물중독이 가정에서 빈번하게 나타남
성학대	• 신체적 상해 이외의 자해, 우울증, 자아존중감 상실, 성충동조절의 문제 등의 심각한 정신적 후유증을 유발할 수 있음 • 아동의 나이, 지속기간, 학대수준, 고의성, 위협이나 강압의 정도 등에 따라 성학대 후유증의 심각성이 좌우됨
방임	• 수동적이며 사회적으로 위축된 모습을 보이는 경향이 있음 • 방임이 지속되면 사회적 기능, 대인관계, 학업성취 등에서 심각한 손상을 초래함 • 영유아기 주 양육자와 안정적인 애착관계를 형성하지 못하면 이후 발달상의 문제를 초래함 • 저학년기 학습 준비도가 떨어짐 • 고학년기 심각한 학습장애를 보임

출처 : 보건복지부 · 중앙아동보호전문기관.

아동학대는 영유아의 일생에 걸쳐 부정적인 영향을 주며 학대받았던 경험이 일생 동안 개인의 자존감을 저하시키고, 원만한 대인관계 형성을 어렵게 한다. 또한 반사회적인 행동을 하게 되고, 비행과 학교폭력을 유발할 수 있으며, 학대받은 아동이 부모가 되어 또다시 자신의 자녀를 학대하게 된다는 점에서 아동학대의 부정적 영향은 매우 심각하다(문선화 외, 2010). 이에 교사는 아동학대가 발견되거나 의심이 되는 경우 신고하여 아동이 적절한 보호와 서비스를 받을 수 있도록 한다.

3. 아동학대 신고의무자

아동학대 신고의무자의 교육

아동복지법 제26조(아동학대 신고의무자에 대한 교육)

① 법 제26조 제1항부터 제3항까지의 규정에 따른 아동학대 예방 및 신고의무와 관련한 교육에는 다음 각 호의 사항이 포함되어야 한다.

1. 아동학대 예방 및 신고의무에 관한 법령
2. 아동학대 발견 시 신고방법
3. 피해아동 보호 절차

② 관계 중앙행정기관의 장은 법 제26조 제1항에 따라 아동학대 신고의무자의 자격취득과정이나 보수교육과정에 아동학대 예방 및 신고의무와 관련된 교육을 1시간 이상 포함시켜야 한다.

③ 아동학대 신고의무자가 소속된 기관의 장은 법 제26조 제3항에 따라 소속 신고의무자에게 아동학대 예방 및 신고의무와 관련된 교육을 매년 1시간 이상 실시하여야 한다.

④ 법 제26조 제3항 제4호에서 "대통령령으로 정하는 기관"이란 다음 각 호의 어느 하나에 해당하는 기관을 말한다.

1. 「의료법」 제3조의 3에 따른 종합병원
2. 법 제52조 제1항에 따른 아동복지시설

1) 아동학대 신고의무자 법적 정의

아동학대 신고의무자란 직무를 수행하면서 아동학대범죄를 알게 된 경우나 그 의심이 있는 경우에 아동보호전문기관 또는 수사기관에 즉시 신고할 의무가 있는 자를 말한다. 원장 및 교직원은 「영유아보육법」 제10조에 따라 아동학대 신고의무자에 해당한다. 따라서 아동학대 신고의무자는 아동학대범죄의 처벌 등에 관한 특례법(2016. 5. 29. 개정)에 따라 아동학대범죄가 의심만되어도 즉시 신고하여야 하며 신고하지 않은 경우 500만 원 이하의 과태료가 부과된다.

2) 아동학대 신고의무자 교육

관계 중앙행정기관의 장은 「아동학대범죄의 처벌 등에 관한 특례법」 제10조 제2항 각 호의 어느 하나에 해당하는 사람(이하 "아동학대 신고의무자"라 한다)의 자격 취득 과정이나 보수교육 과정에 아동학대 예방 및 신고의무와 관련된 교육 내용을 포함하도록 하여야 한다.

관계 중앙행정기관의 장 및 시 · 도지사는 아동학대 신고의무자에게 본인이 아동학대 신고의무자라는 사실을 고지할 수 있고 아동학대 예방 및 신고의무와 관련한 교육(이하 이 조에서 "신고의무 교육"이라 한다)을 실시할 수 있다.

아동학대 신고의무자가 소속된 기관 · 시설 등의 장은 소속 아동학대 신고의무자에게 신고의무 교육을 실시하고, 그 결과를 관계 중앙행정기관의 장에게 제출하여야 한다.

제1항부터 제3항까지에 따른 교육 내용 · 시간 및 방법 등 그 밖에 필요한 사항은 대통령령으로 한다.

※ 시행령 제26조(아동학대 신고의무자에 대한 교육)

관계 중앙행정기관의 장은 법 제26조 제1항에 따라 아동학대 신고의무자의 자격 취득 과정이나 보수교육 과정에 아동학대 예방 및 신고의무와 관련된 교육을 1시간 이상 포함시켜야 한다.

3) 아동학대 신고 및 보호 절차

〈아동학대범죄의 처벌 등에 관한 특례법〉 제10조 제2항

누구든지 아동학대 범죄를 알게 된 경우나 그 의심이 있는 경우에는 아동보호전문기관 또는 수사기관에 신고할 수 있다.

다음 각 호의 어느 하나에 해당하는 사람이 직무를 수행하면서 아동학대 범죄를 알게 된 경우나 그 의심이 있는 경우에는 아동보호전문기관 또는 수사기관에 즉시 신고하여야 한다.

학대 의심 징후(상흔, 증언 등) → 응급상황 시, 아동의 안전 및 신병 확보 →
아동학대신고(112) → 현장조사 및 사례개입 및 협조 → 사후지원 및 서비스 협조

[그림 7-4] 아동학대 신고절차

(1) 학대 의심 징후 발견

〈표 7-12〉 신체학대 징후

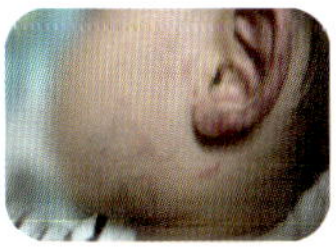	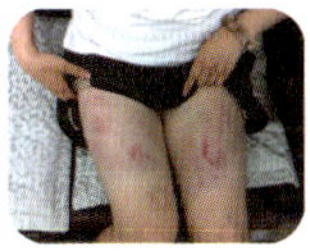	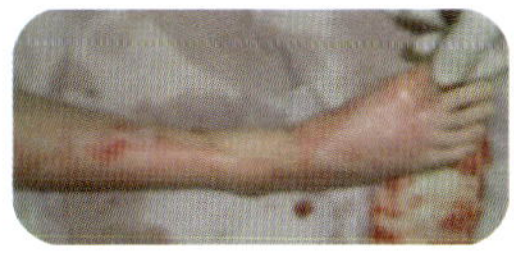
• 넘어져서 생기기 어려운 부분의 상처, 할퀴거나 손으로 맞은 것 같은 자국	• 체벌 도구가 그대로 드러나는 상처	• 대부분의 화상 자국은 아동학대와 연관될 가능성이 높으므로 주의 깊게 관찰함(뜨거운 물, 다리미 자국 등)

신체적 징후	행동적 징후
• 설명하기 어려운 신체적 상흔 • 손발이 차거나 붉게 부어오른 상태 • 발생 및 회복에 시간차가 있는 상처 • 성인에 의해 물린 상처	
• 비슷한 크기의 반복적으로 긁힌 상처 • 담뱃불 자국, 뜨거운 물에 잠겨 생긴 화상자국, 회음부에 있는 화상자국, 알고 있는 물체모양(다리미 등)의 화상자국 • 입, 입술, 치은, 눈, 외음부 상처 • 긁히거나 물린 자국에 의한 상처 • 손목이나 발목에 긁힌 상처, 영유아에게 발견된 붉게 긁힌 상처 • 고막 천공이나 귓불이 찢겨진 상처와 같은 귀 손상 • 겨드랑이, 팔뚝 안쪽, 허벅지 안쪽 등 다치기 어려운 부위의 상처 • 대뇌 출혈, 망막 출혈, 양쪽 안구 손상, 머리카락이 뜯겨나간 두피 혈종 등을 동반한 복잡한 두부 손상 • 간혈종, 간열상, 십이지장 천공, 궤양 등과 같은 복부 손상 • 골격계 손상, 시간차가 있는 골절, 치유 단계가 다른 여러 부위의 골절, 복합 및 나선형 골절, 척추 손상(특히, 여러 군데의 골절), 영유아의 긴 뼈에서 나타나는 간단 골절, 회전상 곤절, 걷지 못하는 아이에게서 나타나는 대퇴골절, 골막하 출형의 방사선 사진, 골단 분리, 변형, 석회화 • 폐 좌상, 기흉, 흉막삼출과 같은 흉부 손상	• 어른과의 접촉 회피 • 다른 아동이 올 때 공포를 나타냄 • 공격적이거나 위축된 극단적 행동 • 양육자에 대한 두려움 • 집(어린이집)에 가는 것을 두려워함 • 위험에 대한 지속적인 경계

〈신체학대 사례〉

의사 A씨는 의식을 잃고 이송된 B군을 진찰하던 중 골절을 발견함. 의사 A씨는 B군의 부모에게 골절 원인을 물었으나, B군의 부모는 당황하며 B군이 혼자 놀다 넘어져 골절이 생긴 것이라고 답변함

이에 의사 A씨는 B군의 골절 부위를 엑스레이 촬영하고 이전에도 동일 부위의 골절이 발생한 사실도 확인하였으며, 또한 골절상태도 단순히 넘어져 생긴 것이 아닌 외부충격에 의한 것임을 확인하고 아동학대 신고전화(112)로 신고하였음

출처 : 보건복지부 · 중앙아동보호전문기관 재편집

〈표 7-13〉 정서학대 징후

- 발견이 어려워 아동을 유심히 관찰해야 함
- 귀가 거부, 우울, 좋지 못한 언행 사용 등
- 폭언, 모욕, 감금, 심각한 비교 등을 하는 경우가 모두 해당됨

정서학대 징후	행동적 징후
• 발달지연 및 성장장애 • 신체발달 저하	• 특정 물건을 계속 빨고 있거나 물어뜯음 • 행동장애(반사회적, 파괴적 행동장애) • 신경성 기질장애(놀이장애) • 정신신경성 반응(히스테리, 강박, 공포) • 언어장애 • 극단행동, 과잉행동, 자살시도 • 실수에 대한 과잉 반응 • 양육자와의 접촉에 대한 두려움

〈정서학대 사례〉

정신보건센터에서 근무하는 A씨는 우울증으로 인해 등교 거부, 돌발행동 등 정신건강이 의심된다며 사회복지관으로부터 상담 의뢰를 받은 B군을 상담하는 중 깜짝 놀랄 이야기를 들음

B군의 부모는 평소 B군에게 인격을 비하하는 말과 욕설을 사용해 왔고, B군과 동생을 비교하며 가족 내에서 따돌렸다고 하였음. 또한 가정 내 규칙을 지키지 않았을 시 장롱 안에 몇 시간씩 가두어 나오지 못하게 하고, 옷을 다 벗겨서 밖으로 쫓아내고 몇 시간 동안 들어오지 못하게도 한다고 함
A씨는 일반적인 훈육을 벗어난 아동학대로 생각되어 아동학대 신고전화(112)로 신고하였음

출처 : 보건복지부 · 중앙아동보호전문기관 재편집

〈표 7-14〉 성학대 징후

- 연령대에 맞지 않는 성 지식과 행동(성놀이)을 보임
  평소와 다른 행동, 좋아하던 것에 관심이 없음
  죄의식에 사로잡힌 자책행동을 보임
  어른에 대한 갑작스런 거부
  섭식장애
  → 대처요령
- 아무렇지 않은 것처럼 대하기
- 입장을 이해할 수 있다는 태도로 대하기
- 일상적이고 안전한 환경을 조성
- 아동 진술 오염 방지를 위해 상담하지 말고 바로 신고

성학대 징후	행동적 징후
〈신체적 지표〉 • 학령 전 아동의 성병 감염 • 임신 〈생식기의 증거〉 • 아동의 질에 있는 정액 • 찢기거나 손실된 처녀막 • 질의 홍진 • 질에 생긴 상처나 긁힌 자국 • 배뇨곤란 • 요도염 • 생식기의 대상포진 〈항문 증후〉 • 항문 괄약근의 손상 • 항문 주변의 멍이나 찰과상	〈성적(性的) 행동지표〉 • 나이에 맞지 않는 성적 행동 • 해박하고 조숙한 성지식 • 명백하게 성적인 묘사를 한 그림들 • 타인과의 성적인 상호관계 • 동물이나 장난감을 대상으로 하는 성적인 상호관계 〈비(非)성적인 행동지표〉 • 위축, 환상, 유아적 행동(퇴행행동) • 자기 파괴적 또는 위험을 무릅쓴 모험적인 행동 • 충동성, 산만함 및 주의집중장애 • 혼자 남아 있기를 거부 또는 외톨이 • 특정 유형의 사람들 또는 성에 대한 두려움 • 방화/동물에게 잔혹함(주로 남아의 특징) • 비행, 가출
• 변비 • 항문 내장이 짧아지거나 뒤집힘 • 항문 입구에 생긴 열창 • 항문이 좁아짐 • 회음부의 통증과 가려움 • 대변에 혈액이 나옴 〈구강증후〉 • 입천장의 손상 • 인두(咽頭)임질(pharyngeal gonorrhea)	• 약물 및 알코올 남용 • 자기 파괴적 행동(자살시도) • 범죄행위 • 우울, 불안, 사회관계의 단절 • 수면장애 • 유뇨증/유분증 • 섭식장애(폭식증/거식증) • 야뇨증 • 외상 후 스트레스 장애 • 저조한 학업수행

〈성학대 사례〉

산부인과 의사 A씨는 산부인과 진료를 받으러 온 여아 B를 진료하다가 특이한 점을 발견함

진료 전 아동의 부모는 목욕 도중 손이 미끄러져 아동의 성기에 손가락이 들어간 적이 있고, 아동이 자신의 성기를 만지며 노는 것을 좋아해 상처가 발생했다며 진료사유를 말했으나, A씨는 진료 중 아동의 질 내에 상처가 깊고 질과 항문에 성학대가 의심되는 흔적들을 발견함

A씨가 아동에게 상처가 발행한 원인을 물었으나 아동은 대답하지 않고 침울한 표정만 지었고, 이에 A씨는 아동학대로 생각되어, 아동학대 신고전화(112)로 신고하였다.

출처 : 보건복지부 · 중앙아동보호전문기관 재편집

〈표 7-15〉 방임 징후

- 위생상태 불량, 계절에 맞지 않는 옷, 영양실조
- 몸에 머릿니, 빈대 등이 있음
- 학교나 병원을 보내지 않음

→ 아동의 위생상태나 의복, 냄새 등으로 비교적 쉽게 확인이 가능함

방임 징후	
• 발달지연 및 성장장애 • 비위생적인 신체상태 • 예방접종과 의학적 치료 불이행으로 인한 건강상태 불량 • 아동에게 악취가 지속적으로 나는 경우	• 계절에 맞지 않는 부적절한 옷차림 • 음식을 구걸하거나 훔침 • 비행 또는 도벽 • 학교에 일찍 등교하고 집에 늦게 귀가함 • 지속적인 피로 또는 불안정감 호소 • 수업 중 조는 태도, 잦은 결석

〈방임 사례〉

소방서 구급대원 A씨는 30대 여성이 부부싸움 중 남편이 휘두른 칼에 복부에 상처를 입어 출혈이 심하다는 내용으로 신고를 받고 출동하였다.

구조를 위해 집에 들어간 순간, 방 안에 악취가 진동했고 집안 곳곳에 쓰레기 봉지가 널려 있었으며 바퀴벌레 등 벌레를 목격했다.

A씨는 응급조치를 한 후 자녀로 보이는 B군과 C군의 지저분한 옷과 이 아동들이 또래보다 마르고 왜소한 모습에 눈길이 갔다.

A씨는 퇴근한 이후 아동들이 추운 날씨에 짧은 티셔츠를 입고 있고, 비위생적인 환경에서 생활하며 집안에 쓰레기 등이 가득찬 점이 마음에 걸려 아동학대 신고전화(112)로 신고하였다.

출처 : 보건복지부 · 중앙아동보호전문기관 재편집

(2) 아동학대 신고하기

아동학대로 의심되는 아동을 발견 시, 아동학대 신고전화 112(전국 공통, 24시간 접수)에 즉시 신고한다. 아동학대 신고 시 신고자는 〈표 7-16〉과 같은 정보 및 학대에 대해 알고 있는 모든 사항을 제공한다. 또한 아동학대 신고의무자는 아동학대 신고 시, 보호자에게 신고 내용을 알리는 등 아동학대 증거가 은폐되지 않도록 주의한다.

〈표 7-16〉 아동학대 신고 시 신고할 내용

구분	내용	구분	내용
학대 의심 내용	• 학대 의심 증거 • 학대 발견 시 정황 • 학대상처 • 학대지속성	피해아동 정보	• 이름, 성별, 나이, 주소, 전화번호 • 피해아동의 특징 • 피해아동의 현재상태 등
학대행위 의심자 정보	• 이름, 전화번호, 직업 • 학대행위자 특징 • 피해아동과의 관계 • 피해아동과의 동거 여부 등	신고자	• 이름, 전화번호 • 피해아동과의 관계 • 학대사실을 알게 된 경위 등

(3) 협력 및 지원

어린이집 교사는 신고 전과 후, 동일한 태도로 아동을 대하고 지지해야 하며 아동의 말을 경청하고 비언어적인 대화에 세밀하게 반응해 주어야 한다. 또한 학대를 받은 것이 아동의 잘못이 아님을 확인시켜 주는 것도 중요하지만, 지나친 반응 및 신체 접촉은 오히려 아동의 불안감을 증폭시키는 요인이 될 수 있으므로 자제하는 것이 좋다. 또한 학대피해아동에게 지속적인 관심으로 재학대 여부 및 학대 지속성을 관찰하는 것이 중요하다. 아동보호전문기관 상담원과 면담하는 경우, 알고 있는 사실 모두를 말하는 것이 학대피해 아동을 안전하게 보호하는 데 많은 도움이 되므로 적극적으로 협조한다.

4) 아동보호전문기관의 역할

현재 아동학대 신고접수 및 각종 서비스 업무를 수행하고 있는 아동보호전문기관(아동복지법 제45조)은 중앙아동보호전문기관 1개, 지역아동보호전문기관 56개를 포함하여 전국에 57개의 아동보호전문기관이 설치되어 있다. 이는 학대받은 아동의 발견, 보호, 치료에 대한 신속한 처리 및 아동학대 예방 업무를 한다.

아동보호전문기관의 아동학대사례 개입과정을 살펴보면 〈표 7-17〉과 같다.

〈표 7-17〉 아동보호전문기관 아동학대사례 개입과정

개입과정	역할
신고접수	아동학대범죄를 알게 된 경우나 그 의심이 있는 경우에는 112(아동보호 전문기관 또는 수사기관)에 신고
↓	
현장조사 및 협의 여부 판단	신고를 접수한 사법경찰관이나 아동보호전문기관의 직원은 지체 없이 아동학대범죄의 현장에 출동하며 이때 아동보호전문기관의 직원은 피해아동의 보호를 위해 피해아동에 대한 응급조치, 학대행위자의 임시조치 등을 청구할 수 있음
↓	
조치 결정	피해아동을 위한 응급조치는 아동학대 범죄행위를 제지, 아동학대행위자를 피해아동으로부터 격리, 피해아동을 아동학대 관련 보호시설로 인도, 긴급치료가 필요한 피해아동을 의료기관에 인도할 수 있음
↓	
서비스 제공	조치결정에 따라 아동보호전문기관에서는 학대피해아동 후유증 감소와 학대행위자 재발방지, 가족기능 강화를 위해 상담서비스, 의료서비스, 심리치료서비스, 가족기능강화서비스, 일시보호서비스, 고소고발 지원서비스 등의 서비스를 지원하고 사례관리함

5) 아동학대 신고자 보호

신고자는 「아동학대처벌법」과 「공익신고자 보호법」에 의해 철저히 보호되고 있어 신고자의 인적사항 또는 신고인임을 미루어 알 수 있는 사실을 다른 사람에게 알려주거나 공개 또는 보도해서는 안 되도록 법으로 규정하고 있다.

〈표 7-18〉 아동학대 신고자 보호 관련법

관련법	내용
아동학대범죄의 처벌 등에 관한 특례법	• 누구든지 신고인의 인적사항 또는 신고인임을 미루어 알 수 있는 사실을 다른 사람에게 알려주거나 공개 또는 보도하면 안 되며, 이를 위반 시 3년 이하의 징역이나 3천만 원 이하의 벌금에 처함(제10조의 제3항, 제62조의 제1항) • 누구든지 아동학대범죄 신고자들에게 아동학대범죄신고 등을 이유로 불이익조치(파면/해고 등의 신분상실, 징계/전보/집단 따돌림 등 근무조건상 불이익 등)를 해서는 안 되며, 신분상의 불이익조치를 한 자는 2년 이하의 징역 또는 2천만 원 이하의 벌금에 처함(제10조의 2, 제62조 제2항) • 아동학대범죄 신고자 등에 대하여 「특정범죄신고자 등 보호법」을 준용하여, 인적사항의 기재생략, 신변안전조치 등이 가능함(제10조의 3)

공익신고자 보호법	• 누구든지 공익신고자의 인적사항이나 공익신고인임을 미루어 알 수 있는 사실을 다른 사람에게 알려주거나 공개 또는 보도해서는 안 되며, 이를 위반 시 3년 이하의 징역 또는 3천만 원 이하의 벌금에 처함(제12조 제1항) • 공익신고자 등과 그 친족 또는 동거인은 공익신고 등을 이유로 생명, 신체에 중대한 위해를 입었거나 입을 우려가 명백한 경우에는 국민권익위원회에 신변보호에 필요한 조치를 요구할 수 있음(제13조 제1항)

6) 무단결석아동에 대한 관리대응

정당한 사유 없이 무단결석한 아동은 지속적으로 보호자와 연락을 취하고 소재 미파악 시 수사기관(112)에 신고한다.

(1) 관리 · 대응 매뉴얼

〈표 7-19〉 관리대응 매뉴얼

결석 기간	할 일
결석당일 (1일)	• 담임교사는 유선으로 결석 사유와 아동의 안전을 확인하고 다음 출석일을 확인 • 유선 연락이 되지 않는 경우 원장 · 원감에게 보고하고, 유선 연락 지속 실시
2일	• 원장은 수시로 보호자에게 유선 연락을 실시하여 아동의 안전을 확인 • 원장은 유선으로 아동의 안전이 확인되지 않은 경우 가정방문을 실시하여 아동의 안전을 직접 확인 – 가정방문은 교직원, 읍 · 면 · 동 공무원으로 구성된 2인이 함께 실시 • 가정 방문 결과 아동학대가 의심되거나 아동의 소재 · 안전이 확인되지 않는 경우 원장은 수사기관(112)에 신고 • 출석하기로 한 기일이 지나도 출석하지 않는 경우에는 가급적 가정방문 실시
사후관리	• 수사기관에서 협조 요청 시 담임교사 또는 원장은 평상시 아동의 상태 등에 대해 안내하고 기타 요청사항에 대해서 적극 협조 • 교사는 무단결석한 아동이 재등원하였을 경우, 아동의 심리, 정서적 상태를 고려하여 적절히 조치 • 원장은 해당 보호자에 대해서 면담 또는 부모교육 등을 실시

출처 : 교육부 · 복지부(2016).

4. 아동권리 자가 체크리스트

보건복지부 중앙아동보호전문기관

* 중앙아동보호전문기관 홈페이지(www.korea1391.org)에 게재되어 있음

<보육교직원용 아동권리 자가 체크리스트>

이 체크리스트는 보육교직원들을 대상으로 아동권리에 얼마나 민감한지를 파악할 수 있도록 만든 자가 점검 체크리스트입니다. 이를 통해 보육교직원들이 아동권리를 침해하는 아동학대 행위가 무엇인지를 인식하게 하고 아동학대를 포함한 전반적인 아동권리에 대해 종사자가 점검할 수 있는 기회를 제공하고자 합니다. 어린이집 원장 및 교사를 포함한 종사자들의 정기적 사용을 권장합니다.

이 체크리스트는 보육교직원이 일상에서 아동의 권리를 보호하는지를 파악하기 위한 자가 체크리스트입니다. 해당하는 문항에 체크(✔)하시고 점수를 통해 아동권리에 대한 민감도를 확인해보세요.

	항목	전혀 없음	1회	2회 이상	거의 매일
1	아동에게 원망적, 거부적, 적대적 또는 경멸적인 언어폭력을 한 적이 있다. · 아동에게 욕을 하거나 나쁜 말을 한 적이 있는 경우: 돼지야!, 이 못생긴 게, 멍청아!, 바보, 나가죽어라 등 · 아동을 비판, 비난, 조롱, 모욕, 우롱한 적이 있는 경우: 넌 혼자 이것도 못하니?, 애비 없는 자식, 너처럼 못하는 아이는 처음 봤다며 무시하는 행위 등				
2	아동의 인격이나 감정/기분을 무시하거나 모욕하는 행위를 한 적이 있다. 매운 음식을 먹을 때 물을 마시지 못하게 하는 행위, 음식을 먹는 속도가 느리다는 이유로 연령이 낮은 반으로 보내서 아동이 수치심을 느끼게 하는 행위 등				
3	아동에게 위협을 주는 언어나 행동을 한 적이 있다. 숫자 다 셀 때까지 해!, 엄마한테 일찍 데리러 오지 말라고 할거야!, 동생반이나 원장반으로 보내버릴거야!, 엄마아빠한테 이를거야!, 집으로 내쫓을거야!, 시키는 행동을 하지 않으면 그 아동이 바깥놀이를 하지 못하게 하는 행위 등				
4	아동에게 폭력적인 장면을 노출한 적이 있다. 아동에게 종사자 간 싸움 장면을 노출시키는 행위, 원장이 아동에게 폭력을 행사하는 것을 다른 아동이 목격하는 경우 등				
5	(자, 회초리, 긴 막대 등의) 도구로 아동을 위협한 적이 있다.				
6	화장실, 창고 등의 아무도 없는 빈 장소에 벌을 세우기 위해 아동을 가둔 적이 있다.				
7	긴급상황이 아닌 경우에도 아동을 재촉하거나 공포분위기 조성을 위한 목적으로 아동에게 고함을 지른 적이 있다. "당장 그만두지 않으면.. 혼자 놔두고 갈거야!"				

8	아동의 신체부위를 때린 적이 있다. 맨손이나 발로 때리거나 사랑의 매 등의 도구를 사용하여 때린 행위 등				
9	아동에게 신체적 손상은 입히지 않았지만, 고의적으로 아동의 신체를 가해하는 행위를 한 적이 있다. 아동의 팔을 당겨 서두르게 하는 행위, 아동의 머리나 엉덩이를 치며 행동을 중지시키는 행위, 먹기 싫어하는 음식을 억지로 입을 벌려 먹이는 행위, 아동을 꼬집거나 잡고 흔드는 행위, 목을 잡고 조르는 행위 등				
10	낮잠시간이나 놀이시간 등에 아동을 혼자 있게 하거나 아동 간 다툼을 방치한 적이 있다.				
11	아동에 대한 기본적 보호·양육을 소홀히 한 적이 있다. 아동이 적절한 음식을 충분히 제공받도록 하지 않거나, 식사 때가 되어도 식사를 제대로 챙겨주지 않거나 상한 음식을 아동에게 주는 행위 등				
12	아동을 위험상황이나 비위생적인 환경에 방치한 적이 있다. 아동이 위험한 물건(칼, 압정, 핀 등)을 가지고 놀아도 내버려두는 행위, 아동이 자는 낮잠시간에 책상 위에 의자를 두는 행위, 일부러 화상을 입게 하는 행위, 아동이 흘린 음식을 먹게 하거나 기저귀를 긴 시간동안 갈아주지 않는 행위 등				
13	아동에게 필요한 의료처치를 제공하지 않은 적이 있다. 아동이 몸이 아프다고 해도 보호자에게 알리지 않거나 병원에 데려가지 않고 그냥 내버려 두는 행위 등				
14	과도하게 신체접촉을 하거나 아동의 신체를 노출시킨 적이 있다. 기저귀갈이 할 때 다른 사람 앞에서 생식기를 고의적으로 노출시키거나 만지는 행위, 사람들 앞에서 속옷을 갈아입히거나 용변을 보도록 하는 행위				
15	음란비디오나 책을 아동에게 보여준 적이 있다.				

<자가 체크리스트 사용방법>

- **사용주기** : 근무개시 1주일 이내에 필수, 이후는 분기별 혹은 반기별(연 2회 정도) 사용을 권장합니다.

분류	세부내용
없다	당신은 아동 권리를 위해 최선을 다하고 있습니다.
1개 이상 '있다'에 체크한 경우	'예'에 해당되는 항목의 행동을 하지 않도록 주의가 필요합니다.

5. 아동학대 안전 실제(영아, 유아)

(만 0~1세)그림책을 통한 아동학대 예방교육		
활동명	코! 코! 코! 아야~(언어,신체)	
그림책명	코코코 해 보아요 글 l 신용주 그림 l 이진아 출판사 l 사계절	
표준보육과정 영역	(의사소통 〉 말하기 〉 표정, 몸짓, 말소리로 말하기 〉 표정, 몸짓, 말소리로 의사표현하기)	
활동목표	아프면 선생님(보호자)에게 이야기 할 수 있다.	
활동자료	그림책	
활동방법	1. 선생님과 함께 노래를 불러 본다. – 귀는 어디 있나~ 여기~ / 입은 어디 있나~ 여기~ – 코는 어디 있나~ 여기~ / 머리는 어디 있을까? 여기~ 2. 영아가 그림책에 관심을 보일 때 선생님과 함께 본다. – 친구가 코를 만지고 있네~ – 코코코 선생님하고 같이 해 볼까? 3. 신체를 소중히 다뤄야 하는 것에 대해 이야기 한다. – 만약 콧구멍에 손을 깊이 넣으면 어떻게 될까? – 아얏! 아플 수가 있지? 그러면 병원에 가야 해요. – 아프면~ 아파요~ 하고 선생님에게 이야기해요.	
주요상호작용	아프면 이야기 해요~	
연계활동	역할영역에서 병원놀이를 하면서 아픈 곳이 있으면 선생님(보호자)에게 이야기 해야함을 상호작용하면서 놀이한다.	
유의사항	코코코 놀이를 하면서 신체의 여러 곳에 대해 우리가 조심해야 할 것들을 반복적으로 이야기 한다.	
평 가	아픈 곳이 있으면 선생님(보호자)에게 이야기 할 수 있다.	

출처 : 어린이집안전공제회(예방자료실). 그림책을 활용한 영아 안전교육 프로그램

(만 5세)아동학대 예방교육	
활동 유형(영역) : 이야기 나누기	우리는 소중해요
누리과정 관련 요소	• 신체운동 · 건강 : 신체인식하기 – 신체를 인식하고 움직이기 • 사회관계 : 나를 알고 존중하기 – 나를 알고, 소중히 여기기
활동목표	• 나는 소중한 존재이므로 보호받을 권리가 있음을 안다.
활동자료	PPT, 애니메이션 「우리는 소중해요」, 유아의 사진 또는 동영상(유아의 성장과정을 볼 수 있도록 준비), 가족행사 사진 또는 동영상
활동방법	1. 애니메이션 「우리는 소중해요」를 본 후 PPT를 활용하여 유아는 보호받을 권리가 있음을 알려준다. 애니메이션 동영상 : 「우리는 소중해요」 한결이가 어린이집에 새끼고양이를 데리고 왔다. 새끼고양이를 본 아리는 자신도 만져보겠다며 고양이를 잡아당기고 한결이는 안 된다고 버티다 고양이를 떨어뜨리고 만다. 한결이 집의 어미 고양이가 새끼를 낳았는데 새끼를 보살피는 방법을 몰라서 방치하는 것을 한결이와 엄마가 어미 대신 보살피는 중이었다. 그런데 어린이집에 와서 새끼고양이가 오히려 다치게 되었다. 선생님은 어린 생명은 더 소중히 대해야 하고 보살펴 주어야 함을 이야기해준다. 아이들은 선생님의 말씀을 듣고 자신들과 새끼 고양이는 어리기 때문에 소중히 대해 주어야 하고, 어른의 보살핌을 받아야 함을 알게 된다. – '보살핌'이란 어떤 것이니? – 누군가를 보살펴 준 경험이 있니? – 보살핌을 받은 경험이 있니? 2. 보호받을 권리란 어떤 것인지 PPT를 보면서 알아본다. (부모님이나 어른들의 보호를 받는다. / 건강하게 자랄 수 있도록 보살핌을 받는다. / 아프면 치료를 받는다. / 폭력, 괴롭힘으로부터 보호를 받는다. / 우리는 모두 존중받고 보호받아야 한다.) (부모님이나 어른들의 보호를 받는다. / 건강하게 자랄 수 있도록 보살핌을 받는다. / 아프면 치료를 받는다. / 폭력, 괴롭힘으로부터 보호를 받는다. / 우리는 모두 존중받고 보호받아야 한다.) 

활동방법	3. 영유아의 성장단계별 사진 또는 동영상을 보면서 이야기 나눈다. – 언제 찍은 사진(영상)이니? – 뭘 하고 있는 모습이니? – 이때 기분은 어땠니? 4. 가족행사 사진(동영상)을 보면서 가족과 함께 했던 일들을 이야기 나눈다. – 부모님과 무엇을 하고 있는 사진(영상)이니? – 이때는 어떤 기분이었니? – 부모님과 너희는 서로에게 어떤 마음이 들까? – 가족과 함께 할 수 있는 일들에는 어떤 것들이 있을까? – 가족과 어떻게 지낼 때 행복하다고 느끼니? – 가족과 함께 행복하게 지내기 위해서는 어떻게 해야 할까?
활동의 유의점	• 미리 PPT에 반 영유아들의 성장과정 사진이나 동영상, 부모님과 함께 있는 모습의 사진을 삽입하여 준비한다. • 가족행사 사진(동영상)을 보면서 영유아들에게 가족의 구성원으로서 소중한 존재라는 것을 느끼게 해준다.
활동평가	• 나는 소중한 존재임을 인식하고 보호받을 권리가 있음을 알고 있는지 평가한다. – 나는 소중한 존재임을 알고 있는가? – 나의 권리를 알고 있는가?
확장활동	• 도서 코너에 관련 도서(「너는 특별하단다」–고슴도치 출판사)를 비치해 준다. • 사진은 꾸미기 활동을 한 후 환경에 게시해 준다. • 사진을 환경판이나 책으로 구성하여 자유선택 활동 시간에 다시 볼 수 있도록 제시해 준다. • 친구들에게도 자신은 소중한 존재이므로 어린이집(유치원)에서 활동 동영상이나 사진을 찍어 생활주제 '친구'를 다룰 때 관심 있게 다룬다. • 활동지〈내 얼굴 그리기〉를 활용하여 소중한 나의 얼굴을 그려본다. – 그림 그리기에 자신 없는 유아는 어려워할 수 있으므로 얼굴을 충분히 관찰할 수 있는 기회를 주도록 한다.

출처 : 소방방재청 : 유아 안전교육 프로그램 교사용 지도서 및 부모용 자료

Chapter 08

실종 및 유괴 안전

1. 실종아동의 정의
2. 실종아동 발생 현황
3. 아동 유괴범죄의 유형 및 사례
4. 실종으로 인한 문제
5. 아동 실종 · 유괴 예방교육방법과 내용
6. 실종 · 유괴 안전 실제(영아, 유아)

1. 실종아동의 정의

실종아동이란, 약취(略取) · 유인(誘引) 또는 유기(遺棄)되거나 사고를 당하거나 가출하거나 길을 잃는 등의 사유로 인하여 보호자로부터 이탈(離脫)된 '아동 등'을 말한다.

2. 실종아동 발생 현황

실종아동의 발생현황을 살펴보면, 2011년 2만 8,099건에서 2015년에는 1만 9,428건으로 감소하는 추세를 보인다. 그러나 한해 2만 건에 가까운 아동이 실종되었다가 가정으로 복귀하고 있으며, 복귀하지 못한 미발견 아동도 2016년에는 182건이나 된 다(미발견 아동 수치는 추후 발견될 경우 감소).

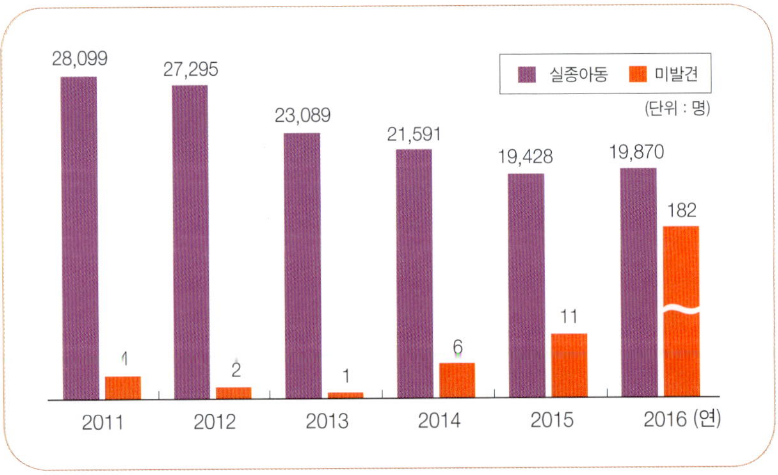

[그림 8-1] 실종아동 등 발생현황

출처 : 보건복지부위탁 실종아동전문기관(2016).

3. 아동 유괴범죄의 유형 및 사례

아동 유괴범죄의 유형을 살펴보면 호기심 유발형, 동정심 유발형, 지인 사칭형, 물리적 강세동원형으로 나누어볼 수 있다.

① 호기심 유발형 : 아동이 좋아할 만한 간식, 강아지, 경품추첨 등으로 호기심을 유발하여 유인한다. 좋아하는 것에 몰입하는 아동의 심리를 이용하여 경계심이 풀어지는 때를 노린다.

② 동정심 유발형 : 아픈 몸을 통해 도움을 요청하거나, 길을 물이보며 아동의 동정심에 호소한다. 처음보는 사람이나 어른을 따라 가서 도와주려는 아동의 심리는 도움이 필요한 사람을 외면하지 못하는 동정심과 자신의 착한 행동을 칭찬받고 싶은 굿보이 신드롬에서 비롯된다.

※ 굿보이 신드롬 : 착한 아이를 선호하는 한국의 전통문화, 예의 바르게 행동하는 것이 좋은 것이라고 가르치는 학교와 사회, 착한 아이로 성장하기를 바라는 부모가 만드는 심리(서울대학교 심리학과 곽금주교수)

③ 지인 사칭형 : 부모님과 잘 아는 사이, 이웃 등으로 가장하여 친근감 있게 접근한다. 이름을 부르거나 말을 걸며 안심시킨 후, 아동이 경계를 늦추면 유괴한다.

④ 물리적 강제동원형 : 저항하는 아동을 물리적인 힘으로 억지로 끌고 간다.

출처 : 2017 어린이집 보육교직원 안전교육(2017)

4. 실종으로 인한 문제

실종 발생으로 인한 문제는 개인에 국한되는 것이 아니라 사회 전체의 문제로 확대된다. 특히, 문제의 당사자인 실종가족들은 슬픔, 죄의식, 죄책감으로 인해 큰 스트레스를 겪으며, 많은 경우 가족관계 갈등을 야기하여 가정이 해체된다.

〈표 8-1〉 실종으로 인한 문제

구분	문제
개인	• 부모와의 분리 경험 • 건전한 성장과 발달에 위협
가족	• 심리적 어려움, 육체적 건강상태 저하 • 사회적 관계 위축, 경제적 상황 악화, 가족해체
사회	• 사회적 비용 손실 • 사회적 불안 야기

또한 실종아동을 찾기 위하여 실직이나 이직을 경험함으로써 경제적 어려움을 동반하게 된다.

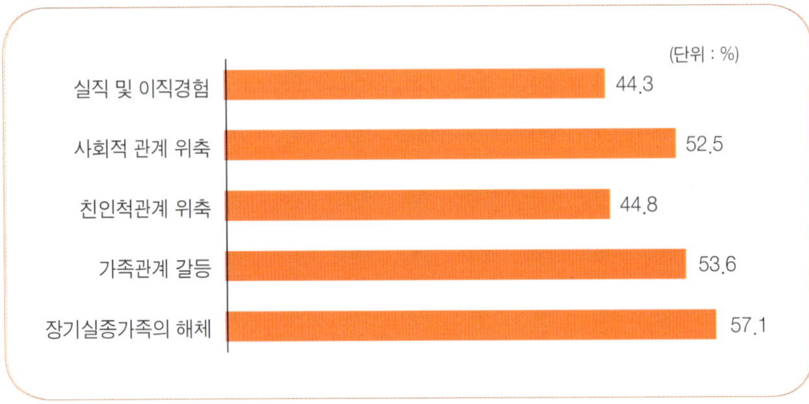

[그림 8-2] 실종으로 인한 문제

출처 : 보건복지부 위탁실

5. 아동 실종 · 유괴 예방교육방법과 내용

1) 아동 실종 예방교육의 방법

- 학습한 내용을 잊지 않도록 지속적 · 반복적으로 지도한다.
- 밝고 재미있는 분위기에서 관심을 유도한다.
- 아동에게 필요한 것은 낯선 사람에 대한 지식이 아니라 실제 상황에 대한 판단력과 행동능력이므로 역할극을 통해 체득할 수 있도록 지도한다.
- 연령별 특성 및 아동발달단계에 맞추어 쉽게 이해할 수 있도록 지도한다.

〈표 8-2〉 연령별 교육방법

구분	교육방법	
영아	특성	머릿속 생각이 아닌 육체적 경험을 통해 지식을 내재화 함
	지도법	역할극 등 구체적 교구를 활용한 실물을 통해 실제적으로 교육해야 함
	예시	만약 아저씨가 과자를 사준다고 같이 가자고 하면 어떻게 해야 할까? (가상경험, 구체적 교구 활용)

유아	특성	논리적 구조에 대해 명확히 이해하지 못하고, 사고체계가 비논리적인 경향이 있음
	지도법	위험상황으로부터 벗어날 수 있도록 교육해야 하며, 즉각적인 행동 수칙과 요령 등을 교육해야 함
	예시	모르는 사람이 말을 걸어오면 무조건 사람들이 많은 곳으로 뛰어가라.

2) 아동 실종 · 유괴 예방교육의 내용

(1) 미아상황 대처방법교육

- 미아상황은 누구나, 언제나, 어디서나 겪을 수 있다.
  - 미아 상황은 순식간에 발생한다.
  - 미아 상황은 익숙한 장소에서 발생할 수 있다.
  - 미아 상황에서는 불안, 두려움과 같은 부정적 감정을 경험한다.
- 미아상황은 평상시에 대비해야 한다.
  - 미아상황을 가정하고 반복연습(훈련)해보는 것이 중요하다.
  - 도움을 요청해야 하는 대상을 선별할 수 있어야 한다.
  - 실종 예방 3단계 구호 연습
    - ① 1단계 : 멈추기(아이가 길을 잃거나 부모와 헤어지면 제자리에 서서 부모를 기다리게 한다)
    - ② 2단계 : 생각하기(자신의 이름과 연락처 등을 생각하며 기다리게 한다)
    - ③ 3단계 : 도와주세요(아이가 길을 잃었을 때 주위에 있는 아이와 함께 있는 아주머니에게 도움을 요청하도록 하고, 가까운 공중전화에 들어가 112번을 눌러 경찰에게 도움을 요청한다)
- 미아상황에 대한 지나친 공포심 조성은 금물이다.
  - 미아상황에 대한 지나친 두려움, 죄책감은 상황 대처에 역효과다.

(2) 유괴상황 대처방법

① 유괴범은 무서운 얼굴을 가지고 있지 않다

영유아들은 외모를 보고 좋은 사람과 나쁜 사람을 판단하는 경향이 있으므로, 겉모습만 보고 유괴범을 판단할 수 없다. 영유아들에게 겉모습만 보고 좋은 사람인지 나쁜 사람인지 판단하지 않아야 한다고 알려 준다.

② 아는 사람도 유괴범이 될 수 있다

유괴범을 살펴보면 피해아동과 이미 서로 얼굴을 아는 사이에서 이루어진 사건이 대다수 이다. 따라서 동네에서 얼굴을 본 적 있는 사람은 아는 사람이 아님을 영유아에게 알려주고, 잘 알지 못하는 사람들은 모두 낯선 사람임을 강조한다.

③ 친척도 낯선 사람일 수 있다

주변에 먼 친척이 있는 경우도 있다. 먼 친척은 1년에 한두 번 정도 만나는 사람들이므로 이런 사람들도 낯선 사람임을 알려준다. 최근에는 이혼한 후 양육하지 않는 부모에 의한 유괴도 늘어나고 있으므로 필요하다면 이에 대한 대책도 마련되어야 한다.

④ 어른들의 부탁을 모두 들어줘야 하는 것은 아니다

우리나라는 어른에 대한 예절을 강조하는 문화이기 때문에 어른들에게 거부 의사를 밝히기 어렵다. 따라서 영유아의 믿음을 악용하는 어른들도 있음을 알려주고 어른이 하는 부탁을 다 들어주어야 하는 것은 아니며, 필요시에는 부모님께 여쭤보고 부탁들 들어드릴 수 있도록 한다.

⑤ 낯선 사람에게 강제로 납치되었을 때 도움을 청하는 방법을 가르쳐 준다

유아에게 공중전화를 걸 수 있는 방법과 비상시에 신고나 도움을 요청하기 위한 전화번호를 알고 있는지 확인한다.

⑥ 비상시 연락처를 분명하게 외우게 한다

유아에게 자신의 이름과 집 주소, 집 전화번호와 지역번호를 분명하게 외우게 한다(부모의 이름과 직장, 휴대전화번호도 외우게 한다).

⑦ 견학이나 소풍 등으로 사람이 많이 모이는 곳에 갈 경우 이름표를 달아준다

유아에게 비상시를 대비하여 이름표를 달아주고, 만약의 경우 서로 만날 장소를 미리 정해둔다. 다른 아이들과 떨어져 혼자 다니지 않도록 또래끼리 짝을 정해주고 함께 다니도록 한다.

(3) 유괴의 다양한 유인 유형과 대처방법 알기

우던(Wooden, 1996)은 아동을 대상으로 하는 범죄에 사용되는 유인방법을 애정, 도움, 권위, 뇌물, 자부심/명성, 위급상황, 재미와 게임, 유명인, 일, 이름 인지, 놀이친구, 위협과 공포, 포르노, 약물, 컴퓨터 통신 등 15개 범주로 나누었다. 다음에서는 유인방법과 대처방법은 윤선화 등(2004)이 제시한 9가지 어린이 유인 유형을 제시하고 그에 따른 대처방법을 제시하였다.

① 도움을 이용한 유인

도움을 이용한 유인은 가장 많이 이용되는 방법으로 범죄자가 무능력하고 도움이 필요한 것으로 가장하여 영유아에게 길을 가르쳐 달라고 하거나 잃어버린 애완동물을 찾아달라고 하는 방법으로 유인한다.

한 실험에서, 목발을 짚은 낯선 남자가 가방을 차에 넣어 줄 것을 부탁하자, 아무 의심 없이 가방을 차 안에 넣어주며 차 안의 핸드폰을 집어 줄 것을 부탁하자 차에 올라 타는 것을 볼 수 있었다.

대처방법	영유아에게 도움을 필요로 하는 사람은 도와줘야 하지만, 선의를 악용하는 나쁜 사람들도 있음을 알려주고 무조건 도와줘서는 안 된다고 이야기해 준다. 낯선 어른이 도움을 요청할 때에는 약한 어린이보다 다른 어른에게 도움을 요청하도록 거절하는 방법을 알려준다.

② 권위를 이용한 유인

권위를 이용한 유인은 영유아가 어른들을 존경하고 복종해야 한다고 배우는 것을 이용하는 것으로 영유아에게 자신의 위치를 사용하거나 경찰이나 조사관 등으로 가장하여 유인한다.

대처방법	영유아에게 자신의 의사를 표현할 수 있도록 자신감을 부여하여 나쁜 행동을 할 경우 거절하는 자신의 의사를 표현할 수 있도록 한다.

③ 뇌물을 이용한 유인

뇌물을 이용한 유인은 오래전부터 사용되어온 방법으로 아동이 유혹되기 쉬운 물건이나 돈을 이용하여 유인한다.

한 실험에서, 낯선 사람이 영유아들이 좋아하는 스티커 등 선물을 주면서 유인을 하였을 때 아무런 의심 없이 따라 가는 것을 볼 수 있었다.

대처방법	영유아는 장난감 등의 선물에 판단력이 흐려질 수 있으므로, 모르는 사람 또는 얼굴을 본 적 있는 사람들이 가지고 싶은 것을 준다고 같이 가자고 할 경우 거절하도록 알려준다.

④ **자부심/ 명성을 이용한 유인**

자부심/ 명성을 이용한 유인은 영유아에게 칭찬을 사용하고 영유아들에게 텔레비전에 출연시켜주겠다는 등의 명성과 행운을 제안하여 유인한다.

대처방법	영유아의 자부심에 대한 호소는 영유아의 판단력을 흐리게 할 수 있다는 것을 설명해주고, 어떠한 일이든지 부모님께 먼저 알려드리고 함께 동반되어야 함을 강조한다.

⑤ **위급상황을 이용한 유인**

위급상황을 이용한 유인은 영유아의 가족 등 사랑하는 사람이 위험에 빠졌다고 말함으로써 아동이 걱정이나 공포에 휩싸이게 하여 유인한다.

실험에서, 낯선 사람이 엄마가 다쳐서 병원에 입원해 있는데, 엄마가 빨리 오라고 했다는 말에, 22초만에 낯선 사람의 차에 올라 타는 것을 볼 수 있었다.

대처방법	영유아들의 마음을 이용하여 나쁜 행동을 하는 사람들이 있다는 것을 알려주고, 어떠한 위급상황이라도 절대 따라가지 않고 부모님께 먼저 전화해서 확인할 수 있도록 알려준다.

⑥ **유명인을 이용한 유인**

유명인을 이용한 유인은 영유아들이 좋아하는 유명한 운동선수나 영화배우 등에 대한 동경심을 이용하여 유인한다.

대처방법	유명인과 닮았거나 유명인을 만나게 해주겠다는 사람을 무조건 믿거나 따라가지 않아야 한다는 것을 알려준다.

⑦ **일을 이용한 유인**

일을 이용한 유인은 아르바이트나 심부름을 이용하는 것으로 영유아에게 많은 돈을 주겠다고 한다거나 재미있는 일이라고 거짓으로 약속하여 유인한다.

대처방법	영유아가 아르바이트나 심부름 등을 하기 전에는 부모님의 허락을 꼭 받아야 함을 알려준다.

⑧ 이름의 인지를 이용한 유인

이름의 인지를 이용한 유인은 옷, 도시락 가방, 기타 소지품 등에 새겨진 아동의 이름을 부름으로 거짓으로 친밀감과 안전감을 표시하여 유인한다.

대처방법	영유아 자신의 이름을 알고 있는 어른일지라도 절대 그 사람을 따라가서는 안 되며, 이름표를 달아야 할 경우에는 다른 사람에게 보이지 않는 곳에 단다.

⑨ 위협과 공포를 이용한 유인

위협과 공포를 이용한 유인은 영유아에게 공갈이나 협박을 이용하여 유인한다. 예를 들면, "지금 이야기를 부모님께 이야기하면 너는 감옥에 가게 될거야" 등의 이야기를 하여 위협과 공포를 이용하여 협박한다. 실제 무기를 사용하여 위협하는 경우도 있다.

대처방법	위협과 공포를 이용한 공갈이나 협박은 법에 위반되는 것이라고 알려주고, 즉시 부모님이나 경찰에게 알려야 함을 알려준다. 실제 무기를 사용하여 협박할 때에는 소리치며 도망가야 함을 알려준다.

이와 같이, 낯선 사람이 영유아를 유인할 때 사용하는 유인술은 아동이 타인의 칭찬을 추구하고, 권위와 규칙을 그대로 따르려고 하며, 숨겨진 타인의 의도를 잘 이해하지 못하는 것, 즉 영유아의 발달적 특성과 자신을 보호하는 능력이 상대적으로 약하다는 점을 이용한다.

아동안전지킴이집

아동안전지킴이집은 동네의 문구점, 편의점, 약국 등을 지정하여 운영하고 있는데, 위험에 처한 아동을 임시 보호하고 경찰에 인계하는 곳이므로, 유아가 위험한 상황에서 도움을 요청할 수 있다. 노란색 표지판이 설치되어 있기 때문에 금방 식별이 가능하다. 낯선 사람이 따라와서 납치나 유괴가 될 것 같은 위험이 느껴진다면 주변에 위치한 아동안전지킴이집으로 들어가 도움을 요청하도록 알려준다.

출처 : 경찰청

지문 등 사전등록제 사용하기

보호자와 함께 할 수 있는 것으로 가정통신문을 보내 제도에 대해 알려준다면 실종되었을 때 도움이 될 수 있다. 지역의 지구대(파출소)나 경찰서를 방문하거나 인터넷(안전Dream 경찰지원센터 홈페이지, www.safe182.go.kr)을 활용하여 신청할 수 있다. 경찰 시스템에 아동 정보를 등록해 놓는 것이므로 실종 · 유괴 사건이 발생해서 아동을 찾을 때 도움이 될 수 있다.

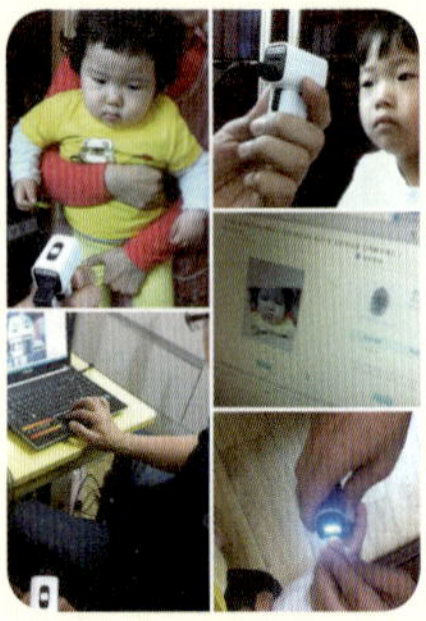
경찰서에서 어린이집에 방문하여
영아의 지문을 경찰청에 등록해주는 모습

〈등록방법〉

보호자 직접 등록	보호자가 안전 Dream홈페이지(또는 스마트폰 App)에서 본인 인증 후 사진 등 정보(지문 제외)를 직접 등록한다.
경찰관서 방문 등록	보호자가 등록 대상 아동을 데리고 경찰서에 방문하여 등록한다.
현장방문 단체 등록	경찰 또는 등록 인력(민간)이 어린이집(유치원)을 방문하여 사전등록한다.

• 법적 근거 : 실종아동 등의 보호 및 지원에 관한 법률(실종아동법)
제7조의2(실종아동 등의 조기발견을 위한 사전신고증 발급 등)

① 경찰청장은 실종아동 등의 조속한 발견과 복귀를 위하여 아동 등의 보호자가 신청하는 경우 아동 등의 지문 및 얼굴 등에 관한 정보(이하"지문 등 정보"라 한다)를 제8조의2에 따른 정보시스템에 등록하고 아동 등의 보호자에게 사전신고증을 발급할 수 있다.

출처 : 소방방재청, 유아 안전교육 프로그램 교사용 지도서 및 부모용 자료

6. 실종 · 유괴 안전 실제(영아, 유아)

<table>
<tr><th colspan="3">(만 2세)그림책을 통한 실종/유괴 예방교육</th></tr>
<tr><td>활동명</td><td>엄마를 찾아 주세요!</td><td rowspan="2">
</td></tr>
<tr><td>그림책명</td><td>아기오리는 어디로 갔을까요?
글 · 그림 l 낸시 태퍼리 번역 l 박상희 역 출판사 l 비룡소</td></tr>
<tr><td>표준보육과정 영역</td><td colspan="2">(기본생활 〉 안전하게 생활하기 〉 위험한 상황 알기 〉 위험한 상황과 위험한 것을 알고 조심하기)</td></tr>
<tr><td>활동목표</td><td colspan="2">보호자와 함께 다니다가 길을 잃었을 때 주변에 도움을 청해 본다.</td></tr>
<tr><td>활동자료</td><td colspan="2">그림책, 종이블록(그림책 동물사진이 부착된 블록)</td></tr>
<tr><td>활동방법</td><td colspan="2">1. 손 인형을 보며 선생님과 그림책을 함께 본다.
– (손 인형의 이야기를 들으며) 아기오리가 보이지 않네~ 엄마의 마음은 어떨까?
– 아기 오리처럼 엄마가 보이지 않는 곳에서 놀이하면 어떻게 될까?
– “엄마를 찾아 주세요~”,“엄마를 찾아 주세요~”

2. 아기 오리처럼 외출해 혼자서 모르는 곳을 돌아다니면 어떻게 될지 이야기 해 본다.
– 엄마나 선생님이랑 같이 다니지 않고 혼자 돌아다니면 어떻게 될까?
– 엄마나 선생님을 잃어버리게 되지~ 위험하지~ 꼭 같이 다녀야지~

3. 그림책 속에 보았던 등장인물 사진이 부착된 블록 징검다리를 살펴 본다.
– 여기 징검다리가 있네.
– 아기오리가 되어서 엄마 오리에게 가 볼까?
– ○○이도 밖에 나갈 때 혼자 돌아다니면 위험하단다.
– ○○길을 잃었을 때 누구에게 도와달라고 이야기 해야 할까?
– “엄마! 엄마를 찾아 주세요~” 라고 이야기 할 수 있지~</td></tr>
<tr><td>주요상호작용</td><td colspan="2">선생님(보호자) 도와 주세요!</td></tr>
<tr><td>연계활동</td><td colspan="2">엄마 동물에게 아기 동물을 찾아주는 활동을 한다(인형 또는 사진자료).</td></tr>
<tr><td>유의사항</td><td colspan="2">부정적인 상황을 강조하여 영아가 불안해하지 않도록 배려하고, 놀이를 통해 안정적으로 보호자를 알 수 있도록 한다.</td></tr>
<tr><td>평 가</td><td colspan="2">선생님(보호자)이 보이지 않으면 주변의 도움을 받아 찾을 수 있다.</td></tr>
</table>

출처 : 어린이집안전공제회(예방자료실). 그림책을 활용한 영아 안전교육 프로그램

(만 5세)실종·유괴 예방교육	
활동 유형(영역) : 이야기 나누기	제자리에서 기다려요
누리과정 관련 요소	• 신체운동 건강 : 안전하게 생활하기 – 비상시 적절하게 대처하기 • 사회관계 : 나를 알고 존중하기 – 나를 알고, 소중히 여기기
활동목표	• 미아사고 대처방법을 안다. • 동네에서 미아가 되었을 때 도움을 요청하는 방법을 안다.
활동자료	PPT, 아동안전지킴이집 표시, 실종아동을 찾는 전단지 또는 신문
활동 방법	1. 아이를 찾거나 부모님을 찾는 방송이나 신문기사를 보고 이야기 나눈다. – 아이를 찾거나 부모님을 찾는다는 방송을 본 적 있니? – 왜 그런 일이 생겼을까? 2. 동네에서 길을 잃을 수 있는 그림자료를 보며 길을 잃은 경험에 대해 이야기 나눈다. – 길을 잃은 적이 있니? – 언제, 어디서 길을 잃었니? – 길을 잃고 엄마와 헤어졌을 때 기분이 어땠니? – 어떻게 엄마와 다시 만날 수 있었니? 3. 동네에서 길을 잃어버리지 않는 방법에 대해 이야기 나눈다. – 집 근처에서 길을 잃어버리지 않는 방법에 대해 알고 있니? (친구들과 큰 길로 다닌다, 우리 동네에서 쉽게 인식할 수 있는 대표적인 가게, 기관 등에 대해 알아둔다, 밖에 나갈 때는 내가 어디 있는지 늘 부모님께 말한다) 4. 만약 미아가 된다면 누구에게 도움을 요청하고, 어떻게 대처해야 할지 이야기 나눈다. (제자리에 멈추어요, 도와줄 만한 사람을 찾아요, 당황해서 큰소리로 울거나 여기저기로 돌아다니면 더 위험할 수 있다는 것을 강조해 준다) – (여러 인물 그림을 제시하며) 누구에게 도움을 요청할까? (아동안전지킴이집 가게 아주머니나 아저씨, 아이와 함께 있는 아주머니나 아저씨, 경찰관, 유니폼을 입은 사람 등) – 왜 그렇게 생각하니?  5. 아동안전지킴이집의 표시와 그 의미에 대해 알려준다. – 이 표시를 본 적이 있니? – 이것은 어떤 의미일까? – 낯선 사람이 따라오거나 위험할 경우에는 아동안전지킴이집에 도움을 요청할 수 있단다.  6. 길을 잃었을 때 어떻게 해야 하는지에 대해 집에 가서 부모님과 이야기 나눈다.

활동의 유의점	• 활동이 장난스럽게 진행되지 않도록 유의한다. • 비상 시 연락할 수 있는 전화번호를 평소 외우고 있도록 꾸준히 지도한다. • 길을 잃었다가 무사히 돌아왔다해도 부모님께 반드시 어떤 일이 있었는지 말씀드려야 함을 알려준다.
활동평가	• 동네에서 미아가 되었을 때 도움을 요청하는 방법을 알고 있는지 평가한다. – 미아의 뜻을 알고 있는가? – 미아가 되었을 때 대처 및 도움요청방법을 알고 있는가? – 아동안전지킴이집에 대해 알고 있는가?
확장활동	• 아동안전지킴이집 표시가 있는 곳까지 다녀오는 게임을 해본다. • 우리 동네에 있는 아동안전지킴이집을 찾아본다(가정통신문을 보내 부모님과 함께 찾아보도록 해 보는 것도 좋다). • 활동지 〈아동안전지킴이집을 찾아보세요〉를 활용하여 동네에 있는 아동안전지킴이집을 찾아보도록 한다. – 가정연계학습으로 부모님과 외출했을 때 함께 찾아서 그림이나 글로 표현해 보도록 한다. 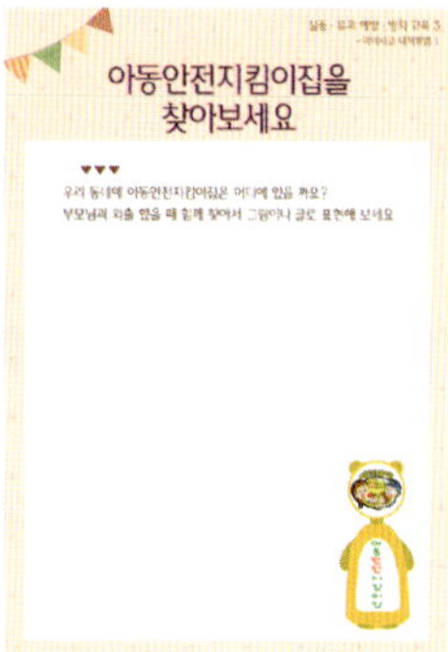

Chapter 09

성폭력 안전

1. 성폭력의 정의
2. 아동성폭력 현황
3. 아동성폭력 발생 원인 및 특성
4. 아동성폭력 예방과 교육
5. 아동성폭력 사후관리
6. 아동성폭력 안전 실제(영아, 유아)

1. 성폭력의 정의

성폭력은 상대방이 원하지 않아도 자신의 성적인 즐거움을 위해 강제로 하는 성적인 행위이다. 따라서 상대방의 동의 유무가 중요하나 13세 미만 아동의 경우에는 스스로 동의를 했다고 하더라도 생각이나 판단이 미성숙하므로 어른이나 나이 많은 사람이 성적인 행동을 함께 한다면 성폭력이다.

아동성폭력이란 성인 및 아동이 자신의 성적 욕구를 충족시키기 위해 물리적인 힘뿐만 아니라 역할관계 · 연령 · 지적 수준 · 사회적 지위 등을 포함한 힘의 차이를 이용하여 아동에게 가해지는 모든 성적 행위를 의미한다. 아동성폭력은 어른 및 또래 간에 발생하는 폭력까지도 포함한 개념이다.

「성폭력 범죄의 처벌 등에 관한 특례법」 제7조에 의한 아동성폭력에 관한 정의는 다음과 같다.

제7조(13세 미만의 미성년자에 대한 강간, 강제추행 등)

① 13세 미만의 사람에 대하여 「형법」 제297조(강간)의 죄를 범한 사람은 무기징역 또는 10년 이상의 징역에 처한다.

② 13세 미만의 사람에 대하여 폭행이나 협박으로 다음 각 호의 어느 하나에 해당하는 행위를 한 사람은 7년 이상의 유기징역에 처한다.

1. 구강 · 항문 등 신체(성기는 제외한다)의 내부에 성기를 넣는 행위
2. 성기 · 항문에 손가락 등 신체(성기는 제외한다)의 일부나 도구를 넣는 행위

③ 13세 미만의 사람에 대하여 「형법」 제298조(강제추행)의 죄를 범한 사람은 5년 이상의 유기징역 또는 3천만 원 이상 5천만 원 이하의 벌금에 처한다.

④ 13세 미만의 사람에 대하여 「형법」 제299조(준강간, 준강제추행)의 죄를 범한 사람은 제1항부터 제3항까지의 예에 따라 처벌한다.

⑤ 위계 또는 위력으로써 13세 미만의 사람을 간음하거나 추행한 사람은 제1항부터 제3항까지의 예에 따라 처벌한다.

2. 아동성폭력 현황

아동 성폭력 발생은 2011년부터 증가추세를 보이다가, 2015년에는 다소 감소하

는 경향을 보였다. 아동 성폭력범죄는 사회적으로 심각한 문제로 정부의 대책과 아울러 관련 법률을 강화해오고 있다.

〈표 9-1〉 아동(13세 미만) 성폭력 발생 현황

구분	2009년	2010년	2011년	2012년	2013년	2014년	2015년
발생(건)	1,007	1,179	1,054	1,086	1,123	1,161	1,118

출처 : 경찰청(2016)

13세 이하 아동성폭력범죄의 피해자는 매년 90% 이상이 여아였고, 발생장소는 주로 주거지에서 발생하였다. 이는 아동성폭력범죄가 피해아동의 가족, 친척, 이웃, 지인들에 의해서 발생하기 때문이다.

[그림 9-1] 아동(13세 미만) 성폭력 발생 현황

〈표 9-2〉 아동성폭력범죄의 피해아동 성별 및 발생장소

연도	13세 이하 피해자		발생장소			
	남아	여아	주거지	노상	유원지/숙박업소	기타
2010	91	1,082	487	207	83	398
2011	79	975	374	160	44	476
2012	89	886	346	126	47	756
2013	106	942	433	193	58	367
2014	147	1,058	423	198	67	187

3. 아동성폭력 발생 원인 및 특성

1) 아동성폭력 발생 원인

아동성폭력은 주로 가족, 친인척, 이웃, 선배 등 아는 사람에 의해 발생하여 주로 친밀감 등을 이용해서 유인하거나 위협, 폭행, 협박을 통해 발생한다.

아동성폭력 가해자는 아동의 의사와는 상관없이 자신의 성적인 욕구충족을 위해 아동에게 성적 행위를 하며, 대부분 힘(power)을 이용한다. 즉, 가해자는 피해자보다 성별, 연령, 사회적 지위, 물리적인 힘 등이 더 많은 사람이므로 이러한 불평등한 관계가 성폭력 유발의 원인이 된다.

또한 유교문화의 영향으로 성에 대한 고정관념이 여전히 존재하여 여성에 대한 성폭력 피해가 심각하게 나타나고 있으며, 아동을 어른의 권위 아래 복종해야 하는 존재로 보고 있다. 특히, 대중매체 등을 통한 폭력적이고 집단적인 성문화의 영향으로 인해 또래 간 성폭력 역시 증가하고 있는 실정이다. 이러한 다양한 불평등관계는 사회적 인식이나 문화의 영향에 따라 발생되므로 올바른 성 인식과 양성평등 가치관을 형성하기 위해 어렸을 때부터, 가정 · 학교 안에서 실천해야 하는 중요한 가치관 형성을 위해 우리 모두가 노력해야 한다.

2) 아동성폭력 특성

아동성폭력은 성인성폭력과는 다른 몇 가지 특성이 있다.[1)]

첫째, 아동성폭력은 폭행이나 협박에 의해서 발생하기보다는 주로 유인, 위계나 위력에 의해 발생한다. 최근 10년간 일어난 아동약취유인범 250명을 분석한 결과에 따르면 장난감이나 놀이를 통한 호기심 유발형이 35%로 가장 많았고, 또 다른 연구에서도 위협, 금품, 놀이, 애정과 칭찬 등과 같은 유인방법을 활용한 것이 47.3%로 나타났다(강은영, 2010).

둘째, 아동은 성폭력과 친밀감을 구분하기가 어렵다. 가해자는 보통 아동에게 신체적 힘을 가하지 않고, 놀이, 속임수, 위협 등의 형태로 강요하면서 아동을 침묵하

---

1) 2017 어린이집 보육교직원 안전교육(2017)

게 만든다. 특히, 가해자들은 길들이기(grooming)과정을 통해 아동이 성폭력을 인식하지 못하도록 하므로 아동 자신은 더욱 혼란스러울 수밖에 없다. 따라서 아동이 대처를 하지 못하는 것은 가해를 허락하는 것이 아님을 알아야 한다.

셋째, 피해가 반복적으로 일어난다. 아동의 특성상 피해를 입어도 성폭력에 대한 인지가 부족하고 가해자의 협박이나 길들이기 과정에 의해 성폭력 피해 사실을 쉽게 표현하지 못하므로 피해가 지속되고 반복적으로 발생한다.

넷째, 주로 아는 사람에 의해 피해가 발생한다. 아동성폭력 가해자들은 대부분 가족, 친척, 이웃 등 아동과 친밀한 관계에 있는 사람들이다. 유아의 경우 아는 사람에 의한 피해가 63.5%로 나타났는데, 그중에서도 가족 · 친인척에 의한 피해가 58.5%를 차지하여 그 심각성을 알 수 있다(한국성폭력상담소, 2015).

4. 아동성폭력 예방과 교육

아동은 애정표현과 성폭력 행동을 구분할 수 있는 능력이 부족하며, 성폭력을 당한 경우에도 외부에 도움을 요청할 수 있는 능력이나 기회가 상대적으로 제한되어 있다. 따라서 아동을 신체적 · 정서적 · 성적 학대의 가능성으로부터 보호하고 성폭력 등과 같은 사고를 예방하기 위해서는 영아기 때부터 발달수준에 적합한 내용과 방법으로 체계적인 성폭력 예방교육이 이루어져야 한다.

1) 성폭력 예방교육 시의 주의사항[2)]

① 아동에게 부모나 교사가 너무 "~에 가지 마라", "~하면 큰일 난다"는 식의 교육을 하게 될 경우, 성폭력 사고를 당한 아이의 마음속에는 "내가 엄마, 아빠 혹은 선생님의 말을 듣지 않아서 이렇게 된거야", "나는 엄마 말을 듣지 않았으니까 벌 받는 게 당연해"라는 식의 잘못된 죄책감을 가중시킬 수 있다. 특히, 부모나 교사가 과도하게 '성폭력'이라는 주제에 대해서만 강조하여 주의시키거나 아동들의 관심을 끌기보다는, 일상생활 속에서 경험하고 느끼는 감정

2) 2017 어린이집 보육교직원 안전교육(2017)

이나 생각하는 것 등에 대해 서로 이야기하는 시간을 갖는 것이 중요하다. 그래야만, 아동이 쉽게 말 못할 고민이 생겼다든지 어려움이 생겼을 경우, 혼자 속으로 고민하는 시간을 최소한으로 줄이면서 부모에게 털어놓을 수 있다.

② 아동의 행동이나 얼굴표정, 감정 등에 대해서 부모나 교사가 항상 관심을 가지고 살펴본다면, 아동의 표정이 어두워지거나 걱정거리가 생긴 것과 같이 평소와 다른 행동을 보이는 것 등에 대해 쉽게 감지할 수 있다.

③ 아동에게 자신의 몸이 소중하다는 느낌을 가질 수 있도록 도와주며, 자신의 소중한 몸을 다른 사람들이 함부로 만지게 하지 말고, 다른 친구의 몸도 함부로 만지게 하지 말며, 내 몸을 장난삼아 보여 주는 것도 해서는 안 되는 행동임을 가르쳐 준다. 만일 다른 사람들이 아동의 소중하고 은밀한 신체부분을 만지려고 할 때에는 아무리 상대방이 무섭고 어른이라 할지라도 “안 돼요” 혹은 “싫어요”라고 말하고 그 상황을 피하거나 도망쳐서 다른 성인에게 말해야 한다고 알려준다.

④ 성폭력 가해자의 경우, 몰래 행해진 나쁜 일들에 대해서 만일 아동들이 다른 사람에게 말했을 경우에는 잘못되고 무서운 일이 일어난다는 식의 위협적인 말을 일삼는다. 따라서 부모나 교사들은 아동이 가해자와 엇갈리는 말들로 인해 혼란스럽지 않도록 잘 설명해주고, 아동의 혼란스러움과 고통을 잘 감싸주어야 한다. 즉, 아이가 자신의 의견을 자신 있게 말할 수 있도록 격려하며, 다양한 상황에서 적절하게 판단할 수 있도록 함께 이야기해보는 시간을 가지는 것이 좋다.

2) 아동을 위한 성폭력 예방교육[3)]

아동에게 자신과 다른 사람의 몸이 소중함을 알게 한다. 남녀의 신체특성과 차이를 알고 자아와 타인에 대한 존중감을 기를 수 있도록 하며, 일상 속에서 꾸준히 배울 수 있도록 한다.

① 아동이 좋은 접촉과 나쁜 접촉을 구별할 수 있게 가르쳐 준다.

3) 2017 어린이집 보육교직원 안전교육, 2017

② 좋지 않은 말을 하거나 나쁜 사진이나 잡지, 비디오, 동영상을 보여 주는 사람이 있으면 이를 부모나 교사에게 알리고 피하도록 한다. 어른이 요구할 때에도 때로는 자기주장을 하거나 거절할 수도 있음을 알게 한다. 가족이나 친지 또는 아는 사람이라도 이상한 행동을 요구할 때에는 단호하게 거절하도록 한다. 이때 성폭력에 대한 직접적인 이야기보다 동영상 자료 또는 동화를 활용하는 것이 좋다.

③ 영아에게는 신체구조와 차이에 대해 설명하며, 자신과 타인의 몸을 소중히 여기도록 가르친다. 만약 누군가 자신의 몸을 만져서 혼란을 느낀다면 교사나 부모에게 언제라도 이야기하라고 일러 준다.

④ 유아의 경우 스스로가 다른 친구의 신체 부위를 함부로 만지지 않도록 주의를 준다. 즉, 유아성폭력 예방교육은 유아 자신의 성폭력 피해를 예방하기 위한 교육과 타인에 대한 가해를 예방하기 위한 교육 모두 필요하다. 또한 자신에게 일어난 일을 잘 표현할 수 있도록 다양한 의사소통방법을 익힐 수 있도록 한다.

5. 아동성폭력 사후관리[4)]

1) 성폭력 피해를 알게 되었을 시 교사의 대처방안과 태도

출처 : 성교육 및 성폭력 예방교육 지침서(부모용 소책자), 2007

- 평소처럼 담담하게 대한다 → 매우 놀라고 당황스러워 하는 성인의 반응은 유아에게 뭔가 크게 잘못한 일이라는 느낌을 갖게 할 수 있다.
- "네 잘못이 아니야." → 유아가 잘못한 일이 아니므로 크게 걱정할 필요가 없다고 위로하고, 안심을 시켜준다.
- 너무 자세히 구체적으로 물어보지 않는다 → 유아가 겪은 일을 자세히 아는 것도 중요하지만, 너무 꼬치꼬치 묻게 되면 유아는 사실이 아닌 거짓으로 대답을 할 수 있기 때문이다.
- 필요한 도움과 치료를 받는다 → 관련기관을 찾아 의료적 · 법률적 지원과 치료를 받는다.

4) 2017 어린이집 보육교직원 안전교육(2017)

■ **증거확보**

• 병원에 가는 것이 좋다.

심한 피해를 입은 직후에는 의학적 증거채취를 위해 여아는 산부인과나 외과를, 남아는 항문외과나 비뇨기과를 간다. 몸을 씻거나 화장실을 가지 않고, 옷도 갈아입지 않고 병원으로 바로 간다.

• 사진을 찍어 둘 수 있다.

피해 후 당황하여 기억이 정확하지 않을 수도 있으니, 피해 장소나 정황 등을 사진으로 촬영해 놓는 것도 좋은 방법이다.

• 목격자의 증언을 확보한다.

목격자가 있으면 즉시 목격자로부터 정확한 날짜와 시간, 장소와 목격자의 신원 및 연락처, 그리고 목격한 사실에 대해 육하원칙에 입각하여 작성한 사실 확인서를 받아 둔다.

• 꼭 상담한다.

소아정신과나 관련 전문기관을 찾아가 당시의 상황을 자세히 상담한 후 담당의사의 소견서나 진단서를 받아놓는다.

■ **성폭력 피해가 의심되는 유아와 해서는 안될 대화의 방법**

• 당황하여, 다그치면 안 된다.
• 지나치게 구체적으로 묻지 않는다.
• 반복해서 묻지 않는다.
• 대답을 유도하지 않는다.
• 추궁하거나 비난하지 않는다.

2) 아동성폭력 발생 시 대응절차 및 유의사항

① 아동성폭력 피해가 의심되나 확실하지 않은 경우, 1366, 원스톱지원센터, 해바라기 아동센터 혹은 성폭력상담소에 연락하여 문의 및 상담을 한다.

② 아동성폭력 피해를 알게 된 즉시 경찰(112, 원스톱지원센터)에 신고한다.

③ 성폭력이 의심되는 근거들을 보존한다. 가해자 식별의 주요 단서가 되는 의학적 근거는 진찰을 받아야 얻을 수 있고 시간이 지남에 따라 소멸되기 때문에

신속한 조치가 필요하다.

④ 부모에게 연락한 후 부모와 긴밀히 협력하고 부모 대응 지침을 고지한다.

⑤ 교사는 신고의무자로서 신고해야 할 의무가 있으므로 성폭력 피해가 의심되는 경우에도 신고하도록 한다.

3) 성폭력 피해 전문기관

우리나라에는 아동성폭력을 예방하고 성폭력 피해아동을 지원하는 다양한 기관이 있는데, 다양한 법적 근거에 따라 운영되고 있으며, 기관에서 지원하는 대상과 기능은 다음과 같다.

〈표 9-3〉 성폭력 피해 전문기관

구분	해바라기센터(아동)	성폭력상담소	긴급전화 1366	여성 · 학교폭력 피해자 원스톱지원센터
주요 기능	의학적 진단 및 평가, 피해자 심리상담 · 치료, 의료지원, 법률지원 등	예방교육, 의료비 지원, 경찰연계, 법률상담, 경찰 · 검찰조사 시 동행	1차 긴급상담 서비스 연계 유관기관과 네트워크 구축	피해자접수상담, 수사, 법률서비스, 의료적 조치(증거채취), 24시간 지원
지원 대상	성폭력 피해 아동	성폭력 피해자 지원 (전 연령 지원)	성폭력, 가정폭력, 성매매피해자	가정폭력, 성폭력, 성매매, 학교폭력 피해자
특별 기능	전문의 근무, 임상심리 전문가의 심리평가	예방교육, 법률 · 의료 지원 시 신뢰관계인으로 동석	긴급피난처 전국 어디서나 국번 없이 1366	경찰 상주로 진술녹화 및 수사지원 가능
운영 시간	• 주중 : 9:00~18:00 • 야간 : 당직 시스템 전환	• 주중 : 9:00~18:00 • 야간 및 휴일 : 1366으로 착신	1년 365일 24시간 HOT-Line 운영	종합병원 내 설치, 1년 365일 24시간 운영

출처 : 2017 어린이집 보육교직원 안전교육(2017)

6. 아동성폭력 안전 실제(영아, 유아)

(만 2세)그림책을 통한 성폭력 예방교육		
활동명	싫어요 안돼요~	
그림책명	소중한 나의 몸 글 · 그림 l 정지영 · 정혜영 출판사 l 비룡소	
표준보육과정 영역	(사회관계 〉 나와 다른 사람의 감정알기 〉 나의 감정을 나타내기 〉 여러 가지 감정을 말과 행동으로 나타내기)	
활동목표	다른 사람이 내 몸을 만지려고 할 때 싫다고 한다.	
활동자료	그림책, 낯선사람 가면	
활동방법	1. 영아가 그림책에 관심을 보이면 그림책을 살펴 본다. – (그림책 표지를 보며) ○○아, 여자 친구와 남자친구가 뭐하고 있어? – ○○이처럼 팬티를 입고 ○○이를 보며 미소 짓고 있네? 우리 친구들한테 인사해 볼까? – 이 친구들이 ○○이한테 하고 싶은 이야기가 있대. 들어 볼까? 2. 그림 장면을 보며 이야기를 한다. – ○○이의 소중한 몸으로는 무엇을 할 수 있을까? – 그래. 냠냠 밥도 먹고, 변기에 앉아 쉬, 응가를 할 수 있지. – (선생님과 포옹하며) 엄마, 아빠, 선생님을 꼭 안아주며 "사랑해" 좋은 느낌을 나눌 수도 있단다. – (낯선 사람이 다가오는 그림 장면을 보며) ○○아, 어떤 장면인 것 같니? 모르는 사람이 다가와서 친구의 몸을 만지려고 하네? 모르는 사람이 ○○이 몸을 만지려고 하면 느낌이 어떨까? – 모르는 사람이 내 몸을 만지려고 하면 "싫어요. 안 돼요" 라고 말하는 거야. 큰 목소리로 말해 볼까? – 어떤 사람이 팬티 속의 몸을 만지려고 하면 "싫어요. 안 돼요" 라고 말하는 거야. 큰 목소리로 말해 볼까? – (그림 장면을 보며) "싫어요. 안돼요. 도와 주세요~" 3. 가면을 쓴 선생님과 역할극 놀이를 해 본다. – (교사가 가면을 쓰며) 선생님이 모르는 사람으로 변신을 했네? – (교사가 목소리를 바꾸어) ○○아, 내가 맛있는 거 사줄게. 저~기로 같이 가자. – ○○아, 모르는 사람이 ○○이를 데려가려고 해. 뭐라고 말해 볼래? – "싫어요. 안돼요" 라고 말해 보자. ○○이가 잘 이야기를 해 주었구나.	
주요상호작용	만지면 안돼요. 도와 주세요!	
연계활동	'그대로 멈춰라' 노래를 개사한 '내 몸은 너무 소중해' 동요를 불러 본다.	
유의사항	• 내 몸의 소중한 곳이 보일 때 보호할 수 있도록 기저귀, 팬티를 입어야 함을 자연스럽게 알려 준다(너무 강조하여 지나치지 않도록 유의한다). • 일상생활 속에서 영아들이 좋은 느낌과 싫은 느낌을 구분해볼 수 있도록 반복적으로 상호작용한다.	
평 가	불편한 상황에서 자신의 느낌을 표현한다.	

출처 : 어린이집안전공제회(예방자료실). 그림책을 활용한 영아 안전교육 프로그램

<table>
<tr><th colspan="3">(만 5세)성폭력 예방교육</th></tr>
<tr><td colspan="2">활동 유형(영역) : 이야기 나누기</td><td>내 몸에는 이름이 있어요.</td></tr>
<tr><td>누리과정 관련 요소</td><td colspan="2">• 신체운동 · 건강 : 신체인식하기 – 신체를 인식하고 움직이기
• 사회관계 : 나를 알고 존중하기 – 나를 알고, 소중히 여기기
• 자연탐구 : 과학적 탐구하기 – 생명체와 자연환경 알아보기</td></tr>
<tr><td>활동목표</td><td colspan="2">• 내 몸에 관심을 갖는다.
• 내 몸 각 부분의 정확한 명칭을 알고 부른다.
• 내 몸에는 보여 줄 수 있는 부분과 보여 줄 수 없는 부분이 있음을 안다.</td></tr>
<tr><td>활동자료</td><td colspan="2">PPT, 애니메이션 「보여줄 수 없는 곳이 있어요」, 남아와 여아의 몸 도안, 동요 '머리 어깨 무릎 발', 남아와 여아 인형(속옷을 입고 있어야 함)</td></tr>
<tr><td>활동방법</td><td colspan="2">1. PPT의 남아와 여아 몸 그림을 보면서 신체 각 부분의 이름을 알아본다.
– 남자와 여자 모두에게 있는 같은 부분은 어디일까?
– 남자와 여자 몸 중 서로 다른 부분은 어디일까?

2. 애니메이션 「보여줄 수 없는 곳이 있어요」를 보고 이야기 나눈다. PPT의 다친 아이와 아픈 아이 그림을 보고 이야기 나눈다.
– 너희들도 다쳤던 적 있니?
– 언제 다쳤었니?
– 다쳤을 때 어떻게 했니?
– 아팠던 적은 있니?
– 언제 아팠었니?
– 아팠을 때 어떻게 했니?
– 약을 왜 먹거나 발랐니?
– 약을 먹었을 때 맛은 어땠니? 약을 발랐을 때 느낌이 어땠니?

애니메이션 동영상 : 「보여줄 수 없는 곳이 있어요」
한결이와 아리는 놀이터 벤치에 앉아 병원놀이를 한다. 한결이는 아리의 윗옷을 걷어 올려 청진기를 휙휙 대보고는 주사를 맞아야겠다며 치마를 벗어보라고 하지만 아리는 싫다며 발끈한다. 치마를 내리라고 실랑이를 벌이다 아리의 치마가 내려가고 결국 아리는 울고 만다. 집에 돌아가 엄마에게 이 사실을 알리고 엄마와 함께 다음날 한결이에게 다른 사람의 몸을 보여 달라고 하는 것이나 자신의 몸을 함부로 보여주는 것도 안 된다는 것을 알려준다. 한결이는 아리에게 사과를 하고 다시 사이좋게 지낸다.

– 병원놀이를 하다가 아리가 왜 울었을까?
– 한결이가 아리에게 치마를 벗어보라고 했을 때 아리의 마음이 어땠을까?</td></tr>
</table>

	3. 내 몸에는 보여 줄 수 있는 부분과 보여 줄 수 없는 부분이 있음을 알려주고 다른 사람에게 보여 주지 말아야 하는 신체부분에 대해 PPT나 인형을 보며 이야기 나눈다. – 우리 몸 중에서 꼭 가려야 하는 부분은 어디일까? – 왜 가려야 할까? (우리 몸에서 아주 중요하고 소중한 부분이기 때문에 함부로 보여 주거나 보아서는 안 된다) – 속옷으로 가려진 부분의 이름은 무엇일까? (가슴, 배꼽, 엉덩이, 항문, 성기–음경, 음순) 4. '머리 어깨 무릎 발' 노래를 부르면서 우리 몸의 여러 부분에 대해 알아본다. – 노래를 부르면서 가사에 나오는 몸의 각 부분을 손으로 짚어보자. 5. 우리 몸의 중요한 부분을 어떻게 보호할 수 있을지 이야기 나눈다. (속옷을 입어야 함을 알려준다.)
활동의 유의점	• 신체 부위 중 성기를 지칭할 때 교사가 부끄러워하거나 난처해하지 말아야 하며, 정확한 명칭을 사용한다.
활동 평가	• 내 몸의 정확한 명칭을 알고 있는지 평가한다. – 내 몸 각 부분의 명칭을 정확히 알고 있는가? • 내 몸의 중요한 부분을 보호하는 방법을 알고 있는지 평가한다. – 내 몸의 중요한 부분을 보호하는 방법을 알고 있는가?
확장 활동	• 도서영역에 관련 도서를 비치하여 우리 몸에 대해 탐구해보도록 한다. • 활동지 〈보여 줄 수 없는 부분은 어디일까요?〉를 활용하여 다른 사람이 보거나 만질 수 없는 곳을 알아본다. – 몸 그림 위에 다른 사람이 보거나 만질 수 없는 곳은 수영복이나 속옷을 그려준다.
교사를 위한 도움말	• 성폭력 예방교육 관련 도서

동화책 제목	출판사
소중한 내 몸을 위해 꼭꼭 약속해	책 읽는 곰
소중한 나의 몸/나는 여자, 내 동생은 남자	비룡소
내 동생이 태어났어/너랑 나랑 뭐가 다르지?	비룡소
우리 몸의 구멍	돌베개어린이
태어나고, 태어나고 또 태어나고	밝은 미래
엄마가 된 마녀 루시	행복한 아이들
이상한 느낌이에요	한국어린이육영회
내 몸 네 몸	한국어린이육영회
나 남자 맞아	한국어린이육영회
엄마는 비행사	한국어린이육영회
이럴 땐 싫다고 말해요	문학동네
이상한 곳에 털이 났어요	여명미디어
가장 멋진 뽀뽀	웅진닷컴

출처 : 소방방재청, 유아 안전교육 프로그램 교사용 지도서 및 부모용 자료

Chapter 10

약물 오남용 안전

1. 약물 오남용 정의
2. 약물 오남용 현황
3. 영유아 약물 오남용 교육의 필요성과 사고
4. 영유아 중독사고 예방법
5. 영유아에게 약 먹이는 방법
6. 약물 오남용 안전 실제(영아, 유아)

1. 약물 오남용 정의

약물이란 어떤 질환을 치료하기 위해서 사용되는 특정한 물질을 의미한다. 약물은 무조건 해롭지도, 무조건 이롭지도 않은 양면성을 지니고 있다. 약을 올바르게 사용한다면 약에서 기대할 수 있는 최고의 효과를 누리면서 최소의 약물유해반응을 기대할 수 있지만, 약을 잘못 사용한다면 약은 독이 될 수도 있기 때문이다. 따라서 질환에 맞게, 정해진 용량 · 용법으로 필요한 기간만큼 약을 사용하는 것이 중요하다.

1) 약물 오용

의사의 처방에 따르지 않고 임의로 사용하는 경우를 말한다. 예를 들면, 소화 불량을 치료하기 위하여 항생제를 사용하여 오히려 증상을 악화시키는 경우가 그 예이다.

어린이 시럽 계량용기 눈금 개선해야

한국소비자보호원, 시중 감기약 · 해열제 수거조사결과 문제 심각, 눈금표시 2.5, 5mL 밖에 없어 약물 오남용 사고 위험이 있다는 지적이 제기되었다.

한국소비자보호원은 최근 시판 중인 시럽형 어린이 감기약과 해열제 20종을 조사한 결과 복용량은 연령별로 3, 4, 5, 7.5, 12, 30mL 등 다양한 반면 계량 용기는 대부분 2.5mL와 5mL 눈금밖에 없어 정확한 복용이 어려운 것으로 조사됐다고 밝혔다. 또 영유아와 초등학생 자녀를 둔 부모 300명을 대상으로 투약 실태를 조사했더니 64.3%(193명)가 자녀에게 약을 먹을 때 계량용기 대신 밥숟가락, 찻숟가락, 물컵 등을 사용한 적이 있는 것으로 조사됐다고 말했다.

한국소비자보호원은 이 가운데 33%(100명)는 복용량과 횟수를 임의로 늘려 먹인 경험이 있는 것으로 나타났으며, 51.7%(155명)는 의사와 상담하지 않고 항히스타민제, 진정제 등을 다른 약과 함께 먹인 적이 있는 것으로 나타났다고 덧붙였다.

출처 : 의학신문(2002)

2) 약물 남용

쾌락을 추구하기 위해 의학적 상식이나 법규를 벗어나서 의도적으로 약물을 사용하거나 과잉 사용하는 경우를 말한다. 예를 들면, 접착제나 본드나 연료인 부탄가스, 감기약인 러미라 등을 원래의 목적을 위해 사용하는 것이 아니라 일시적으로 기분을 좋게 하기 위하여 사용하는 경우이다. 이런 경우 약물에 대한 내성이 생겨 점차 약물의 양을 늘려 가게 되고 나중에는 이를 끊지 못하고 지속적으로 사용하게 되는 의존의 상태에 빠지게 된다.

미국 정신의학회 진단기준 DSM-IV(Diagnostic Statistical Mannual, 4th ed)의 다음 4가지 기준 중 1가지 이상을 1년 이상 지속하여 임상적으로 의미 있는 장애나 고통을 초래하는 경우도 남용이라 한다.

① 약물 사용으로 인해 직장, 학교, 가정에서 자신의 임무를 수행하지 못할 때(예 : 약물 사용으로 인한 잦은 결석, 성적 저하, 징계, 가족 내 불화 등)

② 신체적으로 위험한 상황임을 알면서도 약물 사용(예 : 약물 사용 직후 운전 및 기계를 다룸)

③ 약물 사용으로 인한 법적 문제 발생(예 : 약물 사용과 관련해 체포)

④ 약물 사용으로 인해 발생한 사회적 또는 대인관계사의 문제에도 불구하고 계속해서 약물 사용(예 : 가정 불화, 싸움)

3) 약물 의존

약물의 지속적인 사용으로 정신적 · 신체적 변화를 일으켜 사용자로 하여금 약물을 중단하거나 조절하는 것을 어렵게 하는 상태를 말한다.

4) 약물 중독

약물 사용에 대한 강박적인 집착으로 인해 조절이 불가능하여 해로운 결과가 예상되는 데도 강박적으로 약물을 사용하는 상태를 말한다.

2. 약물 오남용 현황

〈표 10-1〉 연도별 중독사고 현황

구분	2014년	2015년	2016년	합계
전체 중독사고 건수	1,064	571	479	2,114
어린이 중독사고 건수	**264**	**89**	**62**	**415**
전년대비 증감률		△1.8	△0.3	
어린이 중독사고가 차지하는 비중	24.8	15.6	12.9	19.6

- (연도별) 최근 3년간 접수된 어린이 중독사고는 총 415건(2014년 264건, 2015년 89건, 2016년 62건)으로 매년 감소추세를 나타났다.

〈표 10-2〉 발달단계별 어린이 중독사고 현황 (단위 : 건, %)

구분	영아기 (1세 미만)	걸음마기 (1~3세)	유아기 (4~6세)	취학기 (7~14세)	합계
남아	24 (44.4)	142 (55.7)	16 (48.5)	41 (56.2)	223 (53.7)
여아	30 (55.6)	113 (44.3)	17 (51.5)	32 (43.8)	192 (46.3)
합계	54 (100.0)	255 (100.0)	33 (100.0)	73 (100.0)	415 (100.0)

- (발달단계별) '걸음마기'가 255건으로 전체의 61.4%를 차지하여 가장 많았고, 이어서 '취학기' 73건(17.6%), '영아기' 54건(13.0%), '유아기' 33건(8.0%)의 순으로 나타났다.
- (성별) '남아'가 223건으로 53.7%, '여아'가 192건으로 46.3%를 차지하였다.

〈표 10-3〉 어린이 중독사고 주요 위해품목 (단위 : 건, %)

구분	2014년	2015년	2016년	합계
의약품	88 (33.3)	36 (40.4)	13 (21.0)	**137 (33.0)**
가공식품 · 조리식품	38 (14.4)	11 (12.4)	10 (16.1)	**59 (14.2)**
청소 및 세탁용품	33 (12.5)	7 (7.9)	10 (16.1)	**50 (12.0)**
살충제 · 소독제	18 (6.8)	12 (13.5)	16 (25.8)	46 (11.1)

구분	2014년	2015년	2016년	합계
축산 · 수산물 식품	11 (4.2)	1 (1.1)	2 (3.2)	14 (3.4)
인체 세정용 화장품	7 (2.7)	3 (3.4)	2 (3.2)	12 (2.9)
기타	69 (26.1)	19 (21.3)	9 (14.5)	97 (23.4)
합계	264 (100.0)	9 (100.0)	62 (100.0)	15 (100.0)

- (품목별) 중독사고를 일으키는 주요 위해품목은 감기약 등의 '의약품'이 137건(33.3%)로 가장 많았고, 다음으로 '가공식품 · 조리식품'이 59건(14.2%), 방습제, 가루형 세탁제 등 '청소 및 세탁용품'이 50건(12.0%) 등의 순으로 나타났다.
- 어린이는 호기심이 많아 새로운 물건을 탐색하려고 하므로 손에 잡히는 물건을 무조건 입으로 가져가는 경향을 보인다. 따라서 어린이에게 치명적인 위해를 입힐 수 있는 의약품, 살충제 등을 어린이의 손이 닿는 위치에 놓지 않아야 하며, 보관하는 곳에는 잠금장치를 설치하여야 한다.

■ 주요 중독사고 사례

[의약품 중독사고]

- 2015년 4월 박ㅇㅇ(만 0세, 여)은 할머니의 신경안정제를 실수로 복용하고 약물 중독이 발생하여 치료받음

[가공식품 · 조리식품에 의한 식중독 사고]

- 2015년 5월 권ㅇㅇ(만 9세, 남)은 대게를 먹은 후 식중독에 의한 구토, 설사, 복통으로 응급실을 통해 내원하여 치료받음

[청소 및 세탁용품 중독사고]

- 2015년 11월 주ㅇㅇ(만 1세, 남)은 락스를 실수로 먹고 소화계통의 중독 증상으로 응급실에 내원하여 치료받음

[살충제 · 소독제 중독사고]

- 2015년 11월 김ㅇㅇ(만 0세, 여)은 바퀴벌레약을 모르고 삼켜 살충제 중독으로 응급실을 통해 내원하여 치료받음

출처 : 한국소비자원 위해정보국 위해분석팀(2017). 어린이 안전사고 동향 분석

3. 영유아 약물 오남용 교육의 필요성과 사고

영유아의 약물 오남용 사고는 유아의 호기심에서 비롯되기도 하지만, 부모나 교사의 부주의로 인해 일어날 수도 있다. 유아는 해로운 약물이나 의약품에 쉽게 노출되며, 많은 유독물 사고가 어른들이 함께 있을 때 발생하기 때문이다. 따라서 영유아가 제대로 관리되지 않은 약물이나 의약품에 노출되지 않도록 환경에 대한 철저한 안전관리 및 약물안전교육이 필요하다.

1) 약품에 의한 사고

(1) 타이레놀 오남용

열, 인후통, 두통이 있으면 타이레놀 성분과 같은 진통제를 사용한다. 그러나 최근 미 FDA는 타이레놀 등의 진통제에 포함된 아세트아미노펜 성분을 과다 복용할 경우 간이 제 기능을 못하는 급성간부전 등으로 인한 간 손상을 겪을 수 있다. 현재 성인을 기준으로 아세트아미노펜 성분의 1회 최대 섭취량은 1g으로 규정되어 있으며, 12세 미만 소아의 경우 아세트아미노펜을 복용해서는 안 된다.

(2) 아스피린 오남용

아스피린은 흔히 두통약으로 알려져 있지만 최근엔 최선의 혈액순환 개선제로 밝혀져 심장병이나 중풍을 예방하는 데도 자주 사용된다. 소량의 아스피린은 혈소판의 활성화와 응집을 방지해 혈전이 형성되는 것을 막아주어 심장병과 중풍을 예방해 준다. 하지만 아스피린을 의사와 상의 없이 무턱대고 복용하면 위 쓰림, 드물게는 코피가 나거나 위장 및 뇌출혈, 천식 등을 일으킬 수 있다.

(3) 철분 오남용

철분은 영유아의 건강증진을 위해 평소에 먹는 비타민에 들어 있는 것으로 과량

섭취하게 되면 철분 중독을 일으킬 수 있다. 철분 중독의 초기 증상은 구토, 출혈, 설사, 혈변, 위통을 일으키며 잠복기를 거쳐 전신 중독단계에 들어가면 발열, 고혈당, 출혈, 쇼크를 보이거나 사망할 수도 있다. 생존할 경우에는 발작과 혼수가 나타난다.

2) 화학약품(가정용)에 의한 사고

화학약품에는 세제, 락스, 건전지, 화장품, 아세톤, 매니큐어, 향수, 모기약 등 다양하다. 그러나 이러한 약품들을 방치하게 되었을 때 영유아들에게 미치는 양향이 매우 큼에도 불구하고 방치하는 경우가 많다. 특히, 락스는 부식제이므로 영유아가 마시게 되면 식도나 위에 심한 화상을 입게 되어 천공이 생길 수도 있다.

3) 중금속(납)에 의한 사고

납중독의 가장 중요한 원인은 환경에 분포된 납이다. 납은 수도 배관에서부터 완구나 유모차, 페인트, 자동차 배기가스, 오염된 토양 속에 분포되어 있어 건강을 위협하는 매우 위험한 물질 중의 하나이다.

납은 페인트에 가장 많이 함유되어 있어 납 성분이 포함된 페인트가 칠해진 물건을 영유아가 빨거나 페인트에서 나오는 먼지를 삼키게 되면 납중독에 걸리게 된다. 최근 중국산 장난감에 의한 소아 납중독이 크게 문제되고 있다. 값싼 장난감에는 페인트의 내구성을 늘리기 위하여 납을 섞는 경우가 많기 때문인데, 영유아들이 이런 유해한 페인트가 칠해진 장난감을 만지고 놀면서 피부를 통하여 납성분이 흡수된다. 납 성분이 든 페인트로 도색된 실내, 놀이기구의 벗겨진 페인트, 배터리도 영향을 미치며, 영유아들이 장난감을 입에 넣어 빨기 때문에 흡수되는 경우도 많다. 이는 납이 혓바닥의 미뢰를 특이하게 자극하여 단맛을 내기 때문에, 단맛을 좋아하는 어린이들은 납성분이 함유된 장난감을 계속 빨게 된다.

그 외에도

- 납으로 만들어지거나 납땜을 한 도관에서 나온 물을 마실 때
- 납으로 만들어진 도자기의 사용, 납으로 오염된 토양에서 놀 때

• 착색유리 같은 것을 만드는 취미생활이나 수공예로 납을 사용할 때 등 중독될 수 있다.

미량의 납이라도 일단 노출되면 그에 비례해 지능을 떨어뜨리고 학습능력을 감소시킨다(헬스데이, 2013). 생후 6개월부터 혈중 납 농도와 지능지수(IQ)의 상관관계를 조사한 결과에 따르면, 혈중 납 농도가 1(μg/dL)이 올라갈 때마다 IQ는 1.1씩 떨어졌다. 또 혈중 납 농도가 높은 영유아들 중에서 IQ 125 이상은 없는 것으로 조사되며, 납 때문에 떨어진 IQ는 거의 회복되지 않았다. 특히, 납은 어른보다는 영유아에게 흡수율이 훨씬 높고, 신경행동적 문제와 사춘기의 시작이 또래 아이들에 비하여 더 늦고, 키 성정이 더디어 또래 아이들에 비하여 체중당 키가 더 작은 것으로 나타났다.[1)]

4. 영유아 중독사고 예방법

① 모든 화학제품과 의약품을 영유아가 볼 수 없는 장소에 보관해야 하고, 위험성이 높은 약은 별도의 상자나 잠금장치가 있는 캐비닛에 넣어 안전한 곳에 보관하도록 한다.

① 향수, 화장품, 비타민, 아스피린, 구강세척제, 술 등을 영유아가 섭취하거나 눈에 뿌리게 되면 유해하므로 의사의 진단을 받아야 한다.

③ 모든 화학제품과 의약품은 원래 용기에 담아 보관한다.

④ 위험한 약품들은 음식물과 구분하여 다른 장소에 보관해야 하며, 위험한 약품을 무해한 약품 용기에 담아 보관해서는 안 된다. 만약 오염으로 인해 약품을 다른 용기에 옮겨 담아야 할 때에는 용기에 약품의 이름을 크게 써 붙여 보관한다.

⑤ 유해한 물질은 원래 용기에 보관해야 하며, 제품에 대한 이름이나 설명서를 떼어내지 않는 게 좋다. 설명서에는 약품의 사용법이나 주의사항뿐만 아니라 그 약품에 대한 해독제를 명기해 놓은 경우도 있기 때문이다.

⑥ 약은 밝은 곳에 먹여야 엉뚱한 약을 먹일 가능성이 낮다.

⑦ 약병은 영유아 안전포장이 되어 있는 제품을 사용하는 것이 좋고, 사용 후 반

1) 헬스데이 뉴스(2013). 중금속으로부터 우리 아기 보호하려면

드시 용기 뚜껑을 꽉 닫아두어야 한다.

⑧ 영유아의 약을 먹이는 중이라도 절대로 영유아를 혼자 두지 않아야 한다. 전화를 받는다거나 현관문을 열어주기 위해 나가는 경우라 할지라도 영유아를 혼사 남셔두어서는 안 된다.

⑨ 영유아가 독극물을 마셨을 때는 사고 발생에서 처치할 때까지의 시간이 매우 중요하다. 따라서 이러한 사고가 발생하면 즉각 119로 연락해서 조치를 받는다.

5. 영유아에게 약 먹이는 방법

1) 경구 투여(먹는 약)

경구 투여는 영아에게 약을 먹이는 방법 중 가장 많이 이용되는 방법으로 크게 물약과 알약의 두 가지 제형이 있다. 목으로 넘기는 약의 대부분은 영유아가 삼키기 쉽도록 시럽 등의 용액제의 형태로 만들어져 있고, 용액제가 없는 경우나 특별한 제형의 경우 알약상태로 만들어져 있다.

(1) 물약

물약은 영아에게 약을 줄 때 가장 간편한 제제이다. 물약은 반드시 용량을 정확하게 측정할 수 있는 기구를 사용하여 영유아에게 약을 먹여야 한다. 물약은 일반적으로 컵, 스푼, 경구용 주사기 등을 이용하여 투약하고자 하는 정확한 용량을 측정하여, 반드시 적절한 계량 용기를 사용해야 한다.

(2) 알약

알약은 유아에게 약을 먹이는 가장 쉽고 편리한 방법이다. 이때 특별한 지시가 없는 한 물과 함께 삼키게 하고, 우유나 분유, 오렌지주스, 탄산음료 등과 함께 먹지 않도록 한다. 영유아가 먹기 싫어한다고, 누운 상태에서 억지로 먹이면 목에 걸려 질식할 수도 있다. 충분한 정서적인 지지와 격려를 통해 아이 스스로 앉아 있는 상태에서 먹여야 한다. 먹고 난 후, 입 속에 알약 또는 캡슐제가 남아 있는지 확인하고, 남아 있는 경우 끝까지 먹도록 지도한다.

2) 영유아와 관련된 주의사항

- 영유아의 약은 라벨에 있는 주의사항을 잘 읽은 후, 연령 제한에 맞게 용량을 사용하도록 한다.
- 시럽을 사용하는 경우에는 용량이 표시되어 있는 컵이나 스푼을 사용하며, 일반 숟가락의 사용은 피하도록 한다.
- 영유아의 증상이 악화되었더라고 하더라도 의료진의 지시 없이 용량 증량은 하지 않는다.
- 영유아 스스로 약물 복용은 하지 못하도록 한다.
- 영유아의 손이 닿지 않는 곳에 약물을 보관한다.
- 영유아가 함부로 뚜껑을 열어서 과량복용하게 되는 사고를 미연에 방지하기 위하여 특수 고안된 CRC(Child Resistance Cap) 뚜껑을 사용한다.

3) 어린이를 위한 의약품 사용 안내

출처 : 식품의약품 안전처, 한국의약품 안전관리원

6. 약물 오남용 안전 실제(영아, 유아)

(만 2세)그림책을 통한 약물 오남용 예방교육	
활동명	약은 어른과 함께 먹어요
그림책명	가을 숲 도토리 소식 글 I 우종영 그림 I 하영 출판사 I 파란자전거 
표준보육과정 영역	(기본생활 〉 안전하게 생활하기 〉 위험한 상황알기 〉 위험한 상황과 위험한 것을 알고 조심하기)
활동목표	내 약이라도 보호자가 줄 때 먹는 것임을 안다.
활동자료	그림책, 병원놀이 세트(약병, 약봉지 등을 준비)
활동방법	1. '아기 다람쥐' 노래를 선생님과 불러 본다. – 산골짜기 다람쥐 아기 다람쥐~ 도토리 간식 가지고 소풍을 간다. – (노래를 듣고) 아기 다람쥐가 무엇을 가지고 소풍을 갈까? – 아기 다람쥐는 도토리를 좋아하는 구나~ 2. 선생님과 편안하게 그림책을 함께 본다. – 아기가 산책하며 무엇을 하고 있었니? – 아기가 산책하며 다람쥐가 먹는 도토리나 열매를 마음대로 먹으면 배가 아플 거야~ 3. 바닥에 떨어진 열매나 또 아팠을 때 먹는 약을 마음대로 먹으면 안 된다는 것을 이야기 한다. – 아기가 바닥에 떨어져 있는 도토리를 먹었다면 어떻게 되었을까? – 배가 아프고 열이 나면 어떻게 하면 될까? – ○○가 혼자서 약을 먹으면 위험하단다. 어른과 함께 먹어야 해. – 내가 먹는 약이라도 먹을 때는 보호자(선생님)가 주는 약을 먹는 거야~
주요 상호작용	○○야! 약은 선생님(보호자)이 줄 때만 먹는 거야~
연계활동	약을 먹는 여러 가지 상황의 그림카드를 보고 맞는 그림을 찾아 본다.
유의사항	생활 속에서 먹을 수 있는 것과 먹을 수 없는 것을 이야기하며 자연스럽게 활동한다. 또한 투약하는 상황에서 영아가 약을 함부로 만지지 않게 주의하며 안전교육관련 내용을 이야기 한다.
평 가	약을 함부로 만지지 않고 보호자가 줄 때만 먹을 수 있다.

출처 : 어린이집안전공제회(예방자료실). 그림책을 활용한 영아 안전교육 프로그램

<table>
<tr><th colspan="2">(만 5세)약물 오남용 예방교육</th></tr>
<tr><td>활동 유형(영역) : 이야기 나누기</td><td>'약'이란 무엇일까요?</td></tr>
<tr><td>누리과정 관련 요소</td><td>• 신체운동건강 : 안전하게 생활하기 – 안전하게 놀이하기
• 의사소통 : 듣기 – 이야기 듣고 이해하기 / 말하기 – 느낌, 생각, 경험 말하기</td></tr>
<tr><td>활동목표</td><td>• 약의 용도에 관심을 가진다.</td></tr>
<tr><td>활동자료</td><td>PPT, 여러 약 사진 (또는 투약함 실물 약품들), 투명용기, 구급약 상자</td></tr>
<tr><td>활동방법</td><td>1. PPT의 다친 아이와 아픈 아이 그림을 보고 이야기 나눈다.
– 너희들도 다쳤던 적 있니?
– 언제 다쳤었니?
– 다쳤을 때 어떻게 했니?
– 아팠던 적은 있니?
– 언제 아팠었니?
– 아팠을 때 어떻게 했니?
– 약을 왜 먹거나 발랐니?
– 약을 먹었을 때 맛은 어땠니? 약을 발랐을 때 느낌이 어땠니?

2. 여러 가지 약 사진자료 또는 실물자료를 제시하고 자신이 먹거나 발라 봤던 약을 찾아본다.
– 이 약의 이름은 무엇일까?
– 왜 이 약을 먹었니(발랐니, 뿌렸니)?

3. 약을 먹거나 바른 후 변화에 대해 이야기 나눈다.
– 약을 먹었더니 아픈 곳이 어떻게 되었니?
– 약을 발랐더니 상처 난 곳이 어떻게 되었니?

4. 약을 용도에 맞게 사용해야 하는 것에 대해 이야기 나눈다.
– 만약 다친 곳에 바르는 연고를 먹으면 어떻게 될까?
– 아플 때 먹는 약을 몸에 바르면 어떻게 될까?

5. 약을 사용하고 잘 보관해야 함을 이야기 나눈다.
– 남은 약은 어떻게 보관해야 할까?
– 아무데나 두면 어떤 일이 생길까?</td></tr>
<tr><td>활동의 유의점</td><td>• 실물 약품을 보여 주면서 교육하면 좋으나, 영아의 경우 위험할 수도 있으므로 주의를 기울인다.</td></tr>
<tr><td>활동평가</td><td>• 약의 용도에 관심을 갖는지 평가한다.
– 약의 용도에 관심을 갖는가?</td></tr>
<tr><td>확장활동</td><td>활동지 〈언제, 약을 사용할까요?〉를 활용하여 약을 언제 사용하는 것인지 바르게 연결해 보면서, 약의 사용법에 대해 알아본다.</td></tr>
</table>

출처 : 소방방재청, 유아 안전교육 프로그램 교사용 지도서 및 부모용 자료

Chapter 11

교통 안전

1. 교통 안전의 정의
2. 교통사고 현황
3. 교통사고 예방과 교육방법
4. 교통사고 대처방법
5. 교통 표지판
6. 자동차용 어린이 보호장치
7. 등 · 하원 인계절차
8. 교통 안전 실제(영아, 유아)

3. 교통사고 예방과 교육방법

1) 보행자 안전

(1) 등 · 하원길 보행자 안전

도보로 등 · 하원을 하는 경우 가장 안전한 길로 신호등과 건널목이 가장 적고 공사장 등 위험한 장소가 없는 곳을 이용하도록 한다. 이때 왜 그 길이 안전한지, 그 길에서 일어날 수 있는 위험이 무엇인지에 대해서 자세히 알려준다. 또한 등 · 하원 시간은 충분한 시간적 여유를 가지고 다니며, 보도 안쪽으로 걷도록 하고 마주 오는 차량을 살핀다. 교사와 함께 갈 때는 뒤돌아보며 걷거나 장난하지 않도록 한다.

(2) 골목길, 주차장에서의 보행안전

골목길에서 차도로 나올 때는 앞뒤 좌우를 살펴보며 천천히 걸어 나오고 골목에서 차도로 나올 때는 뛰지 않는다. 차가 다니는 좁은 골목에서는 차가 지나갈 때까지 기다렸다 가고 주차장에서 차들 사이를 지나갈 때에도 뛰지 않고 앞뒤 좌우를 살핀 후 천천히 걸어나간다. 또한 차가 다니는 좁은 골목길이나 주차장에서는 공놀이나 자전거를 타지 않도록 한다.

(3) 시간상황의 변화에 따른 보행안전

시간이 지나 어두워지기 전에 집에 돌아가야 함을 알려주고 늦게까지 영유아 혼자 다니지 않도록 한다. 비가 올 때는 우산보다는 노란색 비옷을 입도록 하며, 우산을 들어야 할 때는 우산은 높이 들고 차도 가까이로 걷지 않는다. 추운 날씨에 귀마개를 착용하게 되면 주변 소리를 들을 수 없을 수 있으므로 귀마개는 착용하지 않는다. 보도에서는 밝은 곳으로 다니며 평상시에 밝은색의 옷을 입는다. 또 자동차는 손을 들어도 항상 멈추지 않으며 멈춰 있는 차도 움직일 수 있다는 것을 이해하도록 하고 항상 차 앞쪽으로 걸을 수 있도록 한다. 해가 져서 어두워지면, 자동차, 트럭 뒤에서는 놀지 않아야 하며, 그런 차들의 뒤를 지나갈 때에는 빨리 지나간다.

(4) 신호등이 있는 횡단보도에서의 보행안전

횡단보도에 섰을 때 정면의 보행자 신호가 초록불이 들어오면 건넌다. 초록불이 켜지더라도 왼쪽에서 차가 멈춘 것을 확인하고, 왼손을 들고 차가 오는 방향을 바라보며 건도록 한다. 안전 횡단의 3원칙 '선다(STOP) → 살핀다(LOOK) → 건넌다(GO)'를 반드시 지키도록 한다.

길을 건너는 방법 - 도로 횡단 5원칙

1. **멈춘다**: 어린이가 움직이는 상태에서는 교통상황을 확인하기 어렵다.
2. **좌우를 본다**: 도로 좌측과 우측을 보고 차가 멈춘 것을 확인한다.
3. **손을 든다**: 내가 건널 것임을 운전자에게 알리고 준비할 시간을 준다.
4. **운전자를 본다**: 운전자와 눈을 맞추며 차가 멈춰 있는 것을 다시 확인한다.
5. **건넌다**: 손을 들고 운전자나 차를 보면서 안전하게 건넌다.

(5) 신호등이 없는 횡단보도에서의 보행안전

건너려고 하는 곳의 가까운 곳에 있는 육교나 지하도를 이용한다. 육교나 지하도가 없을 때에는 교통경찰의 수신호에 따라 건너고, 운전자의 얼굴을 보면서 차가 가까운 쪽의 손을 들고 건넌다. 그리고 횡단보도에 차가 멈춰 있어 차 사이로 건너야 하는 경우에는 정리한 자동차 사이 등을 피하여 횡단하며, 어른과 함께 건너야 한다.

신호등이 없는 횡단보도를 건널 때의 교통안전지도

1. **멈춘다**: 도로를 건너거나 차도를 나갈 때는 일단 멈춘다.
2. **도로 왼쪽, 오른쪽을 주의깊게 살핀다**: 차량이 완전히 멈추었는지 확인한다.
3. **차량을 확인할 때는 꼭 운전자와 눈을 맞춘다**
4. **횡단보도의 오른쪽에서 운전자를 보며 손을 든다**: 차는 왼쪽에서 다가오므로 횡단보도의 오른쪽에서 왼손을 들고 왼손 방향의 차량을 확인하며 출발한다.
5. **횡단보도를 건너는 동안 차를 계속 보며 건넌다**: 도로를 건널 때는 손을 들고 차를 계속 보면서 대각선 방향으로 건넌다.

2) 자전거 안전

자전거는 안전한 장소에서 안전장구를 착용하고 타도록 한다. 운전자의 눈에 띄기 좋은 밝은 옷을 입고 야광등을 부착한다.

횡단보도에서는 자전거에서 내린 후 끌고 가며, 자전거 횡단도로 길을 건널 때는 자전거를 타고 주의하며 길을 건넌다.

3) 퀵보드 안전

퀵보드는 타기 전에 고장이 없는지 확인하고, 내리막길은 가속이 되어 위험하므로 달리지 않는다. 퀵보드는 차가 다니지 않는 장소나 평지에서 타고 물건을 손에 들고 타지 않는다. 항상 양쪽 손잡이를 잡고 타고, 횡단보도를 건널 때는 반드시 내려서 들고 건넌다. 모터가 달린 킥보드는 위험할 수 있으므로 타지 않는다.

4) 인라인스케이트 안전

인라인스케이트를 탈 때는 반드시 헬멧과 무릎, 팔꿈치 보호대를 착용하고, 차가 다니는 도로나 골목에서는 타지 않는다.

주 · 정차된 자동차 주변에서 타지 않으며 인라인스케이트를 신고 계단을 오르지 않고 내리막길은 가속이 되어 위험하므로 달리지 않는다.

5) 버스 안전

(1) 일반 버스

버스를 탈 때는 차가 다니는 도로로 내려서지 않고 보도에서 차례로 줄을 서서 기다리며, 다가오는 버스를 향해 뛰어가지 않는다. 차에서 내릴 때, 치마를 입은 경우 걸려 넘어지지 않도록 한 손으로 치마를 잡고 내리고, 내린 후 길을 건너야 할 때는 버스가 완전히 지나간 다음 왼쪽과 오른쪽을 확인한 후 안전하게 건넌다.

(2) 통학버스

통학버스가 완전히 정차한 후, 교사가 타도 좋다는 신호를 보내면 승차한다. 옷자락이나 신발 끈이 끼이지 않도록 잘 여미고 가방이 문이나 손잡이에 걸리지 않게 조심하며, 통학버스에서 내리면 빨리 안전한 보도 위로 올라서게 한다. 만약 유아가 통학버스 가까이에 물건을 떨어뜨린 경우라면 절대로 유아가 줍게 하지 말고, 반드시 운전자에게 말을 한 후 보호자가 줍는다. 예를 들어, 유아가 공놀이를 하다가 자동차 밑으로 공이 굴러 들어갔다면 유아가 자동차 밑으로 절대 들어가지 않고 성인에게 도움을 요청할 수 있도록 지도한다.

6) 승용차 안전

유아는 조수석에 앉지 않고 뒷좌석에 앉히며, 차 안에서 장난하거나 팔이나 얼굴을 밖으로 내밀지 않도록 한다.

어린이들에게 가장 잘 일어나는 10대 교통사고 유형과 안전대책

1. 무단횡단사고

어른들 자신이 무단횡단하는 모습을 보여 주지 말아야 하고, 무단횡단의 위험성을 알려주는 교통안전교육을 실시해야 한다.

2. 신호등이 있는 횡단보도사고

초록 신호등에서도 길을 건너기 전 우선 멈추고 주위를 살핀 후 오른쪽에서 손을 들고 길을 건너는 습관을 길러야 한다.

3. 신호등이 없는 횡단보도사고

운전자를 보고 눈을 맞춘 후 손을 들고 차가 멈추는 것을 반드시 확인한 후 건너게 해야 한다.

4. 수 · 성자된 차량 사이를 시나는 횡단사고

일단 멈추어서 주행 차량이 있는지 반드시 확인하게 해야 한다.

5. 갑자기 차도로 뛰어들어 발생하는 사고

공이 차도로 굴러가거나 길 건너편의 친구에게로 갈 때 등에는 언제나 침착하게 일단 멈추는 습관을 갖게 하며, 어떤 상황에서든 뛰어다니면 사고 위험이 매우 높아진다는 것을 알려준다.

6. 버스의 바로 앞, 뒤를 돌아 횡단하다가 발생하는 사고

버스가 완전히 지나간 후 횡단하게 한다.

7. 큰 차가 회전할 때 일어나는 사고

큰 차가 회전할 때 뒷바퀴는 앞바퀴보다 훨씬 안쪽으로 지나가므로 차도에 내려 서 있지 말고, 꼭 인도 위에서 걷거나 기다리게 해야 한다.

8. 차 뒤, 차 밑에서 놀다가 나는 사고

멈춰 있는 차는, 항상 뒤로 움직일 수 있다는 사실을 알려준다.

9. 보호장구를 착용하지 않은 사고

자전거나 인라인 스케이트, 퀵보드 등을 탈 때에는 꼭 헬멧이나 무릎 보호대를 착용하게 한다(자전거 사망사고의 70%가 헬멧을 착용하지 않아 생긴다).

10. 자전거, 롤러스케이트 사고

자전거나 롤러스케이트는 안전한 장소에서 타게 한다.

출처 : http://cafe.daum.net/gabe8212/2f0n/9

영유아는 교통안전과 관련하여 자기중심적이며, 교통법규와 안전수칙에 대한 지식이 낮아 교통사고 발생의 위험이 높다. 따라서 영유아들의 이러한 특성을 파악하여 적절한 대처로 교통사고를 예방해야 한다. 영유아의 발달적 특성과 교통안전 교육의 필요성을 정리하면 다음과 같다(광주광역시 교육청, 2000 ; 이기숙, 장영희, 정미라, 윤선화, 2016).

① 영유아는 눈높이가 낮기 때문에 시야가 극히 제한적이고, 눈의 망막 주변부에 물체를 비추었을 때 그 물체를 알아볼 수 있는 능력이 떨어진다. 성인의 시야는 수직 방향으로 120도, 수평 방향으로 150도이지만 영유아는 그 범위가 각각 70도, 90도로 좁아서 자동차가 있는 방향으로 직접 머리를 돌려야만 자동차를 볼 수 있다.

② 영유아는 자동차의 접근 속도와 자동차의 거리에 대한 감각이 정확하지 않다. 그러다 보니 자동차가 오는 것을 보고 충분히 길을 건널 수 있다고 판단하여 길을 건너지만 교통사고로 희생될 가능성이 있다. 심지어 가까이 있는 작은 차가 멀리 있는 큰 차보다 더 멀리 있는 것으로 착각하기도 한다.

③ 영유아는 상황판단이 약하여 자기들이 관심이 있는 상황에 집중하면 주위의 다른 일들을 생각하지 못한다. 예를 들어, 길에서 한 가지의 놀이에 몰두하게 되면 차가 가까이 와도 모르고 놀이를 하거나, 공놀이를 하다가 도로로 공이 굴러가면 공을 잡는 것만 생각하여 도로로 뛰어 들게 된다. 또한 자기중심적인 사고를 하므로 도로로 공을 주으러 가면 차가 멈추거나 피해줄거라 생각한다.

④ 영유아는 운동능력이 약하다. 영유아들의 지각과 행동 간에는 발달상의 차이는 있지만, 영유아들은 어떠한 자극에 대하여 반응시간이 늦으며, 신체조절능력도 떨어진다. 즉, 앞서 가는 어머니나 친구를 따라갈 때 차가 다가오면 차를 피해 갑자기 멈추거나 방향을 바꾸기가 매우 힘들다.

⑤ 영유아는 구체적인 사물이나 심상을 통하여 기본적인 사고는 가능하지만, 아직 개념적 조작능력이 충분하지 못해 말만으로는 구체적인 행동과 관련시켜 이해하기 어렵다. 예를 들어, "차 조심해라"라는 말보다는 "신호등을 건널 때에는 꼭 초록불일 때 건너고, 초록불이더라도 차가 멈추는지 확인하고 건너라!"라는 구체적인 말을 해주어야 한다.

⑥ 영유아들은 모방심리가 강하여, 성인들이 무심코 보이는 나쁜 습관을 금방 따라하게 된다. 예를 들어, 어머니가 횡단보도에서 빨간불임에도 건넌다면 영유아들도 그럴 가능성이 높다.

4. 교통사고 대처방법

1) 부상자를 옮길 때는 가능한 팔, 다리, 목이 움직이지 않도록 하여 움직인다.
   - 머리, 척추나 팔, 다리 등을 다치는 일이 많기 때문에 부상자를 함부로 옮기게 되면 더욱 충격이 커질 수 있다.
   - 부상자를 옮겨야 할 경우에는 유아의 몸을 수평으로 유지하고 될 수 있는 대로 몸이 움직이지 않도록 고정해서 안전한 장소로 옮기도록 한다.

2) 구급차는 119번을 통해서 부른다.

3) 유아의 상태를 안전하게 유지시킨다.
   - 의식이 있는 경우 유아를 안심시킨다.

- 의식이 없을 때에도 흔들어 움직이거나 일으키려고 해서는 안 된다.
- 불러도 반응이 없을 때는 기도를 열어 주고 호흡이나 맥박 상태를 살펴보아야 한다.
- 호흡이 멈추었을 때는 인공호흡, 맥박이 멈추었으면 인공호흡과 심장 마사지, 출혈이 심할 때는 지혈조치를 한다.

4) 후유증을 방지하기 위하여 가벼운 부상이라도 의사의 진단을 받는다.

5) 사고를 일으킨 운전자의 주소나 성명을 파악한다.

6) 교통사고를 경찰관에게 신고한다.

5. 교통 표지판

교통안전표지는 도로 이용자에게 필요한 정보를 사전에 정확하게 전달하고, 통일되고 균일한 행동이 이루어지도록 함으로써 교통의 소통을 증진시키는 역할을 한다.

1) 주의표지

빨간색 테두리와 세모 모양의 표지판으로 이루어져 있다. 도로상태가 위험하거나 도로 또는 그 부근에 위험물이 있는 경우에 필요한 안전조치를 할 수 있도록 이를 도로사용자에게 알리는 표지이다.

2) 규제표시

모두 빨간색 테두리를 가지며, 대부분 빨간색 빗금이 그어져 있다. 도로교통의 안전을 위하여 각종 제한 · 금지 등의 규제를 하는 경우에 이를 도로사용자에게 알리는 표지이다.

3) 지시표시

주로 파란색 표지판으로 이루어져 있다. 도로의 통행방법 · 통행구분 등 도로교통의 안전을 위하여 필요한 지시를 하는 경우에 도로사용자가 이에 따르도록 알리는 표지이다.

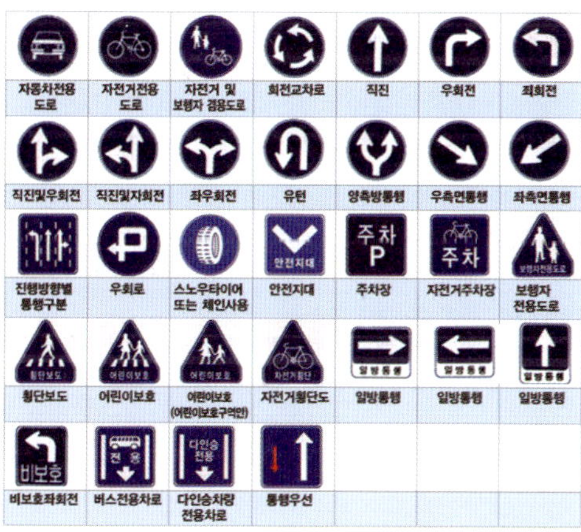

※ 보행자지시(총 5개)

 321 보행자전용도로	• 보행자의 전용도로의 입구나 기타 필요한 구간에 설치한다. • 구간의 시작과 끝의 보조표지를 병설한다. • 구간 내에 교차하는 도로가 있는 경우에는 교차로 부근의 중복하여 도로 우측 또는 중앙에 설치한다.
 322 횡단보도	• 횡단하는 보행자를 보호할 필요가 있는 장소나 지점에 설치한다. • 횡단보도가 있는 곳에서 필요한 지점에나 장소에 설치한다. • 보행자 및 차량의 교통량이 많은 장소에 설치한다. • 육교, 지하도 부근이나 다른 횡단보도로부터 200m 이내에는 설치하지 않지만 어린이 보호구역이나 보행자의 안전에 필요한 경우에는 설치한다.
 323 어린이보호	• 어린이 또는 유아의 보호가 특별히 요청디는 통행로나 횡단보도가 있는 지점에 설치한다.
 324 어린이보호구역안	• 어린이보호구역이 시작되는 지점의 도로양측에 설치한다. • 학교 및 유치원의 어린이 통행로가 있을 경우 학교의 주 출입문을 중심으로 반경 300m 이내의 구역에 설치한다. • 학교 및 유치원의 어린이 통행로가 있을 경우에는 현장조사 후 전문가의 설계를 거쳐 권역설정을 한다.
 325 자전거횡단보도	• 자전거 횡단이 가능한 것을 알리거나 지시하기 위해 설치한다. • 자전거 횡단도를 설치한 지점이나 장소에서 필요한 곳에 설치한다. • 자전거 이용자가 차도를 빈번하게 횡단하는 지역이나 장소에서 횡단하는 자전거 이용자를 특별히 보호할 필요가 있는 장소나 지점에 설치한다.

6. 자동차용 어린이 보호장치

1) 자동차용 어린이 보호장치(영아용 보호장구)의 올바른 선택방법

(1) 자동차용 어린이 보호장치란?

자동차에 의한 교통사고 시 승차하고 있는 어린이를 상해로부터 보호하거나 상해

를 경감하기 위하여 그 차량에 붙어 있는 안전벨트를 사용하여 자동차의 시트 위에 부착하여 사용하는 장치

(2) 자동차용 어린이 보호장치 선택방법은?

① 먼저 통학차량의 승객석 안전벨트 종류를 확인한다(Ⓐ 2점식 안전벨트 Ⓑ 3점식 안전벨트).

② 확인된 안전벨트 종류에 맞는 안전인증 검사기준을 선택한다. Ⓐ 2점식 벨트 → W2 Ⓑ3점식 벨트 → W1, W2

③ 안전인증(KC)된 제품인지 확인한다(안전인증서, 인증번호).

④ 제품 사용설명서를 설치 전 자세히 읽어보고, 안전하게 장착한다.

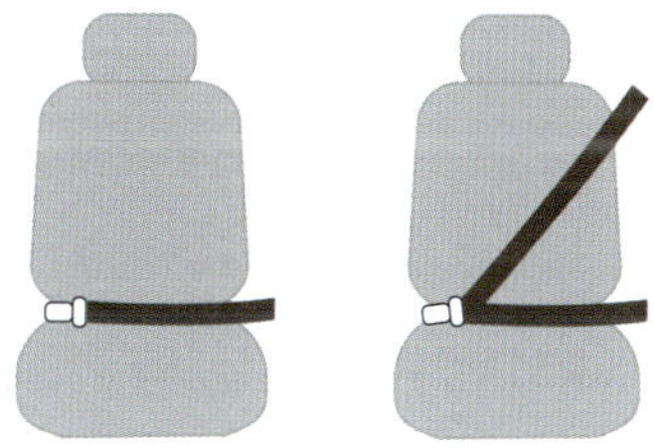

Ⓐ 2점식 벨트　　Ⓑ 3점식 벨트

(3) 안전인증(KC)이란?

「품질경영 및 공산품 안전관리법」 제2조 제7항에 의하여 소비자의 생명, 신체에 대한 위해 재산상의 피해 등을 방지하기 위한 법으로 안전관리대상 공산품을 지정 관리하는 제도로, 2011년부터 국가통합인증마크(KC)를 사용하고 있다.

안전인증번호 : 00000000

〈표 11-2〉 안전인증 검사기준

구분	체중범위(kg)
W1	W1 10kg 미만
W2	W2 9kg ~ 18kg 이하
W3	W3 15kg ~ 25kg 이하
W4	W4 22kg 이상

※ '영아용 보호장구'는 자동차용 어린이 보호장치 중 영아의 체중범위에 해당되는 안전인증 검사기준(W1, W2)을 선택, 사용하여야 함

출처 : 제3차 평가인증 통합지표(2017)

안전인증

2011년 이전에 실시한 공산품 안전인증마크

① 성인 탑승 시 : 운전자, 보육교사 등 성인이 차량에 탑승할 경우 좌석 안전띠를 착용하여야 한다. 특히, 영유아의 탑승 · 하차를 돕는 교사는 수시로 안전벨트를 풀고 잠그는 것을 습관화한다.

② 유아 탑승 시 : 유아가 차량에 탑승할 경우 안전벨트를 착용하여야 한다.

③ 영아 탑승 시 : 영아가 차량에 탑승할 경우 교사가 동승해야 하며 보호장구를 착용하고, 36개월 미만 영아를 탑승시키는 경우에는 영아용 보호장구를 착용하는 것을 원칙으로 한다.

④ 주의사항

- 영아용 보호장구 착용 시 주의사항
  - 보호장구를 착용하기 전에 제대로 작동이 되는지 여부를 확인한다.
  - 몸이 움직이지 않게 고정시킨다.
  - 보호장구가 장시간 햇빛에 노출되어 있었다면, 영아 피부에 화상의 염려가 없는지를 확인하고 뜨거울 경우 충분히 식힌 후 착용한다.
- 유아용 안전띠 착용 시 주의사항
  - 좌석의 높낮이를 조절하고 자세를 바르게 한 상태로 의자 깊숙이 앉는다.
  - 안전띠가 꼬이지 않았는지 확인한다.
  - 안전띠 착용 버튼이 찰칵 소리가 나도록 단단히 잠근다.
  - 한 사람당 한 개의 벨트를 맨다.
  - 허리띠는 골반에 어깨띠는 어깨 중앙에 걸치도록 맨다.

교통안전공단에서 안전벨트 착용의 중요성에 대해 체험중인 유아들

2) 차량용 소화기와 구급상자

(1) 차량용 소화기

① 보관 위치

- 차량용 소화기는 다음과 같은 장소에 비치한다.
  - 통학차량 내

– 직사광선을 피하고 습기가 적고, 그늘지고 건조한 곳
– 불이 났을 때 운전자와 교사가 빨리 소화기를 꺼낼 수 있는 곳
– 통행에 방해되지 않으면서 눈에 잘 띄는 곳
– 영유아 손에 닿지 않는 곳

※ 권장하는 위치 : 운전자의 좌석 안쪽, 문 옆 등

② 관리방법

- 제조일자, 회사명, 연락처 등이 표기되어 있는지 확인한다.
- 국가검정 스티커가 붙어 있는지 확인한다.
- 외관상으로 녹이 슬거나 파손된 부분은 없는지 살펴본다.
- 약제가 굳지는 않았는지, 거꾸로 흔들어서 미세한 분말이 움직이는 느낌이 있는지 확인한다.
- 굳지 않도록 월 1회 정도 흔들어준다.
- 압력계의 지시 바늘이 녹색 범위를 가리키고 있는지 확인한다.
- 소화기와 소화기 점검표를 함께 비치하여 정기적으로 점검 및 관리한다.

③ 차량용 소화기 사용방법

① 소화기의 안전핀을 뺀다.
② 바람을 등지고 3~5㎝ 전방에서 호스를 불쪽으로 향하게 한다.
③ 레버를 움켜쥔다.
④ 손잡이를 힘껏 움켜쥐면서 불길 양옆으로 골고루 약제를 방사한다.

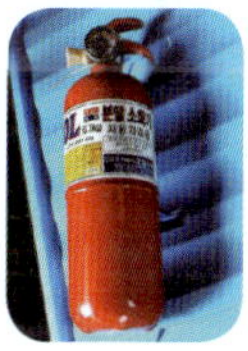

(2) 구급상자

① 보관 위치

- 구급상자는 다음과 같은 곳에 비치한다.

– 통학차량 내(운행 중 또는 급정거 시 떨어지지 않는 곳)
– 직사광선을 피하고 습기가 적고, 그늘지고 건조한 곳
– 응급사고 시 빨리 구급상자를 꺼낼 수 있는 곳
– 통행에 방해되지 않으면서 눈에 잘 띄는 곳
– 영유아 손에 닿지 않는 곳

※ 권장하는 위치 : 운전자의 수납장, 교사 좌석의 밑부분 등

② 관리방법

- 약품 용기는 분실될 우려가 있으므로 약품에 직접 사용(유효)기한을 표시하는 것을 권장한다.
- 사용(유효)기한이 지나거나 표시가 없는 약품은 사용하지 않고 즉시 버린다.
- 다음과 같은 비상약품을 사용할 수 있다.

비상약품(외용제)	간이 의료기구
과산화수소수, 베타딘, 항생제 외용연고, 근육용 마사지 연고, 화상용 바세린 거즈, 생리식염수, 벌레 물린 데 바르는 연고	붕대, 거즈, 소독솜, 삼각붕대, 탄력붕대, 칼, 가위, 핀셋, 반창고, 일회용 장갑, 일회용 반창고, 부목류, 체온계

3) 통학차량 안전수칙

(1) 교사 안전수칙

① 공통

- 영유아는 뛰어다니는 경향이 있으므로 항상 주위를 살핀다.
- 영유아는 몸이 작아 잘 보이지 않고, 작은 충격으로도 큰 피해를 입을 수 있으니 항상 세심한 주의를 기울여야 한다.

② 출발 전

- 영유아를 태울 때에는 「영유아보육법」 제2조 제5호에 따라 교사는 반드시 동승한다.
- 차량 내 구급상자, 차량용 소화기가 있는지 확인한다.
- 통합차량 탑승 시 교사는 눈에 잘 띄는 색상의 옷을 입는다.
- 통학차량 창문이 잘 잠겼는지 확인하고, 열려 있는 창문이 있을 경우 반드시 잠근다.
- 통학차량에 탑승하기 전에 영유아의 옷자락이나 신발 끈, 가방이 끼이지 않도록 잘 여민다.
- 영유아가 승강구 발판에 잘 올라갈 수 있도록 손을 잡아주고 영아는 안아서 올려 준다.

- 탑승할 때 영유아가 차문이나 손잡이에 걸리지 않았는지 확인한다.
- 36개월 미만 영아는 모두 영아용 보호장구(카시트)를 착용시킨다.
- 유아는 안전벨트를 착용하도록 도와준다.
- 교사는 차량에 탑승한 영유아의 인원 및 신싱을 확인힌다.
- 교사는 안전벨트를 착용한다.

③ 운행 중

- 모든 탑승자는 목적지에 도착하여 차에서 내리기 전까지 안전벨트를 계속 착용하도록 한다.
- 영유아가 큰소리로 떠들거나 자리에서 일어나지 않도록 한다.
- 통학차량을 처음 접하는 신입 영유아, 장애 영유아와 이탈행동이 빈번하거나 산만한 영유아는 교사와 가까이에 좌석을 배정하고 보다 세심한 주의를 기울인다.
- 구토, 어지럼증 등의 증상이 있는지 영유아의 건강상태를 확인한다.
- 교사 간 필요 이상의 대화 또는 수면을 취하지 않는다.
- 관련 업무 외에 휴대폰, 이어폰 등을 사용하지 않는다.

④ 도착 시

- 차가 완전히 정차한 후 교사는 하차할 영유아의 안전벨트를 풀어준다.
- 교사가 내리기 전 교통상황(지나가는 오토바이, 자전거 등)을 확인한다.
- 교사는 영유아보다 먼저 하차하여 차량 출입구 좌측에 서서 영유아를 안전하게 내리도록 도와준다.
- 먼저 내린 영유아는 차 주변을 돌아다니지 않도록 주의시키고 안전한 장소에서 기다리게 한다.
- 영유아를 보호자에게 직접 인계한다.
- 통학차량에 남은 영유아의 인원 및 신상을 확인한다.

⑤ 운행 완료

- 통학차량에 남아 있는 영유아가 있는지, 두고 내리는 물건은 없는지 확인한다.

(2) 영유아 안전수칙

① 출발 전

- 차가 완전히 멈출 때까지 타려고 뛰어가지 않는다.
- 앞사람을 밀지 않고 차례로 줄을 서서 차를 탄다.
- 물건이 떨어져도 차 밑으로 손을 넣지 않는다.
- 손잡이를 잡고 통학차량에 올라탄다.
- 교사가 안전벨트를 해줄 때까지 바르게 앉는다.

② 운행 중

- 큰소리로 떠들거나 심한 장난을 치지 않는다.
- 창문을 열고 손, 얼굴을 내밀지 않는다.
- 도움이 필요할 때는 교사에게 도움을 요청한다.

③ 도착 시

- 목적지에 도착하여 차에서 내리기 전까지 안전벨트를 계속 착용한다.
- 통학차량에서 내리면 보호자에게 바로 달려가지 않고 좌 · 우를 살핀 후 걸어서 간다.

7. 등 · 하원 인계절차

1) 인계절차 수립

(1) 인계절차 수립 시 포함 내용

- 모든 영유아가 등 · 하원하는 구체적인 절차와 방법이 포함되어야 한다.
- 구체적인 절차 및 방법
  - 지정된 보호자에게 영유아를 인계한다는 내용
  - 부모가 희망하더라도 영유아를 혼자 귀가시키지 않도록 한다는 내용
  - 다른 성인에게 인계할 경우 반드시 인계하는 사람의 전화번호 및 성명, 아동과의 관계 등 신원 확인을 한다는 내용

(2) 등 · 하원 인계절차

- 입소 시 가정의 상황(직접 인계, 통학차량 이용)에 따라 부모님이 선택해서 결정한다.
- 지정된 보호자에게 영유아를 인계한다.
- 부모가 희망하더라도 영유아를 혼자 귀가시키지 않는다.
- 모든 영유아(통학차량 이용 포함)는 다른 성인에게 인계할 경우 반드시 보호자의 전화, 서면으로 확인해야 한다.

〈표 11-3〉 등 · 하원 인계절차

구분	부모님이 직접 등 · 하원하는 방법	어린이집 통학차량을 이용하는 방법
등 · 하원 시간	• 등원 : 자녀교육활동에 지장을 주지 않도록 9시 50분까지 • 하원 : 19시 30분 전에 부모님이 원하는 시간으로 가능	• 지역별 순차적 통학차량시간에 맞춰 등원
지도	• 어린이집 실내까지 데려다 주고 교사에게 직접 인계	• 통학차량 승 · 하차 장소와 시간 준수하기 • 결석 또는 차량 미이용의 경우 사전에 연락주기 • 승차 전과 하차 후는 보호자 책임 안내
기준	• 어린이집 운영 시간 내 가능	• 지역별 통학차량 코스표 참고

(3) 등 · 하원 인계절차

영유아의 인계과정에 대한 기본 원칙

▶ ○○○어린이집에서는 귀가 시 발생할 수 있는 안전사고(예 : 미아, 유괴 등)를 사전에 방지하고자 학기 초에 귀가동의서에 작성해 주신 명단의 보호자에게만 영유아를 인계하도록 되어 있습니다. 영유아의 등 · 하원 시 보호자의 인계과정에서 영유아의 보호자를 확인하고 인계하는 절차에 대한 규칙을 교사뿐만 아니라 학부모님들께서 엄격하게 지키는 것이 사고 예방을 위해 필요합니다.

▶ 영유아의 귀가 시 인계과정이 원활하게 이루어지고 영유아의 안전한 귀가가 이루어질 수 있도록 학부모님들의 많은 협조 부탁드립니다.

1. 입소 시 보호자가 귀가동의서로 제출한 명단의 보호자에게만 영유아를 인계하도록 합니다.
2. 부모님께서 귀가동의서에 작성해주신 명단의 보호자에게만 영유아를 귀가시키는 것을 원칙으로 하나 부득이하게 다른 성인이 영유아를 귀가시킬 경우에는 반드시 사전에 어린이집으로 전화를 주셔서 알려주시기 바랍니다.
3. 영유아는 등 · 하원 시 반드시 보호자와 함께 동반해야 합니다(부모님의 요청이 있어도 영유아 혼자서 하원할 수 없으니 부모님께서 원으로 직접 방문해 주시기 바랍니다).

(4) 귀가동의서 기재 내용

- 입소시 모든 영유아의 보호자에게 귀가동의서를 받는다.
- 필수기재 사항 : 영유아의 이름, 귀가 시 영유아를 인계받을 보호자의 이름, 관계 및 연락처, 보호자의 서명

  ※ 귀가동의서(p. 78 참고)

(5) 등 · 하원 일지

등 · 하원 일지 작성

- 모든 영유아의 도보, 차량 이용에 대한 등 · 하원 일지를 작성한다.

  ※ 등 · 하원 일지(교사용)

〈표 11-4〉 등 · 하원 일지(교사용)

2018년 월 일 요일 날씨 : 맑음, 흐림, 비, 눈	결재	탑승교사	원장
차량번호		탑승교사	
운전자명		승차영유아 수	명

〈교사준수사항 점검표〉

점 검 내 역	상태						비 고
	월	화	수	목	금	토	
① 차량에 안전하게 탑승시키고 안전벨트를 착용시킨다.							
② 차량탑승교사는 눈에 잘 띄는 색상의 옷을 입는다.							
③ 차량에는 원아를 보호 할 수 있는 교사가 탑승한다.							
④ 원아는 항상 보호자에게 직접 인계한다.							
⑤ 차량에는 보호장구 및 구급상자 등이 있는지 확인한다.							
⑥ 차를 출발 또는 후진시키기 전에 영유아가 어디 있는지 살핀다.							

〈영유아 등 · 하원 일지표〉

영유아명	반명	월				화				수				목				금				토			
		등원		하원		등원		하원		등원		하원		등원		하원		등원		하원		등원		하원	
		출발	도착	출발	도착	출발	도착	출발	도착	출발	도착	출발	도착	출발	도착	출발	도착	출발	도착	출발	도착	출발	도착	출발	도착
신 ○○	푸름반																								

사고사례와 예방법 승·하차 대기 중 사고(어린이집 승·하차 대기 중 사고

사고경위 및 발생원인

인근 유치원 학부모가(1차 책임 : 중립 기어상태로 경사로에 주차한) 차량이 뒤로 미끄러지면서 맞은편 어린이집의 정문에 세워둔 통학차량 승 · 하차 출입문 쪽으로 돌진, 하원차량 탑승을 위해 대기 중이던 만 2세 아이가 치임. 이후 병원으로 이송 중 사망

예방 수칙

- 영유아의 승 · 하차를 위해 차량을 주 · 정차할 경우 영유아의 안전을 위해 도로방향이 아닌 보도나 길가장자리 구역 옆 등 안전위해요소가 없는 방향에서 승하차할 수 있도록 차량을 주 · 정차하여야 함

사고사례와 예방법 차량 후진사고

사고경위 및 발생원인

등원 중 차량 오른쪽(출입문)이 어린이집 입구 반대편을 향하도록 차를 정차시키고 영유아를 하차시킨 상황에서 만 2세 아이 홀로 차량 뒤쪽으로 돌아가다 후진하는 통학차량에 치어 병원으로 옮겨졌지만 숨짐

예방 수칙

- 운전자는 차량 후진 시 영유아가 있는지 반드시 확인하며, 영유아의 모습이 자동차에 가려질 수 있으므로 담임교사나 보호자에게 인계되었는지 확인 후에 출발함
- 교사는 영유아가 차량의 앞 · 뒤를 횡단해야 할 경우 안전하게 횡단하였는지 확인 후 차량을 출발할 수 있도록 함

사고사례와 예방법 차량 내 갇힘사고

사고경위 및 발생원인

어린이 통학차량을 이용하여 등원하던 만 4세 아이를 차량 안에 두고 내림. 폭염 날씨 속에 8시간 동안 방치되었다가 운전기사가 발견하여 병원으로 이송하였으나 의식불명상태

예방 수칙

- 교사 등 동승자는 타고 내리는 영유아의 정확한 인원을 파악하여 차량에 남아 있는 영유아가 없는지 차량 맨 뒷자석까지 확인

8. 교통 안전 실제(영아, 유아)

<table>
<tr><th colspan="3">(만 2세)그림책을 통한 교통 안전 예방교육</th></tr>
<tr><td>활동명</td><td>건널목에서 초록불에 건너요</td><td rowspan="2"></td></tr>
<tr><td>그림책명</td><td>빠뿌야 놀자! 안전 Yes, No
글 · 그림 I 시공주니어 편집부 출판사 I 시공주니어</td></tr>
<tr><td>표준보육과정 영역</td><td colspan="2">(기본생활 〉 안전하게 생활하기 〉 위험한 상황알기 〉 위험한 상황과 위험한 것을 알고 조심하기)</td></tr>
<tr><td>활동목표</td><td colspan="2">신호등이 초록불로 바뀌었을 때 건널목을 건넌다.</td></tr>
<tr><td>활동자료</td><td colspan="2">그림책</td></tr>
<tr><td>활동방법</td><td colspan="2">1. 영아가 그림책에 관심을 보일 때 선생님과 그림책을 함께 본다.
– (팬더 곰들이 길을 건너는 모습을 가리켜 보며) 팬더 곰들이 무엇을 하고 있지? 길을 건너고 있네~
– (신호등을 보며) 여기 초록색 불이 켜져 있네~
2. 건널목을 건널 때 어떻게 건너야 하는지 이야기 한다.
– (그림책의 길을 건너는 팬더 곰을 보며) 팬더 곰들이 어떻게 길을 건너고 있지?
– (그림책에 차들을 보며) 차들이 서 있는 구나~ 안전하게 건너가라고 하나봐~
– (신호등을 가리켜 보며) 신호등 색깔은 무슨 색이지?
– 초록불에서 차가 멈추니까 엄마, 아빠 손을 잡고 건너고 있구나~
– 우리도 한 번 건널목을 건너 볼까?
3. 영아들이 선생님과 함께 건널목을 건너 본다(실내의 경우 신호등을 건너는 활동을 한다).
– (건널목 앞에서 초록불이 되면) 신호등 색깔이 무슨 색이 됐지?
– 어떤 색으로 바뀌었을 때 건너야 할까?
– 그래 초록불이 되었을 때 차가 멈추면 건너야지~</td></tr>
<tr><td>주요상호작용</td><td colspan="2">차가 멈추면 초록불에 건너요</td></tr>
<tr><td>연계활동</td><td colspan="2">‘건너가는 길’ 노래를 부르며 여러 색의 신호등 사진을 보고 이야기 나눈다.</td></tr>
<tr><td>유의사항</td><td colspan="2">• 영아들이 건널목에서 뿐만 아니라 일상생활에서도 실외나 위험한 곳에서는 보호자의 손을 잡고 걷는 경험을 할 수 있도록 한다.
• 영아들이 건널목에서 신호등이 바뀌어서 건널 때는 안전을 위해 차가 멈추었는지 눈으로 확인하고 건넌다.</td></tr>
<tr><td>평 가</td><td colspan="2">건널목에서 신호등이 무엇인지 안다. 초록불일 때 차가 멈추면 길을 건널 수 있다.</td></tr>
</table>

출처 : 어린이집안전공제회(예방자료실). 그림책을 활용한 영아 안전교육 프로그램

<table>
<tr><th colspan="2">(만 5세)교통 안전 예방교육</th></tr>
<tr><td>활동 유형(영역) : 이야기 나누기</td><td>멈춘다, 살핀다, 건넌다.</td></tr>
<tr><td>누리과정 관련 요소</td><td>• 신체운동건강 : 안전하게 생활하기 – 교통 안전규칙 지키기
• 의사소동 : 듣기 – 동요, 동시, 동화 듣고 이해하기
• 말하기 – 낱말과 문장으로 말하기
• 사회관계 : 사회에 관심 갖기 – 사회적 가치를 알고 지키기</td></tr>
<tr><td>활동 목표</td><td>• 안전하게 길을 건널 수 있는 장소와 시설물을 안다.
• 보행 시 지켜야 할 약속이 있음을 안다.</td></tr>
<tr><td>활동 자료</td><td>PPT, 애니메이션 「멈춘다, 살핀다, 건넌다」, 동시자료, 블록으로 만든 횡단보도 모형, 블록과 어울리는 인형</td></tr>
<tr><td>활동 방법</td><td>1. 애니메이션 「멈춘다, 살핀다, 건넌다」를 보고 이야기 나눈다.

애니메이션 동영상 자료 「멈춘다, 살핀다, 건넌다」
엄마와 함께 상점가를 지나가는 아리. 아리의 손에는 분홍색 공이 들려 있다. 초록불로 바뀌자마자 아리는 발을 내딛고, 엄마는 아리 허리를 감싸 당겨서 말린다. 순간, 아리의 팔에서 공이 튕겨나가 횡단보도 쪽으로 굴러간다. 미처 속도를 줄이지 못한 차에 깔려 분홍공이 터져 버린다. 아리는 놀라서 엄마 품에 안겨 울기 시작한다. 엄마는 신호가 바뀌어도 차들이 바로 멈출 수 없다는 것을 알려준다. 엄마와 아리는 잘 건너는 방법에 대해 약속을 하고 다시 횡단보도 앞에 선다. 엄마는 멈추고, 살피고, 건너는 순서에 따라 건너야 한다는 것을 아리에게 설명해 주고 두 사람은 무사히 횡단보도를 건넌다.

– 아리가 처음에 횡단보도에서 어떻게 행동했니? 왜 위험했을까?

2. PPT의 횡단보도가 그려진 도로그림을 보면서 이야기 나눈다.
– 이것의 이름은 무엇일까?
– 이것을 이용해 본적이 있니?
– 횡단보도는 왜 차도에 그려 놓았을까?
– 횡단보도로 건너기 위해서는 어떻게 해야 할까?

3. 블록으로 만든 도로와 인형을 활용하여 길을 안전하게 건너는 방법에 대해 이야기 나눈다.
– 길을 건널 때에는 어떤 곳을 찾아야 할까?
– 왜 그곳으로 건너가야 할까?
– 그곳으로 건너지 않으면 어떤 일이 일어날까?
– 신호등이 없는 길에서는 어떻게 건널까?
(성인의 손을 잡고 건넌다, 자동차가 멈추었는지 확인한 후 건넌다, 횡단보도에서 장난치지 않고 건넌다, 뛰지 않고 반드시 걸어서 건넌다)</td></tr>
</table>

	4. 횡단보도, 신호등 모형 등을 활용하여 안전하게 길을 건너는 방법을 연습한다. – 직접 길을 건너보니 어땠니? – 안전하게 길을 건너려면 어떻게 해야 할까? – PPT의 동시를 함께 보며 횡단보도 외에도 길을 건널 때 다른 종류의 안전한 길이 있음을 알아본다. 어디로 건널까? 이경선 지음 어디로 건널까? 하늘로 올라가는 육교 어디로 건널까? 땅으로 내려가는 지하도 어디로 건널까? 하얀 줄이 그려진 횡단보도 5. 동시자료를 보며 함께 읽어본다. 6. 유아들과 질문과 대답으로 나누어 읽어본다. – 너희들이 "어디로 건널까?"를 물어보고 선생님이 대답을 해볼까? – 이번에는 선생님이 "어디로 건널까?"를 물어보고 너희들이 대답을 해볼까?
활동의 유의점	• 활동방법에 제시한 순서대로 활동을 진행해도 되고, 활동한 후 다시 동시를 읽는 것이 유아들에게 길게 느껴지면 나눠서 활동해도 된다. • 유아들의 특성과 학급분위기를 고려하여 일일활동계획안에서 한 활동으로 묶지 말고 분리해서 제시해도 된다. • 신호등이 없는 횡단보도에서는 혼자 걷지 않도록 주의시키고 어린이집 주변의 횡단보도에서 교사의 손을 잡고 안전하게 횡단하는 방법을 익히도록 한다. • 연령 및 지역적 특성을 고려하여 횡단보도 외에 육교와 지하도에 대해서도 알려준다.
활동 평가	• 안전하게 길을 건널 수 있는 방법을 알고 실천할 수 있는지 평가한다. – 안전하게 길을 건널 수 있는가? – 안전하게 길을 건너는 방법을 알고 스스로 실천할 수 있는가?
확장 활동	• 쌓기 놀이영역에서 여러 가지 큰 블록을 이용하여 길을 건널 수 있는 시설물을 만들어본다(시설물을 큰 블록들을 이용하여 커다랗게 만들었다면 직접 안전하게 건너는 활동으로 연결해서 해보는 것도 좋다). • 미술영역에서 재활용품을 이용하여 길을 건널 수 있는 시설물을 만들어본다. • 쌓기와 미술 영역에서의 활동을 통합하여 '안전하게 건너기'를 주제로 인형극 놀이 또는 역할놀이를 해본다. • 교통안전과 관련된 내용으로 동시의 내용을 바꾸어서 재구성해본다. – 언제 건널까? 누구와 건널까? 어떻게 건널까?

출처 : 소방방재청 : 유아 안전교육 프로그램 교사용 지도서 및 부모용 자료

Chapter 12

재난 안전

출처 : 2017 어린이집 보육교직원 안전교육(2017) 재인용 ; 어린이집안전공제회(2016) 재인용

1. 화재
2. 태풍 · 집중호우
3. 폭염
4. 대설
5. 미세먼지
6. 황사
7. 지진
8. 재난 안전 실제(영아, 유아)

재난이란 우리의 생명과 재산이 화재, 지진, 태풍, 뜻밖의 사고 등으로 생기는 피해를 뜻한다. 화재, 폭발, 교통사고 등 사람으로 인해 발생하는 것을 인적재난이라고 하고, 황사, 폭염, 태풍, 대설 등 자연현상으로 인해 발생하는 것을 자연재해라고 한다. 인적재난과 자연재난 모두 생명과 재산 피해를 유발하므로, 유아교육기관에서는 재난이 발생한 후 신속히 대응하고 적절한 사후처리가 이루어져, 사고 발생 전 상황으로 유아교육기관 운영이 되돌아 갈 수 있도록 노력해야 한다.

재난은 어린이 교통사고나 생활안전사고의 비율보다 높지 않으나, 한 번 사고가 나면 치명적인 상해를 가져온다는 측면에서 이에 대한 적극적인 예방교육과 훈련이 무엇보다 중요하므로 가스, 전기, 난방, 연기 감지기, 소화기 등의 작동 여부 정기점검을 실시하고, 전체 영유아와 교사의 화생방, 재난 시 행동 및 대피요령 등의 훈련을 정기적으로 실시하는 것이 중요하다.

1. 화재

1) 화재 발생 시 주변에 알리기 : 화재를 감지하고 '불이야!' 하고 외친다.

2) 119에 신고방법

✚ 신고자 이름을 말한다.

• "○○○입니다."

✚ 화재가 난 곳의 주소를 말한다 : 주소를 모를 경우 주변의 큰 건물을 말한다.

• "이곳은 ○○시 ○○구 ○○동 ○○어린이집입니다."

✚ 신고자가 다시 받을 수 있는 전화번호를 말한다

• "제 휴대폰 번호를 알려드리겠습니다. 010-000-0000입니다."

✚ 화재 원인(전기, 기름, 가스 등)을 간단 명료하게 말한다.

• "조리실 가스레인지에서 갑자기 펑~ 하고 소리가 났어요. 조리실에 사람은 없었습니다."

✚ 소방서에서 알았다고 할 때까지 전화를 끊지 않는다.

3) 초기 진화 및 대피 : 소화기 소화전 등을 이용하여 신속하게 끈다.

4) 초기진화 및 대피가 어려울 경우 : 신속하게 대피한다.

- 비상문에서 제일 가까운 영유아가 문을 열고 나가기 시작하여 신속히 대피한다.
- 평상시 훈련 대피장소로 이동하도록 유도하며 남아 있는 영유아가 있는지 확인한다.
- 엘리베이터를 타지 않고 비상구 계단으로 나간다.

5) 대피방법

(1) 대피사전준비

① 교사 회의를 통해 훈련 일정 및 화재 시 담당해야 할 역할을 정한다.
② 훈련시간, 모의 화재발생 장소를 정한다.
③ 비상구, 소화기, 화재경보기의 작동이 잘 되는지 점검한다.
④ 불이 났을 때 함께 모일 장소를 정한다.
⑤ 응급처치를 위한 간단한 약품을 준비한다.
⑥ 화재 대피 훈련일지를 준비한다.

(2) 대피

① 건물 안에 갇혔을 때는 물건을 흔들거나 소리를 질러 사람들에게 구조를 요청한다.
② 대피가 어려운 상황에서는 안전조치를 취하고 외부로 알려(소리 지르기, 물건을 던지거나 흔들기 등) 구조를 기다린다.
③ 대피할 때는 질식이나 추락의 위험이 있는 엘리베이터를 타지 않고 계단을 이용한다.
④ 문의 손잡이가 뜨거우면 문을 열지 않고 문틈을 옷 또는 이불, 젖은 수건으로 막는다.
⑤ 연기가 가득 차 있을 때는 손과 무릎을 이용해서 기어 나온다.
⑥ 수건 등을 물에 적셔서 입과 코를 막는다.

⑦ 물건을 가지러 집안으로 다시 들어가지 않는다.

⑧ 옷에 불이 붙으면 뛰지 말고 멈춘 후 바닥에 엎드려서 두 손으로 얼굴을 가리고 불이 꺼질때가지 계속 뒹군다.

⑨ 옷장, 침대, 책상밑, 화장실 등 보이지 않는 곳에 숨는 것은 위험하다.

(3) 대피 후

① 소방서에 전화해 불이 난 곳의 위치를 정확히 말한다.

② 모든 유아가 대피하였는지 인원을 점검한다.

③ 부상을 당한 유아가 없는지 확인하고 신속히 치료한다.

④ 물건을 가지러 다시 들어가지 않도록 한다.

(4) 대피 훈련

① 유아들과 화재 대피 훈련을 해야 하는 이유를 이야기한다.

② 불이 났을 때 어떻게 대피해야 하는지 알아본다.

③ 화재경보기 또는 '불이야' 소리를 듣고 빨리 밖으로 나가 함께 모이기로 약소한 장소로 모인다(신발이나 소지품은 챙기지 않고, 놀이하던 장난감이나 물건은 정리하지 않는다).

④ 교사는 가장 끝으로 구석진 곳이나 화장실에 유아가 없는지 확인하고 교실 전등을 끄고 문을 닫고 밖으로 나온다.

⑤ 함께 모인 장소에서 유아의 이름을 불러 인원을 확인한다.

⑥ 최종 인원을 점검자에게 보고한다.

⑦ 훈련이 끝나면 각 반별로 교실에 들어가 평가하는 시간을 갖는다.

〈대피 유형별 방법〉

- 화재 발생 후 연기 속에서 대피할 때의 방법
  - 손수건이나 옷을 이용하여 코와 입을 보호한다.
  - 자세를 최대한 낮춘다(연기는 아래에서 위로 올라가는 특성이 있다).
  - 다른 손으로 벽을 잡는다.
  - 비상구 방향으로 신속하게 대피한다.

- 불길이나 연기 때문에 대피할 수 없어 건물 속에 갇혔을 때의 대피방법
  - 문 손잡이를 만져보아 뜨거우면 문을 열고 나가지 않는다.
  - 창문이나 문틈을 물에 적신 수건으로 막고, 물에 적신 손수건이나 수건으로 입과 코를 가리고 낮은 자세를 취한다.
  - 창문에서 수건을 흔들며 구조를 요청한다.
  - 함부로 창밖으로 뛰어내리지 않는다.
- 옷에 불이 붙었을 때의 대피방법
  - 그 자리에 멈춰 선다. 뛰거나 몸을 흔들면 불이 더 크게 번진다.
  - 바닥에 엎드려 두 손으로 눈과 입을 가린다. 눈과 입을 가리는 것은 얼굴에 화상을 입거나 폐에 연기가 들어가는 것을 막기 위함이다.
  - 불이 꺼질 때까지 계속 뒹군다. 엎드릴 수 없을 경우에는 수건이나 담요를 덮어서 불을 꺼 준다.

(5) 대피훈련 유의점

① 화재 대피 훈련은 유아에게 사전에 알려주고 실시하는 훈련과 불시에 실시하는 훈련이 혼합되어야 하며 월 1회 정도 실시해야 한다.

② 화재 대피 훈련을 처음 할 때는 가정통신문을 통해 사전에 부모님께 알린다.

③ 화재 대피 훈련은 정기적으로 실시하며 익숙해지면 점차로 불시에 실시한다.

④ 비상문의 위치와 비상 대피 경로는 항상 유아들과 함께 살펴보고 확인해 둔다.

⑤ 비상계단은 차단해서는 안 되며 항상 대피할 수 있는 공간을 확보해 둔다.

⑥ 대피에 소요되는 시간을 측정하여 가능한 신속하게 대피할 수 있도록 한다.

⑦ 대피훈련 시 나타난 문제점을 평가하고 개선한다.

※ 출처 : 유아를 위한 안전교육 지도자료(2000), 유아 재난대비 생활안전교육 프로그램(2013) 재인용.

6) 화재 발생 후의 대처방법

- 화재 후 사상자 및 부상자를 확인한다.
- 119 구급차가 오면 다친 상황과 상태를 설명한다.

- 건축물 내 임의 출입을 금한다.
- 환자 이송 및 의료활동 지원 등 훈련 중점사항을 선정하여 실시한다.
- 그 결과를 문서로 기록하고 보관한다.

2. 태풍 · 집중호우

1) 태풍의 정의 : 강한 바람과 많은 비를 동반하며 고위도로 이동하는 기상현상이다.

구분	내용
태풍주의보	태풍으로 인한 강풍, 풍랑, 호우가 예상될 때
태풍경보	• 태풍으로 인한 강풍, 풍랑, 호우 등으로 인한 직접적인 피해가 예상될 때 • 풍속이 17m/s 이상 또는 강우량이 100mm 이상 예상될 때

2) 집중호우의 정의 : 짧은 시간 동안 특정지역에 많은 양의 강한 비가 내리는 현상이다.

구분	내용
호우주의보	• 6시간 강우량이 70mm 이상 내릴 것으로 예상될 때 • 또는 12시간 강우량이 110mm 이상 내릴 것으로 예상될 때
호우경보	• 6시간의 강우량이 110mm 이상 내릴 것으로 예상될 때 • 또는 12시간 강우량이 180mm 이상 내릴 것으로 예상될 때

3) 태풍 · 집중호우 대비요령

(1) 발생 전 대비요령

- 영유아가 등 · 하원할 때 우천 대비 우비, 우산, 장화 등을 착용하도록 사전에 가정에 안내한다.
- 우산은 앞의 시야를 잘 볼 수 있는 투명우산으로 준비한다.
- 바람에 날아가거나 물에 떠내려갈 위험이 있는 유아교육기관 간판, 우편함, 화분 등은 고정시킨다.

- 유아교육기관 옥상이나 마당에 놓여 있는 이동식 놀이기구는 실내로 옮긴다. 모든 출입문, 창문은 닫고 잠근다.
- 유리 파손을 방지하기 위하여 젖은 신문지, 테이프 등을 창문에 붙여 유리가 창들에 고정되도록 하고, 커튼, 블라인드를 친다.
- 가스 사용 후 밸브를 반드시 잠근다. LPG용기는 밸브를 잠그고, 도시가스 계량기 전단 밸브를 잠근다.
- 사용하지 않는 전기는 콘센트에서 뽑고, 전기수리를 하지 않는다.
- 침수 지역의 경우 모래주머니 등을 이용하여 어린이집에 물이 넘쳐서 흐르는 것을 막는다.
- 창문 틈에 신문지를 채워 넣는다.
- 부득이 하게 교사가 외출해야 할 경우를 제외하고 바깥출입을 하지 않는다.

(2) 발생 중 대비요령

- 영유아와 교사는 바깥출입을 하지 않는다.
- 창문 유리창이 깨졌을 경우 영유아의 접근을 막고, 깨진 유리조각을 치운다.
- 복구가 어려운 경우 태풍 · 집중호우가 지나갈 때까지 기다린다.
- 장기적으로 발생할 경우 보육시간 단축 및 휴원 조치한다.

(3) 발생 후 대비요령

- 붕괴, 침수된 경우 보수 및 복구 전에 사진을 찍어둔다.
- 가스, 수도, 전기 등 작동 여부를 확인한다.
- 바닥에 떨어진 전선 근처에 가지 않고, 침수된 유아교육기관은 전기, 가스, 수도시설에 손을 대지 않으며 전문업체에 연락하여 점검을 받는다.

사고사례 **태풍으로 인한 집중호우피해**

사고경위 및 발생원인

태풍으로 집중호우가 내려 어린이집 1층이 아래 벽 쪽에서 60cm 정도 침수. 이로 인해 영유아 보육실의 비품과 교재교구들이 물에 잠김

3. 폭염

1) 정의 : 폭염이란 통상 30℃ 이상의 불볕더위가 계속되는 현상이다.

구분	내용
폭염주의보	일 최고 기온 33℃ 이상인 상태가 2일 이상 지속될 것으로 예상될 때
폭염경보	일 최고 기온 35℃ 이상인 상태가 2일 이상 지속될 것으로 예상될 때

2) 폭염 시 주의사항

(1) 한낮의 햇볕은 피하기

- 옷은 헐렁하게 입고, 챙이 넓은 모자를 쓰며, 선크림을 발라 자외선을 차단한다.
- 실외활동이 계획되어 있었다면, 실내에서 대체활동을 한다.
- 보육실을 시원하게 유지하고, 햇볕이 들어오는 창문은 커튼으로 직사광선을 차단한다.
- 통학차량은 그늘진 곳에 주차한다.
- 준비운동 없이 물에 들어가거나 갑자기 찬물로 샤워하지 않는다.

(2) 위생적인 생활

- 물은 끓여 먹고, 음식은 익혀 먹는다.
- 음식은 오래 보관하지 말고 조금이라도 상한 음식은 버린다.
- 조리 기구는 청결히 사용한다.
- 평소 손을 자주 씻는 등 위생습관을 철저히 한다.

(3) 냉방기기를 바르게 사용

- 냉방기기 사용 시 실내 · 외 온도차를 5℃ 내외로 유지한다.
- 실내 온도는 26~28℃로 유지한다.
- 장시간 에어컨을 가동할 경우 환기시킨다.
- 선풍기를 창문 쪽으로 돌려 환기를 유도한다.

(4) 건강상태 살피기

- 더위와 관련된 질병이 있는지 건강상태를 살핀다.
- 활동 중간에 휴식시간을 가져 영유아가 쉴 수 있도록 한다.
- 수분을 규칙적으로 섭취하게 해주어 탈수되지 않게 한다.
- 이상증상이 발생할 경우 응급조치 후 병원에 간다.

3) 더위로 인해 발생하는 질병

질병	원인	증상	초기 대처
열경련	땀을 많이 흘렸을 때 염분이 부족해서 발생	• 근육경련 • 피부가 습하고 차가움	• 시원한 장소에 눕힘 • 이온음료 또는 소금물 섭취 • 경련이 일어난 부위 근육 마사지 ※ 경련이 멈추었다고 해서 바로 다시 움직이면 안 됨
열사병	강한 열에 장시간 몸이 노출될 때 몸의 열을 발산하지 못하여 발생	• 40℃가 넘는 체온 • 피부가 뜨거워지고 건조함 • 혼수상태, 헛소리 • 오한 • 심한 두통 • 빈맥, 빈호흡, 저혈압	• 119에 즉시 신고 • 기다리는 동안 시원한 장소로 옮김 • 옷을 시원한 물로 적시고 물, 음식을 함부로 섭취하지 않음
열탈진	땀을 많이 흘려 염분과 수분 손실이 많을 때 발생	• 땀을 많이 흘림 • 피부가 차고 젖음 • 극심한 무력감과 피로 • 창백, 근육경련 • 오심 또는 구토 • 혼미, 어지럼증 • 체온은 크게 상승하지 않음	• 시원한 장소에서 휴식 • 이온음료 또는 소금을 물에 녹여 섭취 • 시원한 물로 샤워
일사병	강한 햇볕에 장시간 노출되어 혈액의 저류와 체액과 전해질이 땀으로 과다 배출되어 발생	• 피부가 차고 젖어있으며 체온은 크게 변동 없음 • 어지럼증, 두통, 위약감 • 구역, 구토	• 시원한 장소에서 휴식, 수분 섭취
열부종	외부의 온도가 높은 상태에서 오랜 시간 서 있거나 앉아 있을 때 발생	• 발이나 발목이 부음	• 시원한 장소에서 발을 높인 자세로 휴식

질병	원인	증상	초기 대처
열실신	고열에 노출되어 혈액순환이 원활하지 않을 때 발생	• 실신(일시적인 의식소실) • 어지럼증 • 구역, 발한, 위약감 등	• 평평한 곳에 눕힘 • 이온음료 또는 물 섭취
울열증	태양열 아래 오랜 시간 노출되었을 때 발생	• 체온은 매우 높음 • 땀이 나지 않음 • 두통, 구토 동반, 의식 저하	• 시원한 곳에서 겉옷을 벗기고 미지근한 물로 옷을 적심 • 의식이 돌아오면 물을 마시게 함 • 체온이 완전히 돌아오면 옷을 다시 입힌 뒤 담요 등으로 몸을 따뜻하게 하여 냉기를 없애 줌

4. 대설

1) 정의

대설은 일정 시간 동안 많은 눈이 내리는 현상이다.

구분	내용
대설주의보	• 24시간 새로 쌓인 눈이 5㎝ 이상 예상될 때 • 눈을 밟으면 신발이 묻히는 상황
대설경보	• 24시간 새로 쌓인 눈이 20㎝ 이상 예상될 때(산지는 30㎝ 이상) • 눈을 밟으면 신발이 완전히 빠지는 상황

2) 추운 겨울 대비를 위한 건강 수칙

(1) 적정상태의 체온 및 실내 온도를 유지한다

- 따뜻한 물을 자주 마시고 영양분을 갖춘 식사를 하여 체온을 유지시킨다.
- 실내온도 18~20℃를 유지하고, 하루에 2~3차례 창문을 열어 환기를 시켜준다.
- 실내가 건조해지기 쉬우므로 적정 실내습도인 40~50%를 유지한다.

(2) 옷 따뜻하게 입기

- 영유아가 등·하원할 때 체온 유지를 위해 모자, 마스크, 장갑, 부츠 등을 착용하도록 사전에 가정에 안내한다.
- 손목까지 내려오는 긴팔 상의를 착용하여 피부가 직접 추위에 노출되지 않도록 한다.
- 옷은 조금 크고 가벼운 옷으로 여러 벌 겹쳐 입고 물에 젖지 않도록 한다.
- 외투는 단단히 여며서 바람에 의해서 체온을 잃지 않도록 한다.
- 땀을 많이 흘려 체온을 잃지 않도록 더울 시 입은 옷을 하나씩 벗는다.

(3) 바깥출입 자제하기

- 계획된 야외활동 등을 취소하고 영유아는 실내에서 가벼운 활동을 한다. 또한 등·하원 등으로 부득이하게 바깥출입을 해야 할 경우 출입 전에 가벼운 스트레칭으로 관절에 무리가 가지 않도록 준비운동을 한다.
- 걸을 때 주머니에 손을 넣지 않고 천천히 잔걸음으로 걷고, 계단 이용 시에는 난간을 잡고 이동한다.

(4) 안전한 차량 이용

- 설해 대비용 스노우 체인, 모래주머니, 삽 등을 트렁크에 보관한다.
- 빙판에서 감속 운행, 안전거리 확보, 브레이크 사용 시 엔진브레이크를 사용한다.
- 차량히터 작동 시 수시로 환기를 시키거나 창문을 조금 열어 놓는다.

3) 대설 대비요령

(1) 대설 전 대비요령

- 현관 입구에 미끄럼방지대를 깔아놓는다.
- 창문이나 문 틈새를 막아 실내 온기가 외부로 새어 나가지 않도록 한다.
- 보일러 배관, 수도계량기 보호함 내부는 헌옷으로 채우고, 외부는 테이프로 밀폐시켜 찬 공기가 스며들지 않도록 보온한다.

- 설해 대비용 체인, 모래주머니, 삽 등을 차량에 구비한다.

(2) 대설 중 대비요령

- 계획된 야외활동 등을 취소하고 영유아는 실내에서 가벼운 활동을 한다.
- 과도한 전열기 사용은 금지한다.
- 차량운행은 금지하며, 부득이하게 운행해야 할 경우 설해 대비용 체인, 삽 등을 반드시 장착한다.
- 장기적으로 발생할 경우 보육시간 단축 및 휴원 조치한다.

(3) 대설 후 대비요령

- 유아교육기관 입구에 물기를 수시로 제거한다.
- 유아교육기관 출입문, 골목길, 옥상 위, 차량 주변 등에 쌓여 있는 눈을 치운다.
- 눈 쌓인 지붕이나 고드름이 있는 곳은 접근하지 않는다.
- 눈이 많이 쌓인 경사면 주변과 위험지역(맨홀 등)에 위험표지를 하고 접근하지 않는다.
- 미끄러운 빙판길이 있을 경우 모래를 뿌리고, 미끄럼주의 표지판을 설치하여 근처에 접근하지 않는다.
- 차량 이용 시 창문에 서행안내 표지판을 부착하여 안전운행을 한다.
- 수도관, 전기, 가스 등 안전점검을 한다.
  - 수도관이 얼었을 때는 헤어드라이어 등을 이용하여 녹이거나, 미지근한 물로 녹인다. 전기, 가스 안전점검을 하고 누출 시 해당 전문가를 부른다.

4) 대설로 인해 발생하는 위험요소

(1) 동상

구분	내용
원인	심한 추위에 피부가 노출되어 얼어버리는 상태
증상	• 1도 : 일시적으로 화끈거림, 고동치거나 쑤시는 양상의 통증, 땀이 많이 날 수 있으며 며칠이 지나면 피부의 상피 벗음 현상이 나타난다. • 2도 : 수포와 피부 부종, 충혈이 나타나며, 피부의 표피층이 괴사된다. 손상부위 감각저하, 화끈거리고 욱신, 쏘는 것 같은 통증이 있다. • 3도 : 처음엔 손상부위가 나무 조각과 같이 무감각하다가 이후 화끈거리고 쑤시는 듯 양상의 통증, 피부색깔은 얼룩덜룩해진다. • 4도 : 관절의 쑤시는 듯한 통증, 피부는 건조하고 검은색으로 변한다.
초기 대처	• 따뜻한 장소로 옮긴다. • 젖은 옷, 꼭 죄는 신발을 벗고 따뜻한 담요로 감싸준다. • 따뜻한 물, 음료를 마신다. • 성인의 경우 동상부위를 따뜻한 물(38~42℃ 정도)에 담그며, 영유아의 경우 36.5~39℃의 물에 담근다. 물의 온도를 잴 때 온도계가 없을 시 팔꿈치를 물에 담가 뜨거운지 확인한다. • 귀, 얼굴의 동상은 따뜻한 물수건으로 대주고 식지 않도록 자주 갈아준다. • 발가락, 손가락 사이에 소독된 거즈를 끼워 습기를 제거하고 서로 달라붙지 않도록 한다. • 동상부위를 비비거나 갑자기 불에 쬐지 않는다. • 수포(물집)는 터뜨리지 않는다. • 퉁퉁 붓고 물집이 잡혔거나 피부색이 정상으로 회복되지 않으면 보온을 유지한 상태에서 즉시 병원에 간다.
예방	• 따뜻하게 입는다. – 너무 두껍거나 꽉 끼는 옷보다 약간 헐렁하게 입고 여러 벌 겹쳐 입힌다. – 젖은 옷, 장갑 등을 즉시 갈아준다. – 두꺼운 양말보다 얇아도 보온성이 좋고 땀 배출이 잘되는 양말을 입힌다. • 몸을 움직인다. 외부 활동 중에 장시간 서 있거나 움직인이 많지 않은 상태로 앉아 있지 않고, 몸을 자주 움직여 준다. – 손발에 혈액순환을 위해 활동 중에 마사지를 한다. – 실내에서 가벼운 운동을 한다. • 실내 적정온도 상태를 유지한다. – 난방을 가동하여, 적정 실내온도(18~20℃)를 유지하고, 하루에 2~3차례 창문을 열어 환기를 시켜준다.

(2) 저체온증

구분	내용
원인	• 심한 추위에 신체가 노출되면 신체에 생기는 열보다 더 빨리 열을 상실하게 되어 정상범위 체온보다 낮아지는 상태
증상	• 오한, 피로, 의식 혼미, 기억장애, 언어장애 등 ※ 만 1세 이하 영아의 경우 : 밝은 적색의 차가운 피부, 잘 움직이지 않음
초기 대처	• 영유아의 건강상태를 수시로 확인하고 저체온증 발생을 빨리 인식한다. • 젖은 옷을 벗겨 말리고, 즉시 마른 옷으로 갈아입힌 후 따뜻한 담요로 감싸주며, 겨드랑이, 배 위를 따뜻하게 해준다. • 체온을 재어봐서 35℃ 미만일 경우 즉시 병원에 간다.
예방	• 추운 날씨에 무리한 운동으로 땀을 많이 흘리지 않도록 한다. • 여러 벌 옷을 겹쳐 입는다. • 옷이 젖었을 경우 즉시 마른 옷으로 갈아입히고, 가슴, 머리, 목 등을 따뜻하게 유지시킨다.

(3) 손상

구분	내용
원인	미끄러짐, 넘어짐, 떨어짐에 의한 탈구, 골절, 타박상 등
증상	통증, 부종, 타박상, 변형, 움직임의 제한, 힘을 주면 통증이 옴
초기 대처	• 출혈이 있으면 깨끗한 붕대로 상처를 감싸며 직접 압박법으로 처치 • 영유아가 통증을 호소하면, 통증과 부종을 감소시키기 위해 손상 부위에 차가운 것을 대어 준다. • 두부 및 척추 손상 • 119 신고 후 기도 → 호흡 → 순환을 점검한다. • 두피에 출혈이 있는 경우는 소독된 드레싱으로 상처부위를 감싼다. • 부상자의 목을 고정시켜 움직이지 않게 한다. • 환아를 함부로 옮기거나 들어 올리지 않는다. • 어깨나 상지 손상 • 삼각건을 통해 팔을 부동시키고 삼각건을 몸에 묶는다. • 사지나 손가락 손상 • 발견될 당시의 상태로 손상된 부위에 부목을 대어 고정시킨다. • 팔뚝에 손상 • 부목을 대고 삼각건을 댄 다음 몸에 묶는다. • 둔부, 골반, 허벅지 손상 • 119 신고 후 기다리는 중 수건, 담요 또는 옷을 말아 다리 사이에 놓고 손상된 부분을 고정시켜 영유아의 다리를 움직이지 않도록 한다.

구분	내용
초기 대처	• 옮겨야 할 경우 들것을 이용하여 손상부위가 고정되게 한다. – 가능하면 여러 사람이 돕는다. – 아동의 머리에서 발뒤꿈치까지 받칠 수 있는 철판 또는 길고 평평하고 튼튼한 판을 사용한다. – 다함께 아동의 머리, 목 등을 일직선으로 유지한 채로 몸 전체를 굴린다. – 판을 아동의 등 밑으로 밀어 넣고 아동을 판 위로 굴린다. 머리와 몸을 안전하게 유지한다. – 다리 사이에 둘둘 만 수건, 담요, 옷을 놓는다. – 밧줄, 허리띠, 테이프 또는 찢은 옷으로 아동이 들것에 고정되도록 묶는다. – 옮길 때 수평을 유지한다.
예방	• 이동 시 보호자와 동행하여 사고 발생의 위험을 줄인다. • 장갑을 착용하고 손을 주머니에 넣지 않고 이동한다. • 바닥이 미끄럽지 않은 신발을 신고 걷는다.

사고사례와 예방법 **미끄러짐 사고**

사고경위 및 발생원인

2월의 어느 날, 유아반 아이들이 실외놀이터에서 공놀이를 하던 중 아직 얼음이 녹지 않은 빙판 바닥에 한 유아가 미끄러져 넘어지며 울타리 모퉁이에 귀를 부딪쳐 찢어지는 사고 발생

예방 수칙

- 겨울철 영유아들의 실외놀이는 안전점검을 더욱 세밀히 해야 함(눈이 쌓여 있으면 물기가 흐르면서 노면에 살얼음이 생겨 미끄러우므로 가급적 주변에 눈이 쌓이지 않도록 정리)
- 눈길을 걸을 때는 주머니에 손을 넣고 걷지 않도록 지도함

5. 미세먼지

1) 정의

대기 중에 떠다니거나 흩날려 내려오는 10㎛(마이크로미터) 이하의 입자상 물질로, 크기에 따라 PM−10(10㎛ 이하)과 PM−2.5(2.5㎛ 이하)로 구분한다.

2) 위해성

입자가 미세하여 코점막을 통해 걸러지지 않고 흡입 시 폐포(뇌)까지 직접 침투해 천식 · 폐질환 유병률 및 조기사망률 증가와 함께 암을 일으키는 발암물질(1군)로 분류된다.

3) 대응단계별 요건

구분(예보등급)	요건
나쁨 이상	익일 예보 24시간 평균농도가 PM-10 81㎍/㎥ 또는 PM-2.5 51㎍/㎥ 이상
예비주의보	당일 예보 "나쁨" 이상, PM-10 100㎍/㎥ 또는 PM-2.5 50㎍/㎥ 이상 2시간 지속(권고)
주의보	PM-10 150㎍/㎥ 또는 PM-2.5 90㎍/㎥ 이상 2시간 지속
경보	MP-10 300㎍/㎥ 또는 PM-2.5 180㎍/㎥ 이상 2시간 지속

4) 단계별 대응요령

"나쁨" 이상 예보단계	• 보호자 비상연락체계 확인 • 미세먼지 농도를 확인하여 기관별 어린이 보호대책 수립 • 영유아 · 보호자를 대상으로 실외활동 자제, 마스크 착용, 손 씻기, 수분 섭취 등 안내(천식 등 환자는 의사와 상의 후 이용)
"주의보 · 경보" 단계	• 실외활동(야외활동, 현장학습 등)을 실내활동으로 대체 • 창문을 닫아 외부의 미세먼지 유입을 차단하고, 가능한 경우 공기청정기 작동 • 실내청소 시 청소기 대신 물걸레를 사용 • 고농도 미세먼지 농도를 고려하여 수업 단축, 필요 시 등 · 하원 시간 조정, 휴원 등 조치 실시 • 보호자 등을 대상으로 건강 유의사항 안내(등 · 하원 시 식품의약품안전처에서 인증받은 보건용 마스크 착용(천식 등 환자는 의사와 상의 후 이용) 귀가 후 손, 발, 얼굴 등을 깨끗이 씻기, 물 등을 충분히 섭취 • 어린이집 등 기관별 실내 · 외 방역 및 청소, 미세먼지 농도가 낮은 시간에 창문을 열어 실내 환기, 환자 발생 여부를 파악하여 휴식 등 적정 조치
"주의보 · 경보 해제" 단계	• 어린이집 등 기관별 실내 · 외 방역 및 청소 • 미세먼지 농도가 낮은 시간에 창문을 열어 실내 환기 • 환자 발생 여부를 파악하여 휴식 등 적정 조치

6. 황사

1) 정의

중국, 몽골 등 사막과 황토지대의 작은 모래(마그네슘, 알루미늄, 철 등 포함)들이 하늘에 떠다니다가 바람을 타고 멀리까지 날아가 떨어지는 현상이다.

구분	내용
황사주의보(나쁨)	• 미세먼지 농도가 400~800μg/m³ 범위로 2시간 이상 지속 • 장시간 실외활동은 가급적 자제
황사경보(매우나쁨)	• 미세먼지 농도가 800μg/m³ 범위로 2시간 이상 지속 • 실외활동 자제

* 평상시 미세먼지 농도 하루 평균 30~60μg/m³ 범위

2) 대처방법

등 · 하원 시 보호안경, 마스크, 긴 소매 옷을 착용하고 실내에 들어온 후 손발을 깨끗이 씻고 양치질을 하도록 함

황사 발생 전	• 황사가 실내로 들어오지 않도록 창문과 출입문을 닫아 황사 유입을 막는다. • 야외활동(소풍 등)을 자제한다. • 알레르기성 결막염, 비염, 기관지 천식 등 질병이 있어 주의가 필요한 영유아를 알아둔다. • 손을 수시로 씻는다. • 채소, 과일은 더욱 깨끗이 세척한다.
황사 발생 중	• 등 · 하원(특히, 도보) 시 영유아에게 마스크 착용, 긴 소매를 입히도록 사전에 가정에 안내한다. • 공기청정기, 가습기 등으로 습도와 실내 공기를 쾌적하게 유지한다. • 모든 교직원과 영유아는 수분을 규칙적으로 섭취하게 한다. • 황사에 노출된 비포장 식품은 버리거나 세척 후 위생용기에 보관한다. • 장기적으로 발생할 경우 단축 및 휴원 조치한다.
황사 발생 후	• 방송매체, 기상청 홈페이지 등 황사종료 여부를 확인한다. • 실내공기를 환기시킨다. • 어린이집 실내 · 외 청소 및 소독을 통해 먼지를 제거하고 오염된 물품은 충분히 세척 후 사용한다. • 영유아는 손, 발을 깨끗이 씻기고 양치질을 시킨다. • 모든 교사와 영유아의 감기, 가려움증 여부 등 건강상태를 확인한다.

3) 황사로 인해 발생하는 증상

눈 증상	• 눈이 껄끄럽고 눈물이 난다. • 눈이 충혈되거나 눈곱이 낀다 [초기 대처] • 눈물이 흘러도 눈을 비비지 않는다. • 눈을 편안하게 쉬게 해준다. • 두 손바닥을 맞대고 비벼서 열이 나게 한 후 두 눈에 갖다 댄다.
코 증상	• 코가 간질거리고 재채기가 난다. • 코가 막히거나 콧물이 자꾸 흐른다. [초기 대처] • 코를 엇박자로 눌러 콧물을 빼낸다. • 콧구멍을 한쪽씩 막고 번갈아 푼다. • 깨끗한 물로 콧속을 세척한다.
목 증상	• 목이 간질거리며, 목구멍이 답답하거나 가래가 생긴다. • 천식기가 있는 경우 기침이 자주 난다. [초기 대처] • 물수건으로 입을 가리고 천천히 깊게 호흡한다. • 창문을 닫고 물수건을 널어 적당한 습도를 유지한다. • 양치질(혓바닥, 잇몸 포함)을 하고, 깨끗한 물로 목구멍을 헹군다.

7. 지진

1) 정의

지진은 지구 내부에서 어떤 원인에 의해 자연적으로 땅이 흔들리는 현상이다. 지진의 원인은 정확하게 알려져 있지 않으나, 땅 속에서 어떤 원인에 의해 에너지가 축적되고 그 축적이 한계를 넘었을 때 에너지의 방출이 일어나 지진으로 나타난다.

2) 지진 발생 중 대비요령

(1) 발생 중 대비요령

<table>
<tr><th>구분</th><th>이렇게 하세요</th></tr>
<tr><td>실내</td><td>
보육실에서
• 교사와 영유아는 현재 있는 장소에서 가장 가깝고 안전한 위치로 신속히 이동하여 몸을 보호한다.
– 견고한 책상, 구조물이 있을 경우 아래 또는 옆에 앉아서 몸을 웅크리고 다리를 꽉 잡고 있는다 .

– 튼튼한 책상이 없을 경우 손과 팔(또는 가방, 베개)로 얼굴과 머리를 가리고 신속히 외부로 통하는 문틀, 출입구 벽면에 가서 앉는다.

• 움직여도 괜찮다면 현관 · 창문을 열어 출입구를 확보한다.
• 보관하고 있던 비상용품을 챙긴다.
화장실에서
• 화장실 타일, 거울과 먼 방향의 벽면에 앉아 손으로 머리를 보호한다.
조리실에서
• 가스레인지에서 떨어지고 흔들림이 안정되면 사용 중인 전열기구, 가스레인지 등을 신속하게 끈다.
• 전기 차단기를 내리고 가스 및 수도는 밸브를 잠근다.
화재 예방과 진압
• 가스, 수도, 전선을 점검하고 밸브를 잠근다.
• 가스가 샌다면 도시가스 계량기 전단(LPG용기) 밸브를 잠그고, 문을 활짝 열어 놓고 즉시 대피하고 119에 신고한다.
• 전기로 인해 화재가 난다면 "불이야"하고 크게 소리 지르고, 소화기로 초기 진압을 한다.
</td></tr>
</table>

<table>
<tr><td>실내</td><td>※ 서둘러서 밖으로 뛰어나가지 않는다.
<table>
<tr><th colspan="2">지진 발생 때 불을 끌 기회는 3번!</th></tr>
<tr><td>첫 번째 기회</td><td>크게 흔들리기 전, 즉 흔들림이 작을 때, 작은 흔들림을 느낀 순간에 즉시 '지진이다. 불을 꺼라'라고 서로 고함을 질러 사용 중인 가스레인지나 난로 등의 불을 끈다.</td></tr>
<tr><td>두 번째 기회</td><td>큰 흔들림이 멈추었을 때, 크게 흔들릴 때는 가스레인지에서 요리 중인 그릇 등이 떨어질 수 있어 대단히 위험하다. 큰 흔들림이 멈춘 후 또 '불을 꺼라!' 라고 소리를 쳐서 불을 끈다.</td></tr>
<tr><td>세 번째 기회</td><td>발화된 직후, 만일 불이 나도 1~2분 이내에 충분히 소화할 수 있다. 바로 소화할 수 있도록 소화기나 소화용 큰 그릇을 불이 날 수 있는 근처에 항상 비치해 둔다.</td></tr>
</table>
</td></tr>
<tr><td>실외</td><td>• 머리를 보호한다.
– 건물 파편, 간판 등이 떨어질 수 있으므로 낙하물에 주의하여 손이나 가방으로 머리를 감싼다.

• 위험물로부터 몸을 피한다.
– 자동판매기 등 고정되지 않은 물건, 좁은 길에 가지 않는다.
• 넓은 장소로 대피한다.
– 최대한 건물로부터 멀리 떨어져 운동장, 공터, 공원으로 대피한다.
• 계단을 이용한다.
– 엘리베이터가 있을 경우 작동이 되더라도 타지 않고 계단으로 이동한다.</td></tr>
</table>

(2) 발생 후 대비요령

구분	이렇게 하세요
	• TV, 라디오로 지진 상황을 확인한다. • 여진에 대비한다. – 파괴된 건물 안에 있는 경우 트인 공간으로 이동한다. • 부상자를 확인하고 응급처치를 실시한다. – 즉시 구조를 요청하고, 부상자가 위치한 곳이 위험하지 않다면 부상자를 그 자리에 그대로 두고, 옮겨야 할 경우 기도 확보, 머리와 부상부위를 고정한 후 안전한 곳으로 옮긴다. – 의식을 잃은 부상자에게는 물을 주지 않는다. • 모든 교사와 영유아는 마음의 안정을 취한다. – 어린이집 밖으로 급하게 뛰어나갈 경우 유리창, 간판 등이 떨어질 수 있으므로 나가지 않는다. – 정전이 되고 화재경보기가 울리고 스프링클러가 작동되더라도 놀라지 않는다.

	• 정전이 되었다면 손전등을 사용한다. 불(양초, 성냥, 라이터)은 누출된 가스가 폭발할 위험이 있기 때문에 사용하지 않는다. • 전기, 가스, 수도를 확인한다. – 가스 냄새가 나거나 가스 새는 소리가 나면 도시가스 계량기 전단(LPG 용기) 밸브를 잠그고, 창문을 열어 놓고 대피하며, 관계기관(한국가스안전공사 1544-4500, 가스판매점(LPG), 지역도시가스회사)에 연락하여 신속한 조치를 받는다. – 전기에 문제가 있다면 전기차단기를 내린다. – 수도관에 피해가 있을 경우 밸브를 잠근다. ※ 장기적으로 발생하거나 시설 손실로 보육이 어렵다고 판단될 경우 보육시간 단축 및 휴원 조치함

3) 지진 규모 및 진도에 따라 나타나는 현상

규모	현상
1.0~2.9	특별히 좋은 상태에서 극소수 사람만의 느낌
3.0~3.9	건물의 위층에 있는 소수의 사람만이 느낌
	• 실내에서 특히 건물 위층에 있는 사람들이 뚜렷하게 느낌 • 정지하고 있는 차가 약간 흔들리며, 트럭이 지나가는 듯한 진동 지속시간이 산출됨
4.0~4.9	• 실내에서는 많은 사람이 느끼나 야외에서는 거의 느끼지 못함 • 밤에는 일부 사람이 잠을 깸 • 그릇, 창문, 문 등이 흔들리며 벽이 갈라지는 듯한 소리를 냄 • 대형 트럭이 건물에 부딪치는 듯한 느낌을 줌 • 정지한 차가 뚜렷하게 흔들림
	• 거의 모든 사람이 느낌 • 많은 사람이 잠에서 깸 • 그릇과 창문이 깨어지기도 하며, 고정 안 된 물체는 넘어지기도 함
5.0~5.9	• 모든 사람이 느낌 • 많은 사람이 놀라 대피함 • 무거운 가구가 움직이기도 하며, 건물 벽에 균열이 생기기도 함
	• 모든 사람이 놀라 뛰쳐나옴 • 설계와 건축이 잘 된 건축물에서는 피해를 무시할 수 있으나, 보통 건축물은 약간의 피해 발생 • 부실 건축물은 상당한 피해 발생 • 굴뚝이 무너지기도 하며, 운전자도 진동을 느낄 수 있음
6.0~6.9	• 특수 설계된 건축물에 약간의 피해 발생 • 일반 건축물에도 부분적인 붕괴 등 상당한 피해 발생 • 부실 건축물은 극심한 피해 발생 • 상품, 굴뚝, 기둥, 기념비, 벽돌이 무너짐
	• 특수 설계된 건축물에도 상당한 피해 발생 • 견고한 건축물에 부분적 붕괴 발생 • 지표면에 균열 발생 • 지하 송수관 파손
7.0 이상	• 대부분의 건축물이 기초와 함께 부서짐 • 지표면에 심한 균열이 생김 • 철로가 휘고 산사태가 발생함
	• 남아 있는 건축물이 거의 없으며, 지표면에 광범위한 균열이 생김 • 지표면이 침하하고 철로가 심하게 휨
	• 전반적인 파괴 상황 • 지표면에 파동이 보임 • 수평면이 뒤틀리며 건물이 하늘로 던져짐

4) 사고자관리

- 사고자(영유아, 교직원 등)에 대해 위문, 위로, 학부모 상담 등을 통하여 성의 있는 자세로 신뢰를 구축한다.
- 사고자 또는 사고자 학부모에게 보상과 관련하여 절차 및 제출서류 등 필요한 정보를 알려준다.

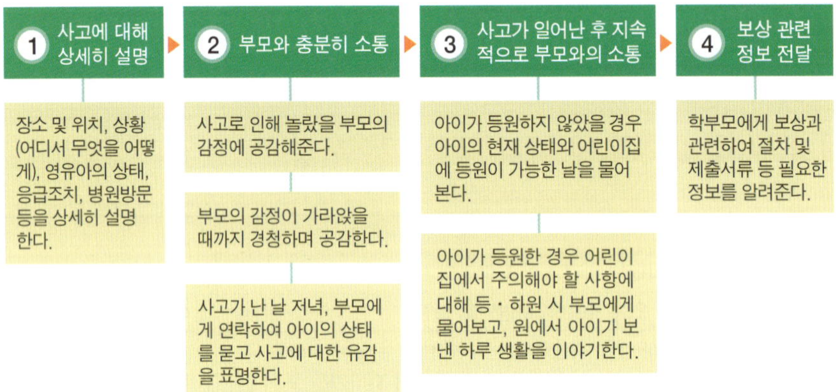

[그림 12-1] 사고자관리 절차

5) 어린이집안전공제회 사고처리 절차

- 보험처리 시 필요서류 : 보험금(공제급여)청구서, 진단서 및 소견서(진단명확인가능서류), 진료비 영수증, 신분증, 통장사본 등

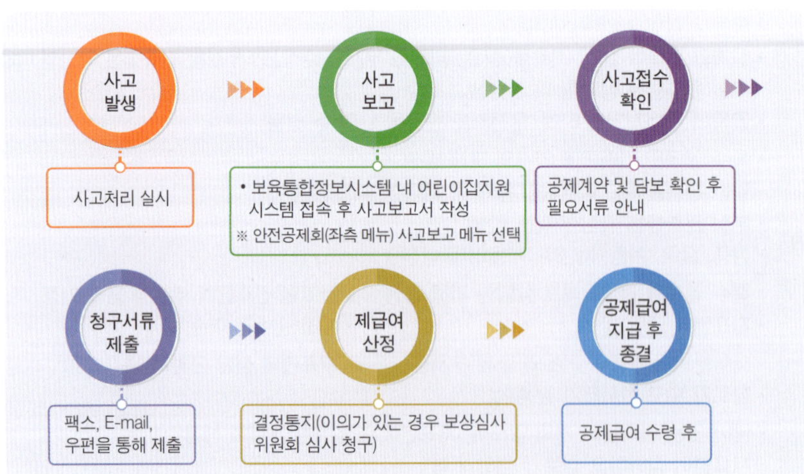

[그림 12-2] 어린이집안전공제회 사고처리 절차

출처 : 어린이집안전공제회, 2016

8. 재난 안전 실제(영아, 유아)

(만 2세)그림책을 통한 재난안전 예방교육	
활동명	선생님(보호자)과 함께 대피해요
그림책명	마법의 빨간 수레 글 · 그림 I 레나타 리우스카 출판사 I 천개의 바람 
표준보육과정 영역	(기본생활 〉 안전하게 생활하기 〉 위험한 상황알기 〉 위험한 상황 시 어른의 지시에 따르기)
활동목표	지진이 났을 때 선생님과 함께 대피한다.
활동자료	그림책
활동방법	1. 영아가 그림책을 볼 때 선생님과 함께 본다. – 여기 땅이 흔들리고 바람이 불지~ – 동물들이 어떤 것 같니? 이럴 땐 어떻게 해야 하지? – 안전한 곳으로 가야 할 텐데... 2. 지진에 대해 이야기 한다. – (지진을 표현한 그림 자료를 보며) 갑자기 땅이 흔들리거나 하면 물건들이 다 쏟아질 수 있어. – 이럴 때 어떻게 해야 할까? 머리를 보호하고 선생님과 책상 밑으로 들어가요. – 책상 밑으로 들어가서 몸을 숙여야 물건이 떨어졌을 때 머리가 다치지 않는단다. – 책상이 없으면 머리가 다치지 않도록 방석으로 머리를 덮어야 해~ 3. 역할영역에서 지진대피 활동을 해 본다. – 어! 땅이 흔들려요~ 지진이 났어요? – 그래~ 머리를 보호하고 선생님과 책상 밑으로 대피해요.
주요상호작용	선생님과 책상 밑으로 대피해요
연계활동	지진이 났을 때 머리를 보호할 수 있는 물건들을 일상생활 속에서 찾아 본다.
유의사항	지진에 대해 영아들이 놀라지 않도록 선생님과 함께 하면 안전하다는 것을 알려주어 위험한 상황 발생 시 항상 선생님(보호자) 곁에 있을 수 있도록 한다.
평 가	지진이 났을 때 선생님의 이야기를 듣고 안전한 곳으로 대피할 수 있다.

출처 : 어린이집안전공제회(예방자료실). 그림책을 활용한 영아 안전교육 프로그램

<table>
<tr><th colspan="3">(만 5세)재난안전 예방교육</th></tr>
<tr><td colspan="2">활동유형(영역) : 이야기 나누기</td><td>여러 가지 자연재난을 알아요</td></tr>
<tr><td>누리과정
관련 요소</td><td colspan="2">• 신체운동 · 건강 : 안전하게 생활하기 – 비상시 적절히 대처하기
• 사회관계 : 나를 알고 존중하기 – 나를 알고, 소중히 여기기</td></tr>
<tr><td>활동목표</td><td colspan="2">• 자연재난(황사, 폭염, 폭설)의 위험성과 그 결과를 안다.
• 자연재난이 일어날 경우 어른과 함께 있어야 함을 안다.</td></tr>
<tr><td>활동자료</td><td colspan="2">PPT, 애니메이션 「황사가 온대요」</td></tr>
<tr><td>활동방법</td><td colspan="2">1. 자연재난은 다양하며 각각의 자연재난에 따른 대처방법 또한 다름을 이야기 나눈다.
– 자연재난이란 무엇일까?
– 자연재난이 일어나면 어떻게 해야 할까?
– 자연재난은 다양하고 각각의 자연재난에 따른 대처방법도 다르단다.

2. 애니메이션 「황사가 온대요」를 보고 이야기 나눈다.

애니메이션 동영상 : 「황사가 온대요」
소풍가는 날 아침, 아리는 어제 빨아서 베란다에 널어둔 치마를 입으려고 한다. 하지만 치마는 누런 흙먼지로 얼룩져 있고 엄마는 황사 때문이라고 알려준다. 뉴스에서 황사라는 것을 듣고 엄마는 집에 있는 모든 창문을 꼭꼭 닫고 아리에게 황사에 대해 설명해 준다. 유치원에서 소풍이 취소되었다고 전화가 오고 유치원에 가려고 소매가 긴 옷과 마스크를 착용한다.

– 아리 치마가 왜 더러워졌을까?
– 엄마는 왜 창문을 닫았니?

3. PPT의 뿌연 하늘 사진을 보며 황사에 대해 이야기 나눈다.
– 황사란 무엇일까?
(몽골이나 중국 북부의 황토지대에서 바람에 의해 하늘 높이 올라간 많은 모래먼지가 대기 중에 퍼져서 하늘을 덮었다가 서서히 내려오는 것)
– 황사가 있는 날 바깥놀이를 하면 어떻게 될까?
– 창문을 열어두면 어떻게 될까?
– 마스크를 해야 하는 이유를 알고 있니?
– 황사가 있는 날 외출했다가 집에 돌아와서 가장 먼저 해야 할 일은 무엇일까?

4. 여름철 무더운 날씨의 사진을 보며 폭염에 대해 이야기 나눈다.
– 여름철 날씨는 어떠니?
– 폭염이란 무엇일까?
(갑작스러운 매우 심한 더위이며 너무 심할 경우 농작물이 마르고, 사람들이 병에 걸리기도 한다는 것을 알려준다)</td></tr>
</table>

	– 폭염은 왜 생기는 걸까? (여름철에는 보통 여름 날씨가 무더워 고온현상이 며칠간 계속되지만 최근 자동차 배기가스, 매연 등에 의해 날씨가 무더워지고 있음을 알려준다) – 너무 더울 때는 어떻게 하면 좋겠니? – 폭염에 건강을 잃지 않으려면 어떻게 해야 할까? 5. 눈이 많이 내린 사진을 보며 폭설에 대해 이야기 나눈다. – 폭설이란 무엇일까? (갑자기 눈이 많이 내리는 것이다) – 눈이 올 때 어떤 점을 조심해야 할까? – 눈이 오면 어떻게 할까? (길을 걸을 때 미끄러지지 않도록 바닥에 홈이 파인 운동화를 신는다, 어깨를 쭉 펴고 앞을 보고 걷는다, 주머니에서 손을 빼고 천천히 걷는다, 흰색을 제외한 밝은색 옷을 입는다, 귀마개는 소리를 잘 들을 수 없으므로 귀마개보다는 모자를 쓴다, 가급적 외출하지 않는다) 6. 자연재난이 일어났을 때에는 어떻게 해야 할지 이야기 나누고 보호자와 함께 있는 것이 가장 안전함을 설명한다.
활동의 유의점	• 계절의 상황(봄철–황사 / 여름철–폭염, 태풍 / 겨울철–폭설)에 따라 지도하는 것이 교육의 효과가 높다.
활동평가	• 자연재난의 개념을 알고 위험성을 이해하고 있는지 평가한다. – 자연재난의 개념을 알고 있는가? – 자연재난의 위험성을 알고 있는가?
확장활동	• 활동지 〈모래 바람이 불어요〉를 활용하여 황사가 있는 날 흰 종이 1장을 바깥에 하루 정도 놓아둔 후 실내의 종이와 비교하며 관찰 기록을 작성한다. 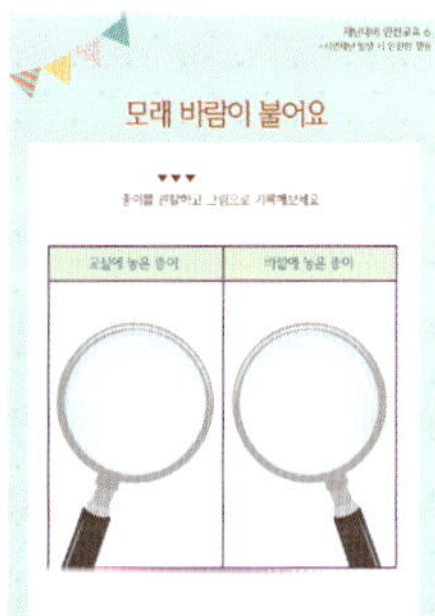

출처 : 소방방재청 : 유아 안전교육 프로그램 교사용 지도서 및 부모용 자료

Chapter 13 시설설비 안전

출처 : 어린이집안전공제회(2016)

1. 소방 안전관리
2. 가스 안전관리
3. 전기 안전관리

화재를 예방하고 영유아가 보다 안전한 보육환경에서 생활할 수 있도록 평소 교사가 소방, 가스, 전기 관련 시설설비 안전수칙을 인지하고 실천하는 것은 중요하다.

1. 소방 안전관리

1) 소화기

소화기는 탄산수소나트륨, 탄산수소칼륨 또는 인산염류의 분말을 이산화탄소, 질소 등 불연성 고압가스에 의해 소화기를 압력에 따라 방사하는 기구이다. 유아교육기관에서는 화재 시 신속한 대처를 위해 보육실마다 1개씩 비치한다.

(1) 소화기의 종류

분말 소화기

투척용 소화기

(2) 소화기 보관방법

직사광선을 피하며, 습기가 적고 건조한 곳에 두며, 눈에 잘 띄는 곳으로 영유아 보행 시 충돌에 지장을 주지 않는 곳에 배치한다. 또한 소화기 위에 소화기 표지판을 부착하여 위급상황 시 누구나 찾아서 사용할 수 있도록 한다.

(3) 소화기 관리방법

- 제조일자, 제조 회사명, 연락처 등이 표기되어 있는지, 국가검정 스티커가 붙어 있는지 확인하고, 외관상으로 녹이 슬거나 파손된 부분은 없는지 살펴본다.

- 소화기 내의 약제가 굳지는 않았는지, 거꾸로 흔들어서 미세한 분말이 움직이는 느낌이 있는지 확인한다.
- 소화기의 지시 압력계 바늘이 녹색 범위를 가리키고 있는지 확인한다.
- 소화기를 소화기 점검표와 함께 비치하여 정기적으로 점검 및 관리한다.
- 분말소화기의 내용연수(10년)가 경과한 경우에는 소화기를 교체하거나 성능 확인검사를 받아야 한다(2017. 1. 28. 시행)

(4) 압력계 점검방법

- 소화기의 용기 내부가 압축가스로 채워져 있는데, 점검은 소화기에 부착된 압력계의 지시침으로 확인한다.
- 정상상태의 압력은 녹색을 중심으로 오른쪽을 향하면 정상이고, 왼쪽으로 향하면 점검이 필요하다.

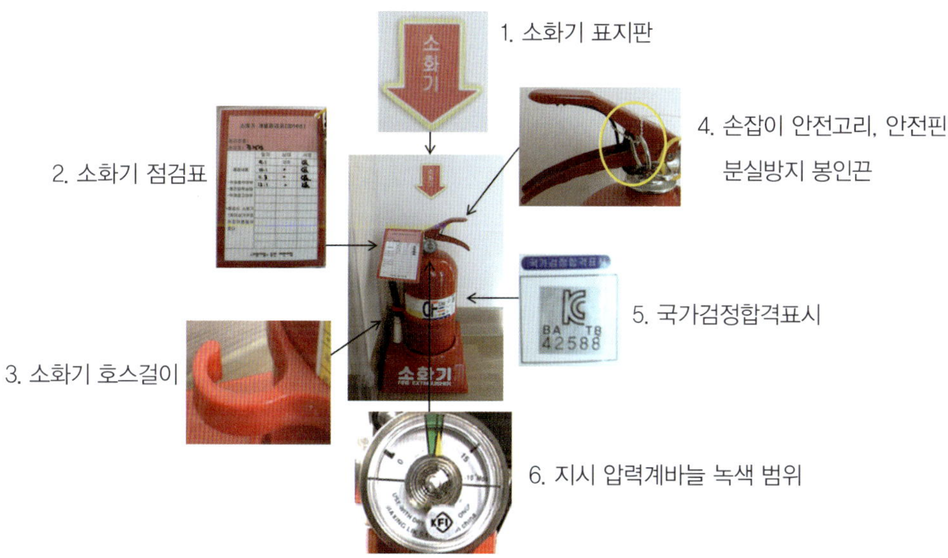

[그림 13-1] 소화기 보관 및 관리

출처 : 어린이집안전공제회(2016)

소화기 위치표시 및 사용법 부착위치

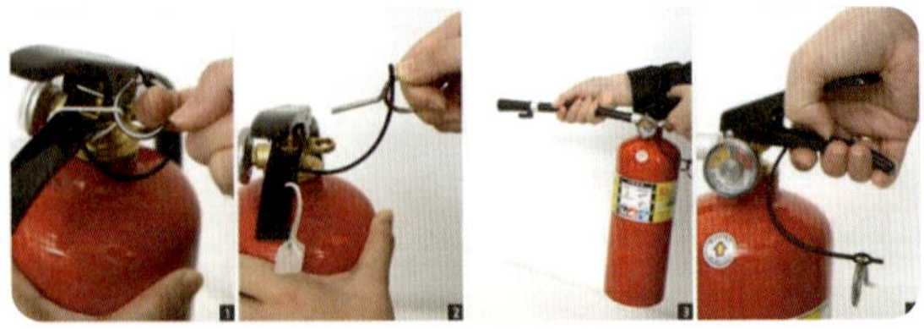

1~2. 손잡이 부분의 안전핀을 뽑는다.
3. '바람을 등지고' 서서 호스를 불쪽으로 향하게 잡는다.
4. 손잡이를 꽉 움켜쥐고 빗자루로 쓸듯이 불을 향해 분사한다.

[그림 13-2] 분말 소화기의 사용법

출처 : 산업안전모임

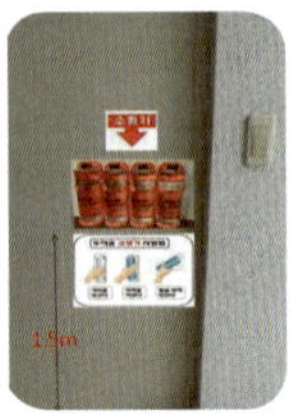

소화기 위치표시 및 사용법 부착위치

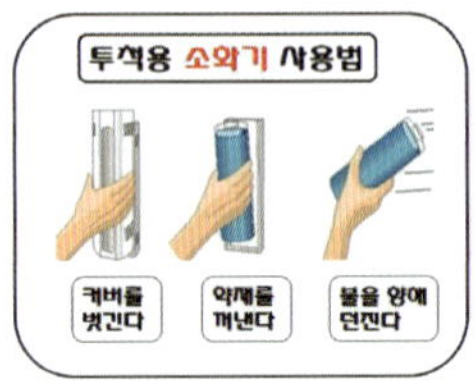

투척용 소화기 사용법

[그림 13-3] 투척용 소화기의 사용법

출처 : 산업안전모임

2) 비상출구(비상대피로)

(1) 비상출구

- 비상출구는 비상시 양방향 대피가 가능하도록 배치한다.
- 비상출구는 항상 개방되어 있어야 하고, 문은 잘 열려야 하며, 대피 방향으로 열리도록 한다.
- 비상출구가 강화 통유리인 경우 비상구 규격에 맞아야 하며, 옆에 비상 망치를 구비해 놓는다. 또한 비상출구 쪽에 방해되는 커튼, 거울, 교구장, 짐 등을 놓아서 비상출구를 막지 않도록 한다.

(2) 비상대피도 비치

- 비상대피도를 구성할 때 다음과 같은 내용을 포함하여, 보육실뿐 아니라 눈에

잘 띄는 현관이나 복도 등에 비치하여 쉽게 볼 수 있도록 한다.

- 각 보육실과 출입구 위치를 쉽게 알아볼 수 있도록 표시한다.
- 화재 시 대피할 수 있는 비상구 위치를 표시한다.
- 소화기, 옥내 소화전 등 소방 시설의 위치를 표시한다.
- 구획된 실에서 비상구 및 출입구까지의 피난동선을 표시한다.

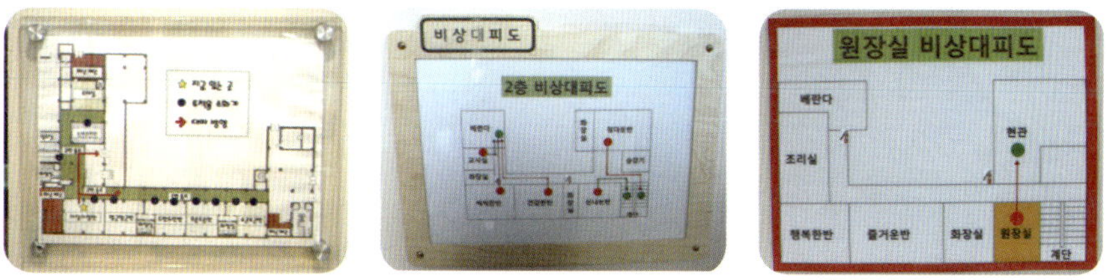

비상대피도

출처 : 어린이집안전공제회(2016)

(3) 유도등

종류	색상
피난구 유도등 : 화재 발생이나 정전 시 안전하고 원활한 피난활동을 유도한다.	녹색바탕에 백색문자
통로 유도등 : 피난통로를 안내하기 위해 유도한다.	백색바탕에 녹색문자

피난구 유도등

계단통로 유도등

- 점검 및 관리
  - 위치 및 높이를 기준에 맞게 설치하였는지 확인한다.
  - 유도등에 표시된 방향이 출구 방향을 가리키고 있는지 확인한다.
  - 평상시 항상 점등(불이 켜짐) 상태로 유지되고 있는지 확인한다.
  - 예비전원 스위치(버튼)를 눌렀을 경우 점등(불이 켜짐)이되는지 확인한다.
  - 정전 시에는 상용전원에서 비상전원으로 자동전환되는 구조여야 한다.

(4) 방염

실내장식물과 유사한 물품(방염대상물품)은 방염 성능기준 이상의 것으로 설치해야 한다.

- 방염은 물품이 타지 않는 것이 아니라 타는 시간을 지연시켜(천천히 탐) 대피 시간 확보를 위해 사용한다. 제조 또는 가공 공정에서 방염 처리를 한 물품(합판 · 목재류의 경우 설치 현장에서 방염처리한 것 포함)으로 다음에 해당한다.
  - 창문에 설치하는 커튼류(블라인드 포함)
  - 카펫
  - 두께가 2㎜ 미만인 벽지류(종이벽지는 제외)
  - 전시용 합판 또는 섬유판, 무대용 합판 또는 섬유판
  - 암막 및 무대막
  - 침구류와 소파 및 의자는 방염처리가 된 제품을 사용하도록 권장

〈표 13-1〉 어린이집 내 소방 안전 관련

항목	주요 미흡사항	개선방안
소화기	소화기 압력, 설치장소	• 소화기는 눈에 띄는 장소에 설치 • 압력계에 지시침이 녹색범위 내에 위치하는지 정기적으로(월 1회) 점검하여 점검기록표에 기록 • 월 1회 뒤집거나 흔들어주기
방염	블라인드, 벽지 커튼 등의 방염처리	• 방염필증이 부착된 방염물품 사용 • 관리소홀로 인해 필증 분실이 발생할 수 있으므로 사진을 찍어 두거나 방염성능시험 성적서 보관
유도등	잘못된 설치로 인한 유도등 점멸, 예비전원(배터리) 방전	• 피난구유도등에 전용배선을 사용하여 설치 • 전기가 차단되었을 경우 예비전원으로 작동하기 때문에 수시로 점검버튼을 눌러 예비전원의 상태 확인
	피난구 유도등 미설치	• 옥내에서 지상으로 통하는 장소와 직통계단 통로 등의 출입구에는 피난구 유도등을 설치해야 함
비상 대피로	비상대피로 적체물 보관, 문 잠금	• 신속한 대피를 위해 대피로에는 물건을 적체하지 않아야 하며 비상구는 항상 잠가두지 않아야 함
비상 대피도	소방시설 미표시, 규격미달	• B4사이즈로 제작 • 눈에 띄는 장소에 게시해야 하며 소화용구 위치표시와 양방향 대피로, 비상시 역할분담 등의 내용이 기재되어야 함

항목	주요 미흡사항	개선방안
자동확산 소화기	자동확산소화기 미설치	• 화기를 취급하는 조리실에는 소화기를 비치 • 추가적으로 화기 상단에 자동확산소화기를 설치해야 함
기타	화재감지기 부족, 투척용 소화기 관리 등	• 열, 연기 발생 시 화재감지기가 신속하게 작동할 수 있도록 정기적인 점검 • 투척용 소화기는 지면으로부터 1.5m 이내 높이에 설치해야 하며 정기적으로 약제상태를 확인해야 함

※ 위 사항은 '16년 안전관리 컨설팅 사업결과 어린이집 내 주요 미흡사항을 정리한 내용임

2. 가스 안전관리

1) 정기적(월1회 이상) 검사

(1) 배관(호스) 가스누출점검 및 상태를 점검한다.

배관이나 호스, 퓨즈콕 등의 연결 부위에 비눗물을 묻힌 스펀지(수세미, 행주 등)를 이용하여 거품이 발생하는지 확인한다.

- 정상 : 아무런 반응이 없을 경우
- 누출 : 조금이라도 기포가 생길 경우

(2) 중간밸브 적정 설치상태를 확인한다.

가스를 사용하지 않는 경우 밸브가 잠겨 있는지 확인한다.

(3) 'LP가스안전공급계약' 체결 여부 확인한다

(4) 가스누출경보기 정상 작동 여부를 확인한다

2) 일반적 관리

(1) 사용 전 · 중 · 후

사용 전	• 가스 기구(가스레인지, 보일러 등) 주위에 가연성이 있는 빨래, 스프레이 통 등이 있는지 살펴 있는 경우 즉시 치우도록 한다. • 냄새를 맡아서 가스가 누출되지 않았는지 확인한다. • 창문을 열어 신선한 공기로 실내를 환기시킨다(가스 연소 시 많은 공기가 필요).
사용 중	• 가스를 켤 때 파란 불꽃의 불이 붙었는지 꼭 확인한다. • 불이 꺼지지 않았는지 자주 살펴본다. • 국물이 넘치거나 바람으로 인해 불이 꺼지지 않았는지 옆에서 지켜보도록 하고, 가능한 자리를 떠나지 않도록 한다.
사용 후	• 연소기 콕크와 중간밸브를 잠그는 습관을 갖도록 한다. • 방학, 휴원 등으로 장기간 사용 안할 시에는 용기 밸브도 잠그고, 도시 가스의 경우는 메인 밸브를 잠근다.

(2) 가스 누출 시

- 콕크, 중간밸브, 용기밸브(LP가스), 메인밸브(도시가스) 등 모든 밸브를 잠근다.
- 창문과 출입문 등을 활짝 열어 환기시킨다.
- 한국가스안전공사(1544-4500) 및 전문업체에 연락하여 필요한 조치를 받고 안전함을 확인한 후 다시 사용한다.

〈표 13-2〉 어린이집 내 가스안전 관련 TIP

항목	주요 미흡사항	개선방안
배관	도색 벗겨짐, 전기전선과 이격거리 미유지	• 도색 벗겨짐으로 녹 발생과 배관 균열로 인해 가스누출의 위험이 있으므로 정기점검필요 • 전선마찰로 인한 화재사고 예방을 위해 전기전선과의 이격거리 유지 필요
가스누출 자동차단기	미작동, 오작동	• 정기적으로 월 1회 가스누출차단기 작동확인
LPG 보관	환기 유지, 가스용기 보관 미흡	• LPG 용기통 보관 시 환기를 유지해야 하며 바닥은 평평하게 하고 넘어짐 예방을 위해 체인 등으로 고정
배기통	배기통 마감처리 불량	• 보일러 배기통에 균열이 생길 경우 유독가스 누출로 인한 질식사의 위험이 있음을 안내하고 정기적으로 가스 누출 점검 실시
보일러실	환기 유지, 가연성 물질 보관	• 환기를 유지해야 하며 가연성물질 보관 지양

3. 전기 안전관리

- 누전차단기 정상작동을 확인한다.
- 전기배선(전선) 및 콘센트 외관을 확인한다.
  - 먼지가 쌓인 경우 진공청소기 또는 마른 수건으로 닦아주고, 노후되었거나 손상(끊김, 심한 구부림, 가구 등에 눌림)이 있는지를 확인한 후 새 전선으로 교체한다.

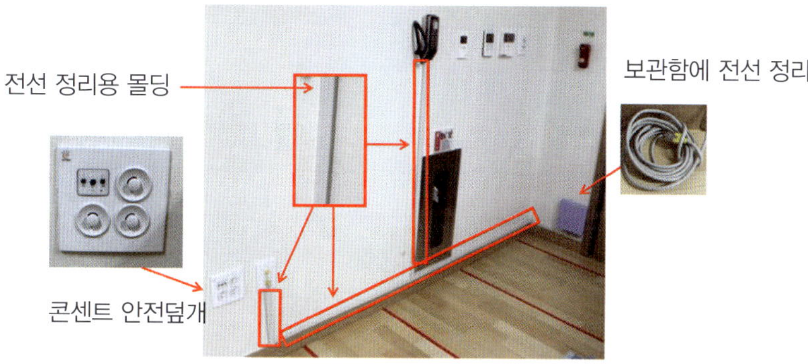

출처 : 어린이집안전공제회(2016)

〈표 13-3〉 어린이집 내 전기안전 관련

항목	주요 미흡사항	개선방안
누전 차단기	과용량 차단기 사용으로 인한 누전 발생	• 과용량 사용으로 인한 화재발생 예방을 위해 차단기 용량을 조절할 것 • 어린이집 개보수 시 누전부분은 보수하고 누전차단기는 월 1회 이상 차단기능 동작상태 점검
접지시공	접지극 미연결	• 누전 시에도 인체에 전기가 흐르지 않도록 접지극을 연결하여 시공하고 접지기능이 있는 콘센트 사용
배선	배선 노후화	• 건물 노후화, 임의적 리모델링 등으로 인해 배선에 문제가 생긴 경우 추후 해당부분 보수 필요
환풍기	환풍기 먼지 쌓임, 설치장소	• 환풍기 모터에 먼지가 낄 경우 화재사고의 위험이 있으니 정기적인 청소 필요 • 환풍기 일부가 벽 등으로 일부분 가려져 있거나, 24시간 가동되는 경우에는 과열로 인한 화재 가능성이 있어 일정시간 사용 후 자동으로 가동을 멈출 수 있는 타이머 콘센트 사용 권장
방적형 콘센터	화장실 등의 방적형 콘센트 미사용	• 화장실이나 주방 등 습기가 많고 물이 닿을 수 있는 장소에 콘센트는 방적형 콘센트로 교체 필요

※ 위 사항은 2016년 안전관리 컨설팅 사업결과 어린이집 내 주요 미흡사항을 정리한 내용

PART 5

안전사고 대처

안전사고 대처 • Chapter 14

Chapter 14

안전사고 대처

출처 : 2017 어린이집 보육교직원 안전교육(2017)

1. 안전사고 대처법
2. 응급처치의 기본원칙과 유형별 응급처치 요령

영유아의 안전사고 예방을 위한 교사의 다양한 노력에도 불구하고 예기치 못한 안전사고가 발생했다면, 교사는 신속하고 정확한 판단을 통해 대처해야 한다.

> **유아교육법(법률 제12336호, 2014년 1월 28일, 일부개정)**
> 제17조의 3(응급조치) 원장(제21조 제2항에 따라 원장의 직무를 대행하는 사람을 포함한다)은 보호하는 유아에게 질병 · 사고나 재해 등으로 인하여 위급한 상태가 발생한 경우 즉시 해당 유아를 「응급의료에 관한 법률」 제2조에 따른 응급의료기관에 이송하여야 한다.

1. 안전사고 대처법

1) 응급상황 시 대처방법

① 교사는 당황하지 않고 어떤 사고인지 파악한다.
② 다친 영유아의 부상 정도를 파악하여 적절한 조치를 취한다.
③ 119나 응급실에 구조를 요청한다.
④ 부모님에게 연락한다.
⑤ 남은 영유아를 안심시킨다.
⑥ 사고보고서를 작성한다.

2) 응급상황에 대처하는 교사의 자세

① 모든 교사는 기도 확보와 심폐소생술 등의 응급처치법에 관한 교육을 받는다.
② 교사의 손이 쉽게 닿는 곳에 구급상자(응급전화번호, 약품 사용법 등 부착)를 준비한다.
③ 영유아의 비상연락망, 응급 시 도움을 요청할 수 있는 기관의 전화번호와 응급절차과정 목록 등을 전화기 옆에 비치한다.
④ 야외학습을 나갈 때 교사는 휴대용 구급상자와 비상연락망을 준비한다.
⑤ 응급상황 발생 시 조치에 대한 응급처치동의서를 받도록 한다.

3) 안전사고 발생 시 부모와의 소통요령

(1) 응급처치 후 즉시 부모님에게 연락하여 사고에 대해 상세히 설명(장소 및 위치, 상황(어디서 무엇을 어떻게), 영유아의 상태, 응급조치, 병원 방문 등) 한다.

> 예 "어머님, ○○의 네 번째 손가락 두 번째 마디부분에 0.5cm정도 베이는 상처가 생겨서 바로 지혈을 하고 소독을 한 다음에 밴드를 붙여주었습니다. 친구랑 함께 놀이를 하던 중에 친구가 ○○의 가위를 사용하자 ○○이 것이라고 이야기하며 되가져오는 중에 잘못 건네받아 상처가 생겼어요. 처음에 피를 보자 조금 놀라긴 했는데 소독을 하고 밴드를 붙여주니 금세 방긋 웃으며 친구와 놀이를 하고 있습니다."

- 사고로 인해 놀랐을 부모님의 감정에 공감해 준다.
- 부모님의 감정이 가라앉을 때까지 경청한다.
- 사고가 난 날 저녁, 부모에게 연락하여 아이의 상태를 묻고 사고에 대한 유감을 표명한다.

> 예 "많이 속상하시죠"
> "우리 ○○는 지금 집에서 어떤가요?"
> "어린이집에서 더욱 신경 써서 봐야 하는데 앞으로는 더욱 조심해서 생활할 수 있도록 하겠습니다."

(2) 지속적인 부모와의 소통

- 영유아가 등원하지 않았을 경우 현재 상태와 등원이 가능한 날을 확인한다.
- 영유아가 등원한 경우 기관에서 주의해야 할 사항에 대해 등 · 하원 시 부모에게 물어보고, 원에서 보낸 하루 생활에 대해 이야기한다.

(3) 어린이집안전공제회에서 보상과 관련한 절차 및 제출 서류 등을 확인하여 부모님에게 전달한다.

가) 비상연락체계 구축

- 유관기관 비상연락처 비치
- 비상시 긴급하게 연락하거나 안전상태를 점검하는 유관기관의 연락처를 확보한다.

  ※ 유관기관 : 소방서, 경찰서, 파출소, 병원, 한국전기안전공사, 한국가스안전공사 등
- 전화기 옆에 게시한다.
- 지속적으로 전화번호 변경 여부를 확인하여 관리한다.

유관기관 비상연락처

출처 : 어린이집안전공제회(2016)

나) 비상연락처 확보

① 영유아 보호자 비상연락처

- 영유아의 부모(보호자) 연락처를 확보한다.
- 지속적으로 전화번호 변경 여부를 확인하여 관리한다.

---

1. 사고 발생 시 가장 먼저 부모님께 연락합니다.

__________(시간/기간) __________(전화번호)

어머니와는__________ 동안에__________로 연락됩니다.

아버지와는__________ 동안에__________로 연락됩니다.

2. 부모님과 신속하게 연락되지 않을 경우 부모님이 정해주신 다음의 연락처로 연락드립니다.

① (이름)______ 는 (전화번호)_______ 로 연락할 수 있습니다. 아동과의 관계_______

② (이름)______ 는 (전화번호)_______ 로 연락할 수 있습니다. 아동과의 관계_______

출처 : 보육사업안내

보호자 비상연락처

② 교직원 비상연락처

- 근무하고 있는 모든 교직원(원장, 교사, 보조교사, 운전기사, 취사부 및 조리사, 간호사, 시간연장반 교사 등)의 휴대전화번호, 집 연락처 및 주소, 부모 또는 친한 사람의 연락처를 확보한다.

다) 역할분담

① 대상

- 상시 근무자인 모든 교사(원장, 교사, 보조교사, 운전기사, 조리사, 간호사, 시간연장반 교사 등)

② 역할 분담 및 숙지

- 비상 및 재난발생(화재, 안전사고, 돌발상황 등)과 자연재해(황사, 폭염, 태풍 · 집중호우, 대설, 지진 등)에 대비하여 역할분담을 한다.
- 모든 교직원들의 비상 시 역할을 분담하고, 각자 맡은 역할을 숙지한다.

〈표 14-1〉 비상 및 재난발생 시 역할분담표(예)

업무	담당교사	화재 및 재난발생 시	안전사고 발생 시	돌발상황 발생 시
지휘명령 총괄	정○○	지휘명령총괄	지휘명령총괄	지휘명령총괄
통보연락 및 문서관리	박○○	• 비상사태 시 비상벨 및 원내전달 • 전원 차단, 관계기관 통보 • 주요 서류와 물건 반출	• 학부모와 관계기관 통보 • 응급처치 및 지정 • 병원으로 긴급후송 • 사고 문서 관리	• 119 신고 및 원내 전파 • 관계기관 통보
소방시설 및 설비 최종점검	장○○	• 연간소방교육계획	• 시설 및 설비 안전 점검	
	권○○	• 건물 내 단속 및 • 비상문 개방		• 비상문 개방
	박○○, 한○○	• 자체 소방시설을 활용한 소화활동 • 소화활동상 장애물 제거와 복구		• 건물 내 단속
화장실, 현관 및 실외 최종점검	송○○,성○○, 황○○,이○○, 전○○,김○○, 한○○,김○○,	• 인명구조 • 대피유도	• 화장실 시설 및 설비 안전 점검 • 실외 시설 및 설비 안전 점검	• 대피유도
후송	김○○	• 구급약품관리 • 응급처치 및 지정 병원으로 긴급후송	• 응급처치 및 지정 병원으로 긴급후송	• 응급처치

〈표 14-2〉 자연재해 시 역할분담표(예)

업무	담당교사	황사	폭염	태풍 · 집중호우	대설	지진
지휘명령 총괄 (원장)	정○○	지휘명령총괄	지휘명령총괄	지휘명령총괄	지휘명령총괄	지휘명령총괄
통보연락 및 시설관리 (주임교사)	박○○	• 마스크 착용 등 가정에 복장 안내 • 보육시간 단축 및 휴원 조치 • 황사 진행 상황 파악	• 실외활동 및 견학 등 일정 관리 및 안내 • 보육시간 단축 및 휴원 조치	• 가정에 복장 안내 • 시설 점검 및 보수업체 연락 • 보육시간 단축 및 휴원 조치	• 사전에 보일러 및 수도 계량기 점검 • 가정에 복장 안내 • 위험표지 및 서행안내 표지판 부착 • 시설 점검 및 보수업체 연락 • 보육시간 단축 및 휴원 조치	• 전기, 가스, • 수도 등 시설 • 점검 및 보수 • 업체 연락
영유아 관리 (교사)	송○○, 전○○, 김○○, 한○○, 김○○, 김○○, 박○○,	• 창문 및 공기 청정기 등 보육실 환경 • 영유아 청결 관리 • 활동변경 및 실행	• 영유아 청결 관리 • 보육실 냉방 기기 관리 • 영유아 건강상태관리 • 활동변경 및 실행	• 실외 이동식 놀이기구 사전에 옮기기 • 보육실 안전관리 • 활동변경 및 실행	• 빙판길 모래 뿌리기 • 활동변경 및 실행	• 영유아와 • 안전한 장소로 • 대피
위생 및 청결 (조리실)	권○○, 최○○, 정○○	• 식품 및 용기 세척 • 물, 음식 관리	• 물, 음식 관리	• 물, 음식 관리	• 어린이집 현관 물기 제거	• 가스 점검
응급처치 및 후송 (양호실)	김○○, 주○○	• 교직원 건강상태 확인 • 구급약품관리 • 응급처치 및 지정병원으로 긴급후송	• 교직원 건강상태 확인 • 구급약품관리 • 응급처치 및 지정병원으로 긴급 후송	• 교직원 건강상태 확인 • 구급약품관리 • 응급처치 및 지정병원으로 긴급후송	• 교직원 건강상태 확인 • 구급약품관리 • 응급처치 및 지정병원으로 긴급후송	• 교직원 건강상태 확인 • 구급약품관리 • 응급처치 및 지정병원으로 긴급후송

〈표 14-3〉 어린이집의 비상상황 대비 총괄표 (예)

재난 유형	발생상황	운영 방침	구비물품 및 준비사항	훈련실시 일자
화재	• 화재로 인한 재산 피해 언론노출에 따른 영유아급감	휴원	• 등원 영유아 현황 • 등원 종사사 현황 • 소화기, 화재감지기 • 경보기, 비상대피도	
수해	• 침수로 인한 어린이집 시설 피해	휴원	• 등원 영유아 현황 • 등원 교사 현황 • 모래주머니, 라디오	
지진	• 지진으로 인한 건물 붕괴 및 부상 또는 사망	휴원	• 등원 영유아 현황 • 등원 교사 현황 • 휴원 시 대체 보육시설 선정 및 계약	

- 비상시 대처방안(대피요령)에 대한 내용을 마련한다.

비상시 대처방안(대피요령) (예)

- 침착하게 대처한다.
- 총지휘자에게 보고한다.
- 119 등 필요한 기관에 도움을 요청한다.
- 비상대피로를 확보한다.
- 교직원은 비상 시 역할 분담에 따라 행동한다.
- 원아를 신속하게 인솔해서 안전지역으로 대피한다.
- 남은 원아가 있는지 반드시 확인한다.
- 필요한 응급조치를 취한다.
- 보호자에게 연락한다.
- 영유아들을 안정시킨다.

출처 : 평가인증 문서자료집

라) 비상대응훈련

- 화재, 지진 등 어린이집에서 발생 가능한 각종 비상상황 대응에 효과적인 모의훈련 실시를 위한 세부 훈련 지침을 마련한다.

임실 119안전체험관에서 지진에 대한 체험 후 안전교육중인 유아들

마) 어린이집 비상대피 훈련 지침 표준

① 목적

화재 등 비상상황 대응에 효과적인 모의훈련 실시를 위한 기본적인 절차와 방법 및 책임을 규정함으로써, 훈련을 내실화하고 어린이집 영유아와 교사의 안전을 지키는 것을 목적으로 한다.

② 적용

화재 등 인적재난, 지진, 폭설, 수해 등 자연재난, 영유아 돌연사 등의 재난 · 재해 발생 시 훈련계획수립 및 현장대응에 적용한다.

③ 연간 훈련계획 수립

어린이집의 비상대응계획에 근거하여 해당 연도의 훈련계획(훈련시기, 훈련 주요 내용, 재난 종류)을 연초에 수립한다.

④ 훈련 실시 빈도

어린이집의 비상대응훈련은 매월 실시(월 1회)한다.

⑤ 비상대응훈련 계획수립 및 주체

어린이집 안전관리책임관 및 안전관리 담당 교사로 한다.

⑥ 훈련 참여자

어린이집 교사 및 모든 영유아로 한다.

⑦ 훈련 종류

어린이집에서 발생 가능한 재난에 대해 다양한 시나리오를 준비하여 실제 또는 도상훈련을 실시한다.

⑧ 훈련 실시 및 내용

상황 발생 시 교사의 역할 분담, 영유아 대피훈련 및 대피시간 확인, 시설 내 각종 비상장비 및 기구 사용, 인근 소방관서 및 의료기관 연락 훈련 등을 실시한다.

⑨ 훈련결과 및 개선계획 작성

- 훈련 실시 후 잘된 점, 미흡한 점을 도출하여 기준 계획 개선에 반영한다.

〈표 14-4〉 소방대피훈련

순서	진행방법	내용
1	가상으로 화재 발생지점 설정	• 화재 대피훈련을 할 때마다 화재 발생지점을 다르게 설정하여 어느 장소에서든 안전하게 대피할 수 있도록 한다.
		↓
2	화재 발생 알림	• 화재를 목격한 교사는 육성으로 "불이야"하고 크게 외쳐 화재 발생을 알린다. • 원장(또는 신고 담당 교사)은 사이렌이나 경보벨을 울려 각 반에 화재 사실을 알린 후 신속하게 119에 신고한다(원장 부재 시 책임교사가 신고).
		↓
3	초기 소화 및 대피 장소로 이동	• 초기 진화를 담당하는 교사는 소화기를 들고 발화지점으로 가서 불을 끈다. • 구급을 담당하는 교사는 구급함(비상약품)을 신속히 챙겨 대피한다. • 조리사는 가스밸브를 잠그고 가스차단기를 수동으로 차단한 후 영아들의 대피를 돕는다. • 각 반 교사는 영유아의 비상연락처와 명단을 지참하고, 원장은 교사의 비상연락처와 명단을 지참한다. • 영유아는 입과 코를 막고 최대한 낮은 자세로 교사의 인솔에 따라 가까운 비상대피로로 대피한다.
		↓
4	대피 장소로 모임	• 밖으로 나온 영유아들은 교사의 지시에 따른다. • 교사는 영유아의 인원 및 부상자를 확인하고, 원장은 교사의 부상자를 확인한다. • 원장에게 최종 인원 및 부상자를 보고한다(원장 부재 시 책임교사에게 보고). • 부상자가 있을 경우 응급처치를 하고, 119 구조대가 오기 전까지 안정을 취해준다.
		↓
5	소방대피 훈련일지 (또는 보육 일지) 작성	• 소방대피훈련이 끝난 후에는 일지(계획서 및 평가서)를 작성하고, 훈련과정에서 도출된 문제점은 다음 훈련 시 보완한다. • 소방대피훈련 계획 및 평가

〈표 14-5〉 지진피난훈련

순서	진행방법	내용
1	가상으로 지진 발생지점 설정	• 지진피난훈련을 할 때마다 지진 발생지점을 다르게 설정하여 어느 장소에서든 안전하게 피난할 수 있도록 한다.
↓		
2	안전 확보	• 대피자들(영유아, 교사 등)은 현재 위치에서 가깝고 몸을 보호할 수 있는 곳으로 신속히 이동하여 몸을 웅크리고 머리를 보호한다(3대 원칙 : 엎드리고, 가리고, 붙잡고). • 각 반 교사는 영유아의 비상연락처와 명단을 지참하고, 원장은 교사의 비상연락처와 명단을 지참한다. • 구급을 담당하는 교사는 비상용품(비상기기, 비상약품, 비상식량 등)을 신속히 챙긴다. • 차단을 담당하는 교사는 가스, 전기를 신속히 차단한다(2차 피해 방지).
↓		
3	부상자 확인	• 교사는 영유아의 부상자를 확인한다. • 원장은 교사의 부상자를 확인한다. • 부상자가 있을 경우 응급처치를 하고 의료기관 등에 연락한다.
↓		
4	피난 장소로 모임	• 지진이 멈추면 피난 경로의 안전을 확보하여 피난 장소로 이동한다.
↓		
5	재해정보 확인	• 재해정보 담당 교사는 비상기기(라디오, 핸드폰 등)로 재난 방송을 통해 지진상황을 확인한다.
↓		
6	보호자에게 연락 후 인계	• 교사는 보호자에게 연락하여 안전하게 인계한다. • 연락이 되지 않을 경우 피난 장소에서 휴식을 취하고 보호자의 연락을 계속 시도한다.
↓		
7	지진피난 훈련일지(또는 보육일지) 작성	• 지진피난훈련이 끝난 후에는 일지를 작성하며, 훈련과정에서 도출된 문제점은 다음 훈련 시 반영한다.

바) 보험가입

- 모든 어린이집은 영유아 생명 · 신체 피해보상 관련 공제, 가스사고 배상책임 공제, 놀이시설 배상책임 공제, 화재보험(공제), 차량 운행 시 자동차보험에 가

입하여야 하고, 교사에 대해 4대보험(국민연금보험, 건강보험, 고용보험, 산재보험)에 가입되어야 한다.

2. 응급처치의 기본원칙과 유형별 응급처치 요령

1) 응급처치의 정의

여러 이유로 환자의 생명이 위험할 때 응급으로 행하는 의료적 처치. 환자의 상황을 긴급하게 파악하고 정규 진료가 이루어지기 전까지 생명을 구하기 위해 행해지는 조치를 말한다. 증상의 종류와 심각성에 따라 처치의 종류가 다르다. 응급 상황 발생시의 응급처치는 대개 의료전문가가 아닌 사람에 의해서 이루어지므로 환자의 상태를 확인하고 구급차의 출동을 요청하는 등의 조치와 병행해서 진행된다(다음 백과사전).

2) 응급처치의 필요성

응급처치는 일상생활에서 발생할 수 있는 1분 1초를 다투는 긴박한 상황에서 사용되는 하나의 생명보험이다. 사람은 심장마비 후 4분 이내에 아무런 조치를 취하지 않는다면 그것은 곧 죽음을 의미할 수 있다. 이처럼 응급상황에 대처하는 처치자의 신속 · 정확한 행동 여부에 따라서 부상자의 삶과 죽음이 좌우되기도 한다. 물론 모든 질병과 상처에 응급처치가 필요한 것은 아니다. 평생 동안 우리는 상황을 고작 한두 번 겪을 수 있다. 하지만 생명을 구하는 일은 무엇보다도 중요하고 소중하기에 우리는 응급처치 방법을 알아두어야 한다.

특히, 유아교육기관에 근무하는 모든 교사들은 응급상황에 대처할 수 있는 능력을 가질 수 있도록 응급처치에 대한 정확한 지식과 더불어 실제로 연습이 이루어져야 한다. 응급처치 방법을 잘 이해하고 외워두는 것도 중요하지만 더욱 중요한 것은 항상 주변을 주의 깊게 잘 살펴보고 위험에 처했을 때 침착하게 대처하는 능력이라는 것을 염두에 두어야 한다.

3) 응급처치를 위한 준비물

의료용 재료	바르는 약(외용제)	먹는 약(내용제)
• 붕대, 거즈, 소독솜 • 삼각붕대, 탄력붕대 • 칼, 가위, 핀셋, 족집게 • 면봉, 반창고 • 설압자(또는 숟가락) • 체온계(고막체온계) • 일회용 장갑 • 일회용 밴드 • 각종 부목 • 얼음주머니 또는 냉찜질팩 • 소형전등 • 쿠션 • 들것	• 베타딘, 포비돈 • 상처용 외용연고 • 스테로이드계의 피부연고 • 근육용 마사지 연고 • 화상용 바세린 거즈 • 생리식염수 • 벌레 물린데 바르는 연고(항히스타민 연고)나 파스 • 바세린 로션	• 어린이용 설사약 • 멀미약 • 진통제 • 해열제 • 소화제

4) 응급상황 및 사고 발생시 대처방법

(1) 다친 유아를 안심시키고, 다른 유아들은 격리시킨다.

(2) 다친 유아를 함부로 움직이지 말고, 신속하게 상황을 판단하여 움직인다. 특히 목이나 척추손상이 의심되는 유아는 절대 몸을 움직이지 않는다.

(3) 응급처치를 할 수 있다면 도움을 받을 수 있을 때까지 응급조치 절차 계획에 따라 신속하게 행동하고 동시에 119에 구조를 요청한다.

(4) 간단하게 처치할 수 없는 경우라면 119에 구급상황관리센터에 연락하여 상황을 명확하게 전달하고 도움을 받는다.

(5) 가능하다면 전화로 중요한 정보에 대하여 천천히 그리고 명료하게 설명한다. 반드시 필요한 모든 정보가 다 전달되었는지를 확인하고 상대방이 전화를 끊을 때까지 기다린다. 필요시에는 구급차나 기타 긴급차량을 이용하여 환자를 후송할 수 있는 방안을 강구한다.

(6) 응급처치법을 모른다면 응급상황을 다룰 수 있는 사람이 올 때까지 그 자리에 머문다. 응급처치 할 사람이 오면 상황을 설명하고, 상황을 평가하도록 한다.

(7) 다친 유아의 부모에게 연락하고 응급처치 절차에 대한 부모의 동의를 받는다. 학기 초에 비상연락처 및 응급치치 동의서를 받아 두어 처리가 신속하게 이루어질 수 있도록 한다.

(8) 부모가 도착할 때까지 교사는 유아와 함께 있도록 한다.

(9) 24시간 내에 사고보고서(사고 발생 장소, 사고 이유, 사고처리에 대한 모든 것을 기록)를 작성한다. 유아의 기록철에 해당 보고서를 철하고 가능하다면 사본 1부를 당일 부모에게 준다(이동건, 2020 재인용).

〈표 14-6〉 즉시 병원이나 응급실로 가야 하는 경우

구분	내용
열 날 때	• 열이란? 직장 온도 섭씨 38도, 구강온도 섭씨 37.5도, 겨드랑이온도 섭씨 37도 이상으로 정의 • 가벼운 열(38~38.5도)은 운동을 하거나 옷을 많이 끼어 입거나 목욕을 하거나 더운 날에 측정될 수 있음. 의심스러우면 30분 후 재측정 • 3개월 이하의 영아가 열이 날 때 • 매우 아파 보이고 점점 심해진다고 판단될 때 • 의식이 없거나 점점 나빠질 때 • 다리를 절거나 움직이지 못할 때 • 빠르게 숨을 쉬거나 숨쉬기 힘들어서 잘 먹지 못하거나 놀지 못할 때 • 목이 뻣뻣하거나 경련을 할 때
토할 때	• 반복적으로 심하게 토할 때 • 배가 평소보다 부픈 듯이 보일 때 • 배를 움켜잡고 소리를 지를 정도로 심한 복통을 동반하는 경우 • 3일 이내에 머리를 다친 적이 있는 경우 • 탈수 현상(소변양이 줄고 혀가 말라 있는 등)이 있는 경우 • 녹색 혹은 피 색깔의 구토를 하는 경우
기타	• 처음으로 경기를 할 때 • 검은색 변을 보거나 피가 섞인 변을 볼 때 • 머리를 다친 후 의식이 흐리거나 자려고만 할 때

5) 유형별 응급처치 요령

출처 : 유아 재난대비 생활안전교육 프로그램, 2013 재편집.

(1) 열이 날 때

① 해열제를 복용하여야 하는 경우 : 섭씨 39도 이상이거나 이전 열성 경련이 있었던 경우에는 해열제를 먹인다.

② 해열제 사용 시 주의점 : 정확한 양을 4~6시간 간격을 두고 투여하고, 영유아가 자고 있을 때는 깨워서 투여하지 않는다.

③ 해열제 사용 : 해열제는 감염 질환을 치료하는 약이 아니며, 병의 경과에 영향을 끼치지 않는다. 영유아가 평상시처럼 잘 먹고 잘 놀며 잠을 잘 자는 경우에는 해열제를 투여하지 않아도 된다.

〈표 14-7〉 해열제 종류

구분	내용
타이레놀(Acet-amio-phen)	• 4~6시간마다 10~15mg/kg(몸무게 kg당 0.3~0.5cc) 사용 • 하루 5회 이상 투여해서는 안 됨 • 효과가 나타나기까지 1시간이 걸리므로, 복용 1시간 내에 열이 떨어지지 않는다고 다시 투여해서는 안 됨 • 대개 큰 부작용이 나타나지 않으나, 장기간 사용하면 신장기능장애가, 대량 복용하면 간기능장애가 올 수 있음
이부프로펜(Ibu-profen	• 6~8시간마다 5~10mg/kg(몸무게 kg당 0.25~0.5cc) 사용 • 효과가 나타나기까지 1시간이 걸리고 타이레놀에 비하여 지속시간이 길며, 진통효과가 좋아 밤새 통증이 있거나 열이 있는 경우 사용 • 큰 부작용은 없으며 소화불량이나 구역감이 5% 정도에서 생길 수 있고 아주 드물게 위장출혈, 뇌수막염, 신장기능장애를 일으킬 수 있으므로 심하게 토하고 탈수가 심한 영유아에게는 신중하게 투여하여야 함

④ 미지근한 물로 닦아주기

- 욕탕이나 대야에 2.5~5cm 정도 깊이로 30℃ 전후의 미지근한 물(온도계가 없다면 손목이나 손등으로 느꼈을 때 약간 따뜻한 정도)을 채우고, 깨끗한 물수건을 사용하여 우선 아이의 목 뒷부분과 등을 닦고 겨드랑이와 사타구니 순서로 내려가면서 닦아주고, 영유아가 몸을 떨며 오한이 있을 때에는 시행하지 않는 것이 좋다.
- 해열을 위해서 해열제보다 미지근한 물로 닦아주기를 먼저 시행하는 것은 바람직하지 않으므로 해열제를 먼저 먹인 후 미지근한 물로 닦아준다.

(2) 머리를 부딪혔을 때

① 피가 나는 경우

- 119에 구급차를 요청한다.
- 소독한 거즈로 상처부위를 덮는다.
- 머리와 어깨를 약간 위로 올린 자세로 눕힌다.
- 상처 주변을 약간 강하게 압박하여 지혈한다.

② 혹이 생긴 경우

- 유아를 안정시킨다.
- 차가운 수건이나 냉찜질팩으로 냉찜질을 한다.
- 병원으로 이송한다.

③ 즉시 병원에 이송해야 하는 경우

- 의식이 희미하거나 없는 경우
- 귀나 코에서 혈액이나 맑은 액체가 흘러나오는 경우
- 호흡이 이상하거나 하품이나 딸꾹질을 자주 하는 경우
- 두통과 구토가 반복되는 경우
- 손발의 동작이 이상하거나 좌우 눈동자의 크기가 다른 경우

④ 외부에 손상이 없는 경우

유아가 머리를 부딪친 후 평소와 다른 모습을 보이지 않는다면 상처부위를 소독한 후 반창고나 거즈를 붙이고 유아의 부모님께 알린다(시간이 지나서 증상이 나타나는 경우가 있으므로 머리가 강하게 부딪친 때에는 가능한 안정을 시키고 상태를 관찰하도록 하고, 하원 후에도 집에서도 지속적으로 관찰하도록 보호자에게 설명한다).

주의사항

- 귀나 코에서 혈액이나 맑은 액체가 흘러나오면 막지 않는다.
- 꼭 이동을 해야 하는 상황이 아니라면 유아를 함부로 움직이게 하지 않는다.
- 머리에 상처가 난 경우에는 다른 부위보다 피가 많이 나므로 침착하게 행동한다.

(3) 눈을 다쳤을 때

① 눈에 모래나 먼지가 들어간 경우

- 눈물을 흘리게 하여 자연적으로 빠지게 한다.
- 이물질이 들어간 눈을 아래쪽으로 한다.
- 생리식염수나 깨끗한 물을 눈에 부어 씻어낸다.

② 눈을 부딪친 경우

- 냉찜질 한다.

- 119에 구급차를 요청한다.

③ 눈을 찔린 경우

- 이물질을 제거하지 않는다.
- 찔린 눈을 종이컵이나 붕대로 도넛 모양을 만들어 보호한다.
- 눈을 보호하면서 이물질이 움직이지 않도록 붕대를 감는다.
- 119에 구급차를 요청한다.

주의사항

- 영유아들이 눈에 이물질이 들어가거나 아플 대 눈을 비비지 않도록 사전에 교육한다.
- 눈에 화학약품이 들어간 경우 119에 전화하여 전문가의 지시에 따라 처치한다.

(4) 코에 이물질이 들어간 경우

① 코에 이물질이 들어간 경우

- 입과 이물질이 들어있지 않은 쪽의 콧구멍을 막아주며 코를 세게 풀어보게 한다.
- 이물질이 빠지지 않으면 무리하게 빼내려 하지 말고, 병원에 간다.

② 귀에 작은 벌레가 들어간 경우

- 어두운 곳에서 손전등을 비춘다.
- 베이비 오일을 한두 방울 귓속에 떨어뜨린 후 가볍게 마사지 한다.
- 귀를 아래쪽으로 향하게 하여 이물질이 밖으로 나오게 한다.

주의사항

- 곤충의 종류를 모르는 경우에는 오일을 이용하는 방법을 쓴다.
- 고막에 염증 등으로 구멍이 있는 경우에는 오일을 사용하지 않는다.
- 절대로 면봉이나 귀후비개 등으로 이물질을 억지로 빼내려 하지 않는다.

사고사례와 예방법 **이물질삽입사고(코)**

사고경위 및 발생원인

만 2세 여아가 자유놀이시간에 자신의 옷에 달린 구슬 장식을 떼어 콧구멍에 넣어 빠지지 않아 외래 진료를 통해 빼냄

예방 수칙

- 영유아들은 호기심이 왕성하여 무의식적인 행동으로 코, 귀, 입 속에 이물질을 스스로 넣는 경우가 빈번함. 특히, 영유아가 혼자 무엇인가 몰두해 있을 때 이런 사고가 발생하기 쉬우므로 상황을 잘 관찰하여 예방이 필요
- 영유아의 옷차림이나 소지품 항시 점검

(5) 코피가 나거나 치아가 다쳤을 때

① 코피가 나는 경우

- 영유아를 의자에 앉게 하고 고개를 약간 앞으로 숙이게 한다.
- 코뼈 바로 밑의 코 부분을 두 손가락으로 5~10분간 꼭 누른다.
- 코피가 나오는 쪽의 콧구멍에 거즈를 둥글게 말아 너무 깊지 않게 막는다. 이런 경우 끝이 조금 밖에 나오게 해 둔다.
- 냉찜질 한다.

주의사항

- 코피가 20분 이상 멈추기 않으면 빨리 병원으로 옮긴다.
- 외상 때문에 코피가 나는 경우라면 지혈을 하지 않는다.
- 코를 풀거나 코피를 삼기지 않도록 한다.

② 이가 부러지거나 빠진 경우

- 거즈를 도톰하고 둥글게 말아 다친 부분에 물게 한다.
- 차가운 수건이나 냉찜질팩을 이용하여 냉찜질을 한다.
- 빠진 치아나 부러진 치아는 생리식염수나 우유에 담가 상태를 보존한다.
- 30분 이내에 병원으로 이송한다.

주의사항

- 빠진 치아의 뿌리 부분을 절대로 만지지 않는다.
- 치아가 더럽다고 뿌리 부분을 문질러 닦지 않는다.
- 포크같이 뾰족한 것을 입에 물고 있다가 찔렸을 경우에는 움직이거나 빼지 말아야 한다.

사고사례와 예방법 **치아 손상사고**

사고경위 및 발생원인

낮잠시간에 친구의 이불을 물고 장난을 치던 여아가 이불을 바로 덮기 위해 반대 쪽으로 등을 돌려 눕는 친구의 이불에 당겨져 치아가 손상되어 발치함

예방 수칙

- 낮잠시간에는 개별 매트와 이불을 사용하여 매트 간격을 일정하게 띄우도록 하고, 필요시에는 개인 애착물건을 사용할 수 있도록 하는 것이 바람직함

(6) 이물질이 목에 걸렸을 때

① 의식이 있는 경우(하임리히법)

- 119에 전화하도록 요청한다.
- 혼자서도 기침을 할 수 있는 경우에는 스스로 기침을 하도록 유도한다. 이때, 처치자는 기침을 세게 하는 모습을 보여주어 따라하도록 한다.
- 말을 하지 못하거나 숨을 쉬지 못하거나 기침을 하지 못하면 즉시 복무밀쳐올리기를 시행한다.

영유아 기도폐쇄를 일으키는 이물흡인 사고 원인은 이것!

2010년 이후 이물 흡인을 원인으로 응급실을 찾은 30명 중 대부분이 36개월 미만의 영유아였고, 사고원인은 땅콩이나 호두 등의 견과류가 80% 정도가 원인이었다. 견과류가 영유아의 기도로 들어가게 되면 상기도가 막혀 산소 공급 이산화탄소 배출 또한 불가능해지고, 이 상태가 지속되면 장기가 손상될 수 있다. 상기도가 막혀 숨 쉬기를 못하여 혈관에 영향을 주어, 혈관이 많은 뇌, 신장, 간, 심장 등에 장기손상을 주게 되므로 생명이 위험해지고, 회복이 되더라도 후유증이 크게 남을 수 있다. 영유아 이물 흡인 사고 환자 중 20%는 중환자실 치료가 필요할 정도로 심각한 상태에 후유증도 컸다 .그러므로 36개월 미만의 영유아에게는 땅콩, 호두 등의 견과류는 주지 말아야 하며, 그냥 옆에도 두지 않도록 주의해야 한다.

(김경원 세브란스 어린이병원 소아청소년과 교수팀의 조사)

ⓐ 영아(1세 미만)의 기도가 막힌 경우

- 영아의 턱과 얼굴을 손으로 고정한 뒤 시행자의 팔에 영아를 지지하여 등이 보이도록 한다.
- 영아의 양쪽 어깨 사이의 중앙을 손바닥과 손꿈치를 이용하여 5회 힘차게 두드린다.
- 허벅지에 영아를 고정한 뒤 영아를 받치지 않은 다른 손으로 영아의 양쪽 젖꼭지를 이은 선바로 아래 지점을 두 손가락으로 5회 힘차게 누른다.
- 입안의 이물질이 확인되면 엄지와 검지를 이용하여 제거한다.
- 이물질이 나오지 않았다면 위 과정을 반복한다.
- 흉부압박 후에도 의식이 없으면 심폐소생술을 실시(흉부의 1/3~/2깊이, 흉부압박과 인 공호흡 30:2)한다.

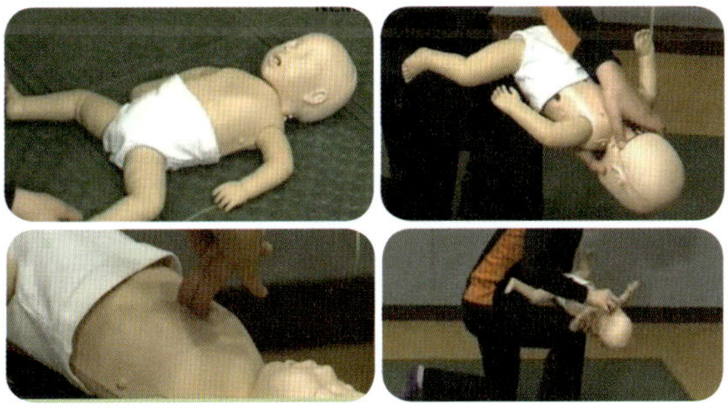

의식이 있는 경우 응급처치법

ⓑ 유아 및 성인의 기도가 막힌 경우

- 유아의 뒤쪽에서 양 겨드랑이 사이로 팔을 넣어 배를 감싼다.
- 유아의 키가 작은 경우 시행자가 무릎을 꿇거나 유아를 의자에 앉혀 시행자의 가슴이 유아의 등에 닿도록 한다.
- 배꼽과 명치 사이에 주먹을 대고 다른 손으로 주먹을 감싸 준다.
- 유아의 머리를 숙인 상태에서 위쪽, 안쪽으로 힘차게 밀친다.
- 5회 시행 후 기도를 막았던 이물이 빠져 나왔는지 확인한다.
- 이물질이 제거되지 않았으면 의식을 잃을 때까지 계속한다.

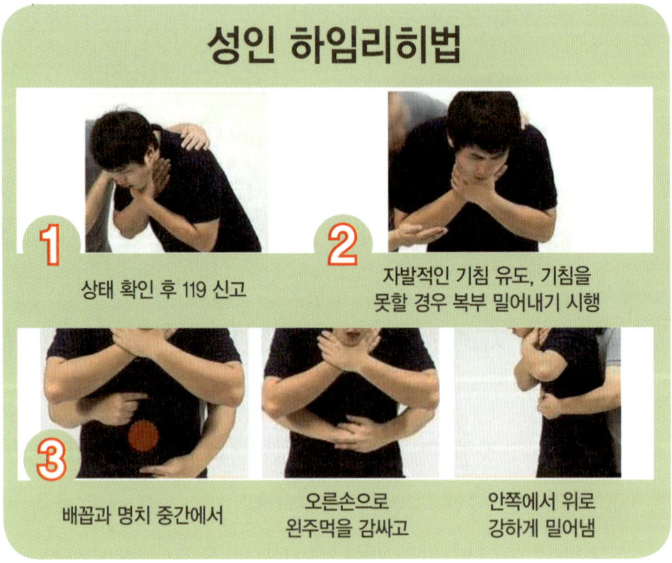

유아 및 성인

의식이 있는 경우 응급처치법

출처 : (생활정보) 성인/영아 심폐소생술 및 하임리히법 응급처지 방법

② **의식이 없는 경우(심폐소생술)**

심폐소생술은 질병이나 사고로 영유아의 호흡이 멎었거나 심장이 정지된 경우 4분 이내에 응급처치가 시행 되어야 영구적인 뇌손상을 예방할 수 있고 10분 이내에 전문가의 처치를 받으면 소생가능성을 높일 수 있다. 어린이집에서 심정지 발생 시 심폐소생술을 즉시하면 소생가능성은 2~3배로 늘릴 수 있다.

제9조의(보건교육 등)

① 교육부장관은 〈유아교육법〉 제2조 제2호에 따른 유치원 및 〈초 · 중등교육법〉 제2조에 따른 학교에서 모든 학생들을 대상으로 심폐소생술 등 응급처치에 관한 교육을 포함한 보건교육을 체계적으로 실시하여야 한다. 이 경우 보건교육의 실시 시간, 도서 등 그 운영에 필요한 사항은 교육부장관이 정한다.

심폐소생3 '골든타임'의 중요성

심정지나 호흡 곤란 환자는 생사를 가르는 '골든타임'인 평균 4~6분이 지나면 뇌 손상이 시작된다. 목숨을 건져도 심각한 후유증이 뒤따를 가능성이 높고, 심하면 사망에 이를 확률이 높다. 그러므로 심정지나 호흡 곤란 시 4분 이내에 빠른 응급처치를 해야 한다.

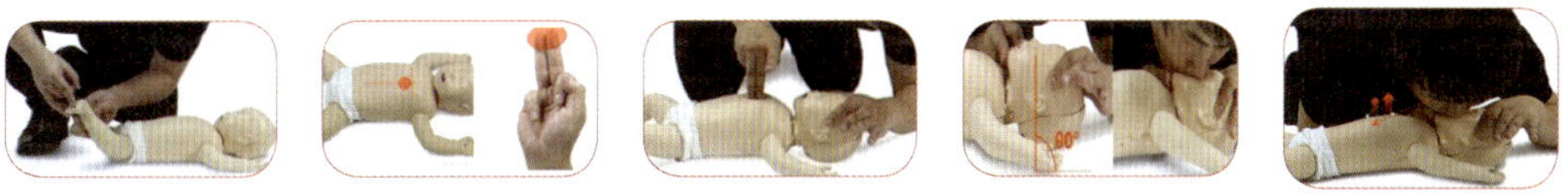

I　　Ⅱ　　Ⅲ　　Ⅳ

ⓐ 영아 심폐소생술

Ⅰ. 의식 확인 및 119 신고

1) 영아의 경우 바로 눕혀 영아의 발바닥을 두드리며 "아가야 괜찮니?" 와 같이 소리를 치거나 이름을 불러 의식을 확인한다.

Ⅱ. 가슴압박(30)

1) 양쪽 젖꼭지 중앙의 바로 아래부분을 압박한다.

2) 검지와 중지를 모은뒤 첫마디 부위를 접촉시킨다.

3) 시술자의 손가락은 수직이 되어야 한다.

4) 1분당 100회 이상의 속도, 4cm 정도의 깊이로 강하고 빠르게 30회 눌러 준다.

Ⅲ. 인공호흡(2)

1) 한손으로 귀와 바닥이 평행이 되게 턱을 들어올린다.

2) 다른손으로 머리를 뒤로 젖혀준다.

3) 환자의 입과 토에 동시에 숨을 2회 불어 넣는다

Ⅳ. 곁눈질로 환자의 가슴이 상승하는지 관찰한다.

출처: http://www.mimint.co.kr/talk/board_view.asp?bbstype=chatter&bidx=112121&page=935&pageblock=1821&strBoardID=story

ⓑ 유아 심폐소생술

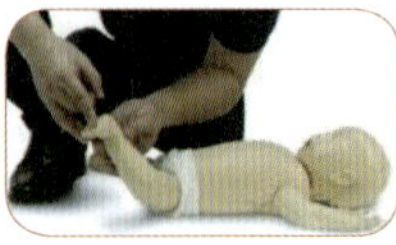

Ⅰ

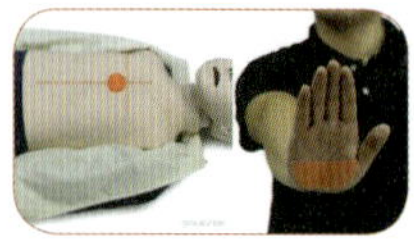

Ⅱ

Ⅲ

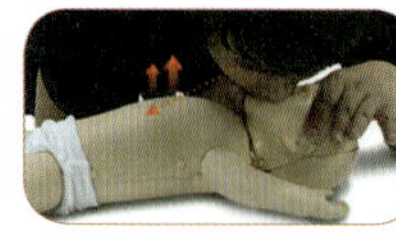

Ⅳ

Ⅰ.의식 확인 및 119 신고

유아를 살짝 흔들며 "OO야 괜찮니?" 와 같이 소리를 치거나 이름을 불러 의식을 확인한다.

Ⅱ. 가슴압박(30)

1) 양쪽 젖꼭지 중앙의 바로 아래 부분을 압박한다.
2) 한손으로 하며 손바닥 아래부분을 이용한다.
3) 90도가 되어야 하며 1분당 100회 이상, 4~5cm 이상 깊이로 강하고 빠르게 30회 눌러준다.

Ⅲ. 인공호흡(2)

1) 한손으로 귀와 바닥이 평행이 되게 턱을 들어올린다.
2) 다른손으로 머리를 뒤로 젖혀준다.
3) 유아의 입과 토에 동시에 숨을 2회 불어 넣는다

Ⅳ. 곁눈질로 환자의 가슴이 상승하는지 관찰한다.

출처: http://www.mimint.co.kr/talk/board_view.asp?bbstype=chatter&bidx=112121&page=935&pageblock=1821&strBoardID=story

- 119에 구급차를 요청한다
- 유아를 단단한 바닥에 얼굴이 위로 향하게 눕힌다.
- 심폐소생술을 실시한다.
- 인공호흡 시마다 환자의 입을 열어 이물질이 나왔는지 학인하고 이물질이 보이면 제거한다.

- 의식이 없는 경우에는 심폐소생술을 시행한다.
- 인공호흡 전에 입을 열어 보아 이물질이 있는지 확인한다.

수지교차법(Cross finger maneuver)으로 입을 여는 방법

의식이 없는 환자에게 구토물이나 이물질 제거 또는 인공호흡을 위하여 입을 열어야 한다. 입을 열 때는 한 손의 엄지손가락과 인지손가락을 교차시키고 엄지손가락은 아랫니에 인지손가락은 윗니에 대고 밀어 줌으로써 쉽게 입을 열 수 있다.

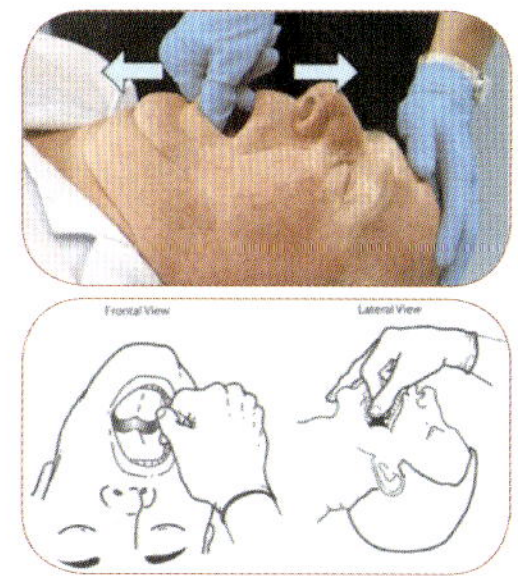

출처 : http://lifestar.pe.kr/bbs/view.php?id=fi1&page=3&sn1=&divpage=1&sn=off&ss=on&sc=on&select_arrange=headnum&desc=asc&no=24

- 이물질을 제거하기 위하여 우선 유아의 입을 수지교차법으로 열어야 한다.
- 유아의 입속을 훑어 내듯이 제거한다.
- 이물질이 눈으로 확인되는 경우에만 제거한다.

주의사항

- 흉부압박 시에 내부 손상 방지를 위해 흉골의 가장 아랫부분에 있는 칼돌기를 압박하지 않도록 주의한다.
- 환자를 발견한 장소가 위험하지 않다면 그 자리에서 바로 심폐소생술을 시행한다.
- 전문적인 교육을 받지 않는 일반인은 가슴압박 소생술만 실시한다.

ⓒ 자동제세동기(AED, Automated External Defibrillator)

자동제세동기는 심정지 발생 시 전기충격을 통해 심장의 기능을 회복시키는 기계이다. 자동제세동기가 주변에 있다면 이를 활용하는 것이 효과적이다. 자동제세동기는 전원이 연결되면 동작을 알려주므로 그에 따라 처치하면 된다. 자동제세동기를 연결하기 전까지는 계속 심폐소생술을 한다.

자동제세동기(AED) 사용방법

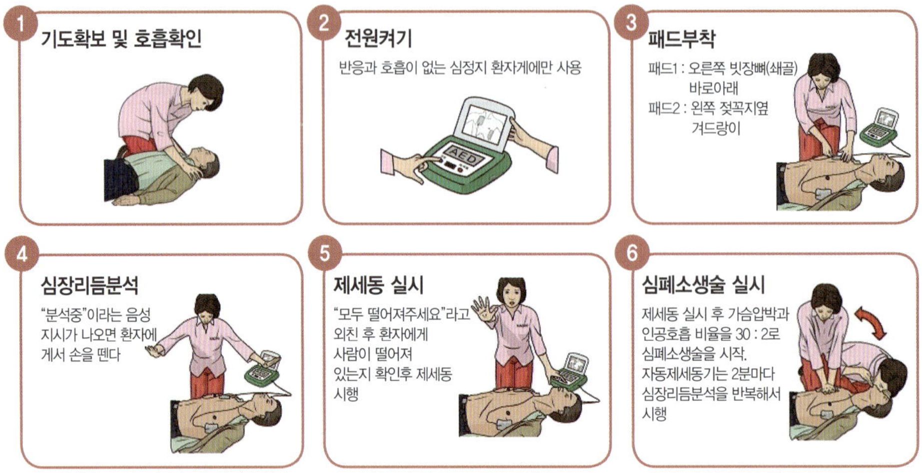

출처 : 국민안전처 홈페이지

(7) 독극물을 마셨을 때

① 의식이 있는 경우

- 삼킨 물질을 확인한다.
- 119에 전화하여 전문가의 지시를 따른다.
- 유아를 옆으로 눕혀 안정을 취하게 한다.

② 의식이 없는 경우

- 119에 구급차를 요청한다.
- 유아를 옆으로 눕혀 안정을 취하게 한다.

주의사항

- 병원에 갈 때에는 유아가 삼킨 물질이나 그 용기를 가져간다.
- 물질을 발견하지 못한 경우에는 구토물을 가져간다.
- 영유아가 삼킨 물질이 무엇인지 모를 때는 함부로 토하게 해서는 안된다.

(8) 가슴이나 배를 부딪혔을 때

① 외부에 손상이 없는 경우

큰 소리로 울고 나서 그 후 안색도 좋고 기분도 좋고 평소와 다른 모습도 보이지 않는다면 크게 걱정할 것은 없다. 그러나 부딪친 직후에는 전혀 이상이 보이지 않다가 시간이 지나고 증상이 나타나는 경우가 있으므로 가슴이나 배를 강하게 부딪친 후에는 가능한 한 안정시키고 상태를 관찰할 필요가 있다.

② 병원에 가야 하는 경우

- 의식이 희미하거나 없는 경우
- 심한 통증이 있는 경우
- 얼굴이 파랗고 식은땀이 흘리는 경우
- 소변에 피가 섞여 나오는 경우
- 호흡이 이상하거나 구토, 딸꾹질을 하는 경우
  - 119에 구급차를 요청한다.
  - 유아를 옆으로 눕힌다.
  - 몸을 따뜻하게 해 준다.

주의사항

- 절대로 음식물을 주지 않는다.

(9) 팔이나 다리를 다쳤을 때

① 피가 나지 않는 경우

- 부목을 사용하여 가볍게 붕대를 감는다.
- 부목이 없다면 골판지나 잡지를 활용한다.
- 부목으로 고정시킨 후 병원에 간다.

② 피가 나는 경우

- 일회용 장갑을 낀다.
- 상처부위를 생리식염수나 흐르는 물로 씻어낸다.
- 상처부위를 소독한 거즈로 덮고 지혈된 뒤 압박붕대로 감는다.

- 부목으로 고정시킨 후 병원에 간다.

③ **염좌인 경우(삐었을 경우)**

- 다친 곳을 움직이지 않게 한다.
- 냉찜질팩을 이용하여 냉찜질을 한다.
- 다친 곳을 압박붕대로 감아준다.
- 다친 곳을 올려준다.

주의사항

- 골절이나 탈구, 염좌가 의심되는 경우, 상처부위를 주무르거나 자세를 함부로 바꾸지 않는다.
- 목이나 척추에 이상이 의심되는 경우에는 유아를 그대로 둔다.
- 의식이 없는 경우에는 119에 연락하고 가능한 한 빨리 병원으로 이송한다.
- 부목이 없는 경우에는 부목 대용품(쿠션, 담요, 신문지, 잡지 등)을 활용한다.

④ **골절의 경우**

골절이란 뼈가 부러졌거나 금이 간 상태이다. 골절이 되면 심한 통증을 느끼게 되고 붓고 멍이 든다.

- 단순골절 : 뼈가 부러졌거나 금이 간 상태
- 복합골절 : 부러진 뼈에 의해 다른 신체조직의 손상을 겸하고 있는 상태.
- 기도-호흡-순환을 확인하여 필요한 응급처치를 한다. 쇼크에 대비한 응급처치를한다.
- 보고-만지기 방법을 이용하여 팔과 다리를 검사한다. 순환 · 감각 · 운동기능을 평가한다.
- 골절환자를 함부로 옮기거나 다친 곳을 건드려서 부러진 뼈끝의 신경, 혈관 또는 근육을 손상시키거나 피부를 뚫어 복합 골절이 되지 않도록 한다.
- 뼈가 부러져서 피부 바깥으로 나온 경우에는 손상된 부분을 소독된 거즈로 넓게 덮거나 붕대로 느슨하게 감아 넓게 부목을 대어 빨리 병원으로 데리고 간다.
- 골절이 의심되어 병원으로 데리고 갈 때는 몸을 따뜻하게 보온해 주고 먹을 것을 주지 않는다.

- 골절 부위에 출혈이 있으며 직접 압박으로 출혈을 방지하고 부목을 대기 전에 드레싱을 먼저 한다.
- 병원을 이송하는 중에는 골절된 부위가 더 이상 움직이지 않도록 무거운 모래주머니나 베개 등을 이용하여, 양쪽 목옆, 머리 주변, 몸의 양쪽을 잘받쳐 유아의 전신이 움직이지 않도록 고정한다.

사고사례와 예방법 **골절사고**

사고경위 및 발생원인

바깥놀이터에서 뛰어놀다가 또래 친구와 충돌하여 뒤로 넘어짐. 넘어지면서 바닥에 손을 세게 짚으면서 손목에 골절

예방 수칙

- 성인은 두 눈의 시야 범위가 200°이지만, 영유아는 성인 시야의 약 80%밖에 볼 수 없음. 게다가 달리는 상황에서는 더욱 시야가 좁아져 옆에 있는 친구나 사물을 보지 못해 부딪혀 넘어지며 사고가 발생함. 따라서 실외놀이를 나가기 전 약속과 규칙 등에 대한 충분한 지도가 필요함

사고사례와 예방법 **탈구사고**

사고경위 및 발생원인

점심식사 전 유아가 손을 씻는 것을 도와주기 위해 교사가 유아 옷소매를 접어 올려주다가 유아의 손목이 탈구가 됨

예방 수칙

- 영유아들의 관절은 매우 연약하여 탈구가 쉽게 일어나며 재발하기 쉬우므로 주의해야 함. 특히, 손목, 팔꿈치 탈구가 가장 빈번히 일어나며 어깨, 발목, 골반 등의 탈구도 유의해야 함

(10) 손가락이 잘렸을 때

① 손가락의 잘린 부분

- 손가락의 잘린 부분에 소독한 거즈를 두껍게 댄다.
- 지혈한 뒤 압박붕대로 감는다.
- 절단부위를 심장보다 높게 한 산채로 병원으로 이송한다.

② 잘린 손가락(절단부분) 보존하기

- 잘린 손가락을 생리식염수로 적신 거즈에 싼다.
- 절단부위를 감싼 거즈를 비닐봉지에 넣어 물이 들어가지 않도록 봉합한다.
- 얼음물이 든 비닐봉지나 용기에 봉합한 비닐봉지를 넣는다.
- 얼음물이 든 비닐봉지를 묶는다.

주의사항

- 절단부위를 세게 만지거나 소독약 등을 바르지 않는다.
- 모든 병원에서 접합수술이 가능한 것을 아니므로 119의 도움을 받도록 한다.

(11) 피부에 상처가 났을 때

① 긁히거나 까진 경우

- 생리식염수나 흐르는 물에 비누로 상처부위를 씻어준다.
- 연고를 바르고 일회용 밴드나 거즈를 붙여준다.
- 심할 경우 병원에 가서 치료를 받도록 한다.

② 멍든 경우

- 차가운 수건이나 냉찜질팩으로 냉찜질 한다.
- 상처부위를 심장보다 높게 해 준다.
- 24시간 후에는 더운 찜질을 해 준다.
- 심하게 멍들거나 변형이 보이면 병원에 가서 치료를 받도록 한다.

③ 베인 경우

- 생리식염수나 흐르는 물에 비누로 상처부위를 씻어준다.
- 소독한 거즈로 덮어 지혈한다.
- 병원에 간다.

주의사항

- 상처부위를 함부로 소독하지 않는다.
- 포비돈 등은 얼굴에 비르지 않는다.
- 깊게 베인 경우 병원에서 봉합수술을 받아야 하는 경우가 있으므로, 연고를 바르지 않는다.

(12) 뾰족한 것에 찔렸을 때

① 이물질에 찔린 경우

- 생리식염수나 흐르는 물에 비누로 상처부위를 씻어준다.
- 소독한 거즈로 덮어 지혈한 후 병원에 간다.

② 가시에 찔린 경우

- 소독한 핀셋이나 족집게로 가시를 빼낸다.
- 상처부위를 살작 눌러 피를 뺀다.
- 생리식염수나 흐르는 물에 비누로 상처부위를 씻어준다.
- 상처용 외용연고를 발라준다.

③ 이물질이 박힌 경우

- 이물질이 압정이나 못 등의 금속성 물질인 경우 한두 차례 뽑는 것을 시도한다.
- 너무 깊게 박힌 경우 뽑아내려고 하지 말고 그대로 고정한다.
- 119에 구급차를 요청한다.

주의사항

- 나무나 가시 등 부서지기 쉬운 물질은 억지로 뽑아내지 않는다.
- 녹이 슨 못이나 압정에 찔린 경우 반드시 병원에 간다.
- 깊게 박힌 것은 빼지 말고 바로 병원에 간다.

(13) 피가 날 때

① 상처부위가 작은 경우

- 일회용 장갑을 낀다.
- 소독한 거즈나 깨끗한 천으로 상처부위를 완전히 덮고, 거즈에 손가락이나 손바닥을 대고 직접 압박한다.
- 거즈가 피로 젖으면 거즈를 제거하지 않고 거즈를 덧대어 압박한다.
- 상처에 댄 거즈 위에 붕대를 세게 감는다.
- 상처부위를 심장보다 높은 위치에 유지한다.

② 상처가 넓거나 출혈이 심한 경우

- 출혈부위보다 심장에 가까운 쪽의 동맥을 강하게 압박한다.
- 피부 위에서 박동이 쉽게 감지되는 동맥을 안에 있는 뼈를 향해 강하고 정확하게 압박한다.

③ 드레싱 방법

- 처치자는 먼저 손을 씻는다.
- 상처부이를 모두 덮을 수 있을 만큼 크며 소독된 것, 소독 드레싱이 없다면 깨끗한 천을 사용한다(예를 들면, 손수건, 세탁한 천, 수건)
- 드레싱의 한쪽 끝을 잡고 직접 상처에 댄다.
- 드레싱 위에 피가 배일 때에는 드레싱을 떼어내지 말고 그 위에 붕대를 맨다.

주의사항

- 유아는 한 컵(100~200ml)이상 출혈하게 되면 생명이 위험해진다.
- 상처나 드레싱 위에서 기침하거나 숨 쉬거나 말하지 않는다.
- 출혈부위를 심장보다 높게 하고 가능한 한 빨리 병원으로 이송한다.
- 상처를 만지거나 상처에 닿는 부분의 드레싱은 손에 닿지 않도록 하여야 한다.

(14) 화상을 입었을 때

① 열에 의한 가벼운 화상의 경우

- 흐르는 차가운 물로 15분 정도 식혀준다. 유아가 심하게 떨거나 저체온이 의심될 경우는 멈추도록 한다.
- 상처에 항생제 연고나 화상용 연고를 발라준다.
- 상처부위를 소독한 거즈로 덮어 준다.

② 화학약품에 의한 화상인 경우

- 가루형태인 경우 가루를 털어내고, 액체형태인 경우 생리식염수나 물로 씻어낸다.
- 화학약품이 눈에 들어 간 경우에는 응급처치를 받을 때까지 계속 물로 씻는다.
- 가능한 한 빨리 병원에 간다.

③ 화상부위가 5~10cm 이상인 경우

- 119에 구급차를 요청한다.
- 흐르는 차가운 물로 15분 정도 식혀준다.
- 상처부위를 소독한 거즈로 덮어 준다.
- 화상부위를 제외하고 담요를 덮어 체온을 유지한다.
- 가능한 한 빨리 병원으로 이송한다.

④ 그 외) 화상을 입었을 때 응급실에 가야 하는 경우

1. 화상부위가 5~10cm 이상으로 클 때
2. 물집이 잡히는 2도 이상의 화상인 경우
3. 얼굴, 목, 성기 등 몸의 주요 부분의 화상인 경우
4. 전기나 화학제품에 의한 화상인 경우
5. 화재 현장에서 연기를 맡았다고 생각이 될 때

주의사항

- 물집은 세균에 의한 감염을 일으키므로 벗기거나 터트리지 않는다.
- 영유아는 화상부위를 찬물에 10분 이상(체온손실로 저체온증 우려) 담그지 않는다.
- 모든 화상은 병원으로 이송하여 치료를 받아야 한다.
- 화상부위에 밀착된 의복은 억지로 벗기지 않는다(의복을 벗기려다 피부의 물집이 손상될 수 있기 때문이다).

화상사고 주요 원인

- 뜨거운 음식 : 간식 및 배식 시 뜨거운 죽이나 국물에 의한 화상
- 글루건 : 미술활동 등에 사용하는 글루건으로 인한 화상사고 다수 발생
- 교사의 커피 : 교사가 마시던 커피나 차에 의한 화상 또는 커피포트의 뜨거운 물에 의한 화상
- • 화장실 온수 : 영유아를 씻기는 과정에서 세면대 및 샤워기의 온수에 의한 화상
- • 기타 :분유 물, 정수기, 스팀청소기, 요리활동 시, 여름 물놀이 시 뜨거워진 바닥 등

사고사례와 예방법 **화상사고**

사고경위 및 발생원인

교사가 오전 자유선택활동시간에 예열시킨 글루건을 교구장 위에 잠시 올려놓은 사이, 유아가 글루건 심에 호기심을 가지고 손으로 만져 화상

예방 수칙

- 교사가 사용하는 도구들은 영유아가 하원한 이후에 사용하도록 하고, 영유아와 함께 있을 때는 보육 외 업무를 하지 않도록 함

(15) 감전되었을 때

- 전류를 차단한다. 단, 전기와 접촉된 사람을 만져서는 안된다.
- 119에 구급차를 요청한다.
- 의식이 있는지 확인한다.
- 의식이 있는 경우 유아의 몸을 담요 등으로 덮어 따뜻하고 편안하게 눕힌다.

주의사항

- 전원차단이 어려우면 막대나 고무장갑 등 비전도체를 이용하여 유아를 전기로부터 떼어 놓는다.
- 의식이 없는 경우 가능한 한 빨리 병원으로 이송한다. 구급차를 기다리면서 기도를 확보하고, 심폐소생술을 실시한다.

(16) 물에 빠졌을 때

① 의식이 있는 경우

- 젖은 옷은 벗긴다.
- 유아의 몸을 담요 등으로 덮어 체온을 유지한다.
- 옆으로 눕힌다.
- 119에 구급차를 요청한다.

② 의식이 없는 경우

- 119에 구급차를 요청한다. 가능한 한 빨리 병원으로 이송한다.(기도를 확보하고 담요 등을 이용하여 몸을 따뜻하게 하면서 병원으로 이송한다.
- 구급차를 기다리면서 심폐소생술을 실시한다.

주의사항

- 물에 급하게 뛰어들기보다는 튜브나 막대기를 활용하여 유아를 건져낸다.
- 배를 누른다거나 억지로 구토를 시키지 않는다.
- 골절이나 척추손상이 의심되는 경우에는 함부로 옮기지 않는다.

(17) 물렸을 때

① 다른 유아에게 물린 경우

- 깨물고 있는 유아의 코를 잡아 스스로 놓게 만든다.
- 피가 나면 지혈한다.
- 생리식염수나 흐르는 물에 비누로 씻는다.
- 냉찜질을 한다.

사고사례와 예방법 **사람물림사고**

사고경위 및 발생원인

실내에서 자유선택활동으로 영유아가 모여 높이 올려 쌓는 블록놀이를 하던 중, 블록 하나를 가지고 맨 위에 올리려고 하다 다투게 됨. 블록을 빼앗기자 화가 난 유아가 다른 유아의 볼을 물게 됨

예방 수칙

- 분노는 공격행동의 원인이 됨. 첫돌 이 후 세 돌 이전 영아기에 가까울수록 이로 무는 행동을 자주 보임
- 이와 같은 행동을 자주 보이는 영유아는 교사가 특별히 관찰하면서 화난 마음을 잘 표현해주고 분노조절의 긍정적인 모델링을 보여 주어 올바른 소통방법을 익히도록 지도하는 것이 필요

② **개나 고양이에게 물린 경우**

- 119에 구급차를 요청한다.
- 소독한 거즈로 상처부위를 압박하여 지혈한다.
- 출혈이 멈추면 흐르는 물에 씻는다.
- 소독한 거즈를 덮어 준다.
- 주인이 있는 동물의 경우 사후 사건처리를 위하여 동물 주인의 전화번호를 받아 놓는다. 동물에게 물린 상처는 일반 상처에 비해 감염률이 약 8~9배로 매우 높고, 상처는 육안으로 보는 것보다 상처가 깊을 가능성이 크며 타액에 세균이 많기 때문에 반드시 병원에 내원하여 치료를 받는다.

③ **뱀에 물린 경우**

- 119에 구급차를 요청한다.
- 유아를 옆으로 눕히고 진정시킨다.
- 상처부위를 생리식염수나 흐르는 물에 비누로 부드럽게 씻어준다.
- 독이 퍼지지 않도록 물린 부위의 위(심장방향)로 5cm 부분을 손가락 한 개가 드나들 수 있을 정도로 탄력붕대를 감아준다.
- 상처부위를 심장보다 낮게 하고 병원으로 이송한다.

주의사항

- 개를 관찰하여 광견병 유무를 확인한다.
- 뱀에게 물린 경우 절대 음식이나 약물을 주지 않는다.

④ **뱀**

뱀에 물린 경우는 모두 응급 상황, 즉시 119에 연락하거나 병원으로 이동한다. 물린 부위를 입으로 빨아내거나 칼을 사용하여 절개를 하는 등의 행위는 감염은 물론 빨아내는 사람과 물린 영유아 모두에게 2차 손상이 있을 수 있기 때문에 하지 않도록 한다. 독이 심장 쪽으로 퍼지는 것을 지연시키기 위해 물린 부위의 위쪽 상부를 가볍게 묶고 심장보다 아래에 취하도록 한다.

사고사례와 예방법 **열성경련**

사고경위 및 발생원인

열이 있었던 만 2세 영아가 갑자기 39도로 오르면서 얼굴이 회색빛으로 변하고 입에 거품을 물며 의식을 잃고 쓰러져 119에 신고하여 응급처치를 받음

예방 수칙

- 영아들은 고열로 인해 경련을 일으키는 경우가 있으므로 고열이 유지될 시, 수시로 열을 측정하고, 입학원서를 통해 사전의 병력들을 파악하여 미리미리 대비함

(18) 곤충에 쏘였을 때

① 벌에 쏘인 경우

- 벌침은 짜지 말고, 얇은 카드로 밀어서 제거한다.
- 생리식염수나 흐르는 물에 비누로 씻는다.
- 항히스타민 연고를 바른다.
- 냉찜질 한다.

주의사항

- 침이 박혀 있을 경우는 침을 잡아당기지 말고 신용 카드 같은 것의 모서리로 살살 긁어 침을 제거하고, 침 끝에 남아 있는 독이 몸 안으로 더 들어갈 수 있기 때문에 손으로는 잡 아 당기지 않도록 한다.
- 심한 알레르기 반응으로 얼굴과 몸, 기도가 부어올라 호흡이 어려워 사망에 이를 수도 있어서 신속하게 병원으로 이송한다.

(19) 추위나 햇볕에 오래 노출되었을 때

① 추위에 노출된 경우

- 젖은 옷이나 신발, 양말, 장갑은 벗긴다.
- 따뜻한 물이나 담요로 몸을 따뜻하게 해준다.
- 심각한 경우에는 병원에 가서 치료를 받도록 한다.

② 더위에 노출된 경우

ⓐ 의식이 있는 경우

- 통풍이 잘 되며 그늘진 곳으로 옮긴다.
- 옷을 벗기고 너무 차갑지 안흔 물수건으로 머리, 얼굴, 겨드랑이를 식혀 주고 다리를 올린 자세로 눕힌다.
- 의식이 회복되면 차가운 이온음료를 주고 안정을 취하게 한다.
- 의식이 희미해지거나 고열이 지속되는 경우에는 응급실로 가서 치료를 받도록 한다.

ⓑ 의식이 없는 경우

- 119에 구급차를 요청한다.
- 호흡을 확인하고 심폐소생술을 실시한다.

주의사항

- 추위에 노출된 경우 피부를 직접 문지르지 않는다.
- 더위에 노출된 경우 차가운 생수를 주게 되면 근육경련이 일어날 수 있으므로 주의한다.

부록

공립 유치원 교사 임용후보자 선정경쟁시험 기출문제 (2013~2017)

(출처 : 한국교육과정평가원)

〈안전에 관련된 문항만 수록함〉

2017학년도 공립 유치원 교사 임용후보자 선정경쟁시험 (1차) 유치원 교육과정 A

5. (가)는 ○○유치원 5세반 윤 교사의 저널이고, (나)는 윤 교사와 최 원감이 모래 관리 · 점검에 대해 나눈 대화이다. 물음에 답하시오. [5점]

(가)

> 오늘 자유선택활동 시간에 태훈이가 넘어지면서 손가락을 다쳤다. 태훈이가 많이 울었고 피가 나지는 않았지만 손가락이 약간 휘어 보였다. 손가락 골절로 생각이 되어 즉시 ㉠ 손톱이 보이도록 ㉡ 손에 부목을 대고 붕대를 감아 고정하였다. 바로 병원으로 가면서, 차 안에서 ㉢ 몸을 따뜻하게 해 주었고, 태훈이가 불안해하지 않도록 이야기를 나누며 ㉣ 우유를 먹였다.
>
> …(중략)…
>
> 병원에서 치료한 후 나는 나의 응급처치가 부적절했음을 알게 되었다. 그래서 태훈이에게 미안했고, 교사로서의 역할을 제대로 하지 못한 것 같아 속상했다. 앞으로는 응급처치에 대한 지식을 좀 더 정확하게 알고 대처해야겠다.

1) (가)의 ㉠~㉣ 중 적절하지 않은 응급처치 2가지를 찾아 기호를 쓰고, 각각 바르게 고쳐 쓰시오. [2점]

- ① :
- ② :

1) ① : ㄴ – 옆 손가락까지 함께(부드러운 천을 대어) 부목을 대고
   ② : ㄹ – 먹을 것을 주어서는 안 된다.

2017학년도 공립 유치원 교사 임용후보자 선정경쟁시험 (1차) 유치원 교육과정 추시 B

1. ○○유치원 현장학습과 관련하여 (가)는 진 원감과 교사들이 회의 중에 나눈 대화 내용이고, (나)는 5세반 송 교사와 유아들이 나눈 대화 내용이며, (다)는 진 원감과 송 교사의 평가회의 장면이다. 물음에 답하시오. [5점]

(가)

진 원감: 이번 주는 전통 시장 현장학습이 있어요. 전통 시장은 볼거리가 많으니 유아들이 길을 잃지 않도록 특히 주의해 주세요.
우 교사: 작년에 놀랐던 일이 생각나요. 송이가 없어져서 가슴이 철렁했었어요. 30분 만에 찾았을 때 정말 눈물이 날 뻔했다니까요.
진 원감: 그러니까요. 이번에는 관할 경찰서에 의뢰해서 「실종아동 등의 보호 및 지원에 관한 법률」에 따라 유아의 (㉠) 및 얼굴 등에 관한 정보를 등록해야 할 것 같아요. 보호자 동의를 받아서요.
송 교사: 이번엔 미아 방지 손목 띠를 착용하게 하면 어떨까요? 유치원과 유아 이름, 비상연락처를 적어서요.
우 교사: 미아 방지 손목 띠요? 좋네요. 그런데 ㉡<u>그것에 관한 특별한 기준</u>이 있을 듯해요. 유아들 피부에 직접 닿는 것이니 아무것이나 하면 안 될 것 같거든요.
… (하략) …

1) (가)의 ㉠에 들어갈 용어를 쓰시오. [1점]

•

2) 다음은 (가)의 ㉡에 해당하는 「어린이제품 안전 특별법」 [시행 2016.1.27.] [법률 제13851호, 2016.1.27., 일부개정]의 일부이다. ⓐ에 들어갈 용어를 쓰시오. [1점]

"(ⓐ)"이란 제품검사(어린이제품을 시험·검사하는 것을 말한다. 이하 같다)와 공장심사(제조설비·자체검사설비·기술능력 및 제조체제를 심사하는 것을 말한다. 이하 같다)를 모두 거치거나 제품검사만을 거쳐 어린이제품의 안전성을 증명하는 것을 말한다.

•

1) 지문
2) 안전인증

2015학년도 공립 유치원 교사 임용후보자 선정경쟁시험 (1차)
유치원 교육과정 A

6. (가)와 (나)는 교사 저널이고, (다)는 5세 반 교사와 유아 간 대화의 일부이다. 물음에 답하시오. [5점]

(가)

어머니들이 학부모 공개 수업으로 유치원을 방문하였다. 모든 활동이 잘 진행되고 있었다. 그런데 예진이 어머니가 물을 마시려고 자리를 옮기자, 예진이도 따라가 정수기의 뜨거운 물을 따라 주겠다고 고집을 부렸다. 그러다가 예진이가 그만 물을 엎질러 허벅지에 화상을 입었다. 먼저 예진이의 청바지를 벗기고 화상 부위를 찬물로 식혔다. 예진이 어머니는 연고를 발라야 한다고 했지만 섣불리 약을 바르는 것이 부적절할 수 있다고 설명하였다. 물집이 생겼으나 화상이 심해 보이지는 않아, 화기를 뺀 후 수건으로 예진이의 몸을 느슨하게 가려서 병원으로 데리고 갔다. 다행히 화상이 깊지 않았지만 유아들과 지내는 동안 더욱 조심해야겠다.

(2014년 ○월 ○일)

(나)

현경이는 미열이 나고 발진이 보여 수두가 의심되었다. 바로 원감 선생님에게 상황을 이야기했다. 원감 선생님은 즉시 현경이를 병원에 데려갔고, 수두라는 것을 확인한 후, 함께 유치원으로 돌아왔다. 다른 유아들도 수두에 감염될 수 있어 현경이 어머니한테 전화를 했지만 연락이 되지 않았다. 그래서 현경이의 비상 연락망에 있는 제2 연락처에 전화를 했으나 연락이 되지 않았다.

…… (생략) ……

(다)

교사: 애들아, 횡단보도를 안전하게 건너려면 어떻게 해야 할까?
회선: 신호등에 초록불이 들어와도 차가 멈췄는지 확인하고 건너가야 해요.
교사: 그럼 신호등이 없는 길에선 어떻게 하지?
주헌: 그럴 땐 차가 오나 안 오나 더 잘 보고 가야 돼요.
소연: 길 건널 때 꼭 손을 들어서 내가 먼저 건너 갈 거니까 멈춰 달라고 알려 줘야 돼요.
미진: 근데 가끔 횡단보도에 차가 멈춰 있어 차 사이로 건너야 할 때도 있어요.
교사: 그럴 경우에는 어떻게 하면 좋을까?
정호: 차가 멈춰 있지만 다시 한 번 확인하고 재빨리 건너야 해요.
교사: 집 근처에서 안전하게 놀이하려면 어떻게 해야 할까?
현수: 우리 동네에는 자동차가 너무 많아서 놀 곳도 별로 없어요.
대건: 자동차의 바퀴 같은 거 만지면 안 돼요.
승현: 자동차 밑으로 공이 굴러 들어가면 자동차가 멈춰 있는지 다시 잘 보고 꺼내 와야 해요.

…… (생략) ……

1) (가)에서 ① 화상에 대한 부적절한 응급 처치 1가지를 찾아 쓰고, ② 그 이유 1가지를 쓰시오. [2점]

- ① 부적절한 처치: ____________
- ② 이유: ____________

2) (나) 상황에서 교사가 반드시 취해야 할 행동을 쓰시오. [1점]

- ____________

3) (다)에서 안전한 행동에 대해 잘못 이해하고 있는 유아 2명을 찾아, 안전한 행동으로 고쳐 쓰시오. [2점]

- ① 안전한 행동: ____________
- ② 안전한 행동: ____________

유치원 교육과정 A (8면 중 6 면)

1) ①- 부적절한 처치 : 청바지를 벗긴 것

②- 이유 : 화상 시 옷을 조심스럽게 벗길 수 있지만, 벗기는 과정에서 상처가 더 손상될 수 있으므로 벗기지 않는다.

2) 유아를 격리시키는 것

3) ①- 정호 : 횡단보도에서 차가 정차되어 있다는 되도록 어른과 건넌다. 재빨리 건너기보다는 정지된 차량의 운전자와 눈을 맞주친 상태에서 차를 계속 보며 건너야 한다.

②- 승현 : 멈춰 있는 자동차는 출발할 위험이 있어서 유아가 자동차 아래로 들어가서는 안 되고 어른에게 도움을 요청한다.

2013학년도 공립 유치원 교사 임용후보자 선정경쟁시험 (1차)
유치원 교육과정 A

수험번호 : (　　　　　　　　　　)　　　성명 : (　　　　　　　　　　)

8. 다음은 소망유치원의 만 5세반 김 교사가 작성한 일일교육계획안의 일부이다. [5점]

(생략)	생활도구	(㉠)	생활도구와 미디어의 안전	(생략)	생활도구를 안전하게 사용하기

목표	○ 생활도구의 안전한 사용방법에 대하여 안다. ○ 다양한 생활도구를 안전하고 바르게 사용할 수 있다.		
시간/활동	활동 내용	자료 및 유의점	평가
	……(중략)……		
12:30 ~ 12:50 동시	<조심해야지> ○ 생활도구를 보여주며 이야기 나눈다. ○ '조심해야지' 동시를 들려주고 읊어 본다. ○ 동시에 나오는 생활도구의 안전한 사용법에 대해 이야기 나눈다.	(생략)	아이들이 칫솔과 같은 생활도구에 관한 안전 의식이 미흡하여 내일 식사 시간 전에 칫솔 사용 시의 안전에 대한 이야기를 좀 더 나누어야 하겠다.
12:50 ~ 13:40 바깥 놀이	<모래놀이 도구를 바르게 사용해요> ○ 모래놀이 도구의 종류를 알아본다. ○ 모래놀이 도구를 안전하게 사용하며 놀이한다.	(생략)	㉡ <u>평소 곤충을 좋아하는 민수가 벌이 위험하다는 것을 알면서도 벌을 발견하고 잡으려다 쏘였다.</u> 이 바람에 경황이 없어 아이들이 모래놀이 도구를 안전하게 사용하는지를 관찰하지 못했으므로 내일 다시 관찰해야겠다.
13:40 ~ 14:00 평가 및 귀가	○ 하루 일과를 평가한다. ○ 버스 안에서 안전띠 착용에 대하여 이야기 한다. ○ 인사 후 귀가한다.	(생략)	(가) 버스 안전띠 착용에 대해 이야기 하려고 했지만 아이들이 민수의 부어 있는 이마에 관심을 보여 ㉢ <u>벌이 자신의 주변에 나타났을 때 어떻게 해야 할지 알아보는 것으로 대체하였다.</u> 하지만 아이들은 벌이 나타났을 때 벌을 만지면 안 된다는 것 외에는 알지 못하여 ㉣ <u>다른 대처행동</u>에 대해 이야기 하였다.
총평	○ 바깥놀이 시간에 민수가 벌에 쏘였다. 나를 포함한 유치원의 모든 선생님들은 벌에 쏘인 민수의 이마를 보고 놀라 우왕좌왕하여 응급처치하기까지 시간이 많이 지체되었으므로 이에 대한 대책이 마련되어야겠다. 벌에 대한 안전을 알아보는 과정에서 아이들은 벌 이외의 다른 곤충에 대한 안전의식도 미흡하여 이에 대한 교육을 계획해야겠다.		

1) 김 교사는 '생활도구와 미디어의 안전'과 같은 (㉠)을(를) 중심으로 안전교육을 실시하였고, (가)와 같이 민수가 벌에 쏘인 우발적 사건을 계기로 (①)을(를) 중심으로 안전교육을 실시하였다. ㉠과 ①에 들어갈 알맞은 말을 쓰시오. [2점]

- ㉠:
- ①:

3) 누리과정 신체운동·건강 영역의 '내용' 중 ㉢활동과 관련된 것을 1가지 쓰시오. [1점]

- '내용':

4) (가)에서 벌이 나타났을 때, 벌을 만지면 안 된다는 것 외에 교사가 벌의 특성을 고려하여 유아들에게 가르쳐야 할 교육 내용으로 ㉣에 해당하는 1가지를 쓰시오. [1점]

-

<수고하셨습니다.>

(이하 여백)

관리번호		※ 교육청 기재란임

유치원 교육과정 A 6면 중 6

1) ㉠ – 주제　① – 상황

3) 비상시 적절하게 대처하기

4) 벌이 나타났을 때에 손으로 젓지 말고 제자리에서 가만히 움직이지 않도록 한다.

2013학년도 공립 유치원 교사 임용후보자 선정경쟁시험 (1차) 유치원 교육과정 추시 A

2013학년도 공립 유치원 교사 임용후보자 선정경쟁시험

수험번호 : (   )   성명 : (   )

결시자 감독관은 결시자의 수험번호, 성명을 기재하고 영란에 'O' 표시

(2) 교시 **유치원 교육과정 A**	(8)문항 (40)점	작성시간 (70)분	감독관 확인	인

※ 수험생 유의 사항

1. 시험이 시작되면 즉시 문답지의 전체 면 수와 쪽 번호를 확인하고 각 장마다 수험번호와 성명을 쓰시오.
   ◦ 감독관 확인, 관리번호는 기재하지 않습니다.
2. 답안은 지정된 답란에 작성하시오.
3. 답안 작성용 필기구는 지워지거나 번지지 않는 흑색 또는 청색 필기구를 사용해야 하며, 답란에 서로 다른 색의 필기구를 사용할 수 없습니다.
4. 수정테이프나 수정액을 사용하여 답안을 수정할 수 없습니다.
5. 답안을 수정할 때에는 반드시 두 줄(=)을 긋고 수정할 내용을 쓰시오.
6. 문답지는 일부를 교환할 수 없습니다.
   ◦ 필요한 경우에는 문답지 전체를 교환하거나 수정할 부분에 두 줄(=)을 긋고 다시 작성하여야 합니다.
7. 다음에 해당하는 답안은 채점하지 않습니다.
   ◦ 연필로 작성한 부분
   ◦ 수정테이프나 수정액을 사용하여 수정한 부분
   ◦ 개인 정보의 노출 또는 암시하는 표시(수험번호 및 성명 기재란 예외)가 되어 있는 문답지 전체
8. 시험 종료 시에는 답안 작성을 중지하고 감독관의 지시에 따라 문답지를 제출하여야 합니다.
9. 위에 명시한 유의 사항을 위반하여 작성한 답안은 채점 시 불이익을 받을 수 있습니다.

1. (가)~(다)는 유아 및 아동에 관련된 법이다. 물음에 답하시오. [5점]

(가) 「유아교육법」

> **제2조(정의)** 이 법에서 사용하는 용어의 뜻은 다음 각 호와 같다. <개정 2010.3.24, 2012.3.21>
> ……(중략)……
> 6. "(㉠) 과정"이란 제13조제1항에 따른 교육과정 이후에 이루어지는 그 밖의 교육활동과 돌봄활동을 말한다.
> ……(중략)……
> **제13조(교육과정 등)** ① 유치원은 교육과정을 운영하여야 하며, 교육과정 운영 이후에는 (㉠) 과정을 운영할 수 있다. <개정 2012.3.21>

(나) 「장애인 등에 대한 특수교육법」

> **제2조(정의)** 이 법에서 사용하는 용어의 정의는 다음과 같다. <개정 2012.3.21>
> ……(중략)……
> 6. "(㉡)교육"이란 특수교육대상자가 일반학교에서 장애유형·장애정도에 따라 차별을 받지 아니하고 또래와 함께 개개인의 교육적 요구에 적합한 교육을 받는 것을 말한다.

(다) 「(㉢)법」

> **제31조(아동의 안전에 대한 교육)** ① (㉢)시설의 장, 「영유아보육법」에 따른 어린이집의 원장, 「유아교육법」에 따른 유치원의 원장 및 「초·중등교육법」에 따른 학교의 장은 교육대상 아동의 연령을 고려하여 대통령령으로 정하는 바에 따라 매년 다음 각 호의 사항에 관한 교육계획을 수립하여 교육을 실시하여야 한다.
> ㉣ 1. 성폭력 및 아동학대 예방
> ……(하략)……

2) ㉢에 들어갈 말 1가지를 쓰고, ㉣과 관련하여 아래의 ①에 들어갈 숫자를 쓰시오. [2점]

> 「(㉢)법 시행령」 제28조제1항에 의거하여 유치원 원장은 연간 최소 (①)시간 이상 성폭력 및 아동학대 예방 교육을 실시하여야 한다.

• ㉢ :

• ① :

3) 다음은 ㉣과 관련된 '3-5세 누리과정' 신체운동·건강 영역의 일부이다. 아래의 ①에 해당하는 3세 '세부 내용'을 쓰시오. [1점]

내용	세부 내용
비상 시 적절히 대처하기	①
	재난 및 사고 등 비상 시 적절하게 대처하는 방법을 안다.

•

관리번호		※ 교육청 기재란임

유치원 교육과정 A 6면 중 1

2) ㉢ – 아동복지

① – 8

3) 학대, 성폭력, 실종, 유괴상황을 알고 도움을 요청한다.

참고문헌

강은영(2010). 아동성폭력 예방교육 전문강사 양성과정 교재.

경찰청(2016). 경찰백서.

곽노의 · 박대근 · 박현미(2012). 영유아 건강교육. 공동체.

교육부 · 복지부(2016). 유치원 · 어린이집 아동학대조기발견 및 관리 · 대응 매뉴얼.

국민안전처(2016). 생애주기별 안전교육 길잡이 지도서.

권혜진 · 김혜라 · 전숙영 · 정윤주 · 최진영(2011). 영유아 안전교육. 창지사.

김영심 · 강영욱 · 조남숙 · 한국선 · 이춘희 · 이숙희 · 김진아 · 김현옥(2012). 영유아 건강교육. 창지사.

김일옥(2011). 영유아 수면 건강과 안전. 퍼시픽북스.

나사렛대학교어린이집(2011). 나사렛대학교어린이집 보육시설안전교육 자료.

노충래(2015). 아동학대 예방을 위한 사회적 협력 강화와 입법과제. 제3차 국회의장 정책 현장 입법간담회 자료집. 대한민국국회.

대검찰청(2015). 범죄백서. 대검찰청.

문선화 외(2010). 아동학대의 이해. 양성원.

보건복지가족부 · 중앙보육정보센터(2009). 보육시설 응급처치 매뉴얼.

보건복지부(2015). 고농도 미세먼지 대응 매뉴얼.

________(2015). 어린이집 평가인증 안내.

________(2016). 2016년 보육사업안내.

보건복지부 · 대한소아과학회(2011). 어린이집 건강관리매뉴얼.

보건복지부 · 어린이집안전공제회(2014). 어린이집 야외활동 안전 길라잡이.

보건복지부 · 어린이집안전공제회 · 중앙육아종합지원센터(2016). 어린이집 보육교직원 안전 교육 보건복지부위탁.

보건복지부 · 중앙아동보호전문기관(2011). 아동학대신고의무자교육.

________________________(2016). 2015전국아동학대현황보고서.

________________________(2016). 아동학대 신고의무자가 꼭 알아야 하는 아동학대 예방요령.

서금택 · 차성현 · 임신원(2011). 어린이집 교직원의 SIDS 관련 윤리적 딜레마 접근법에 관한 공학적 활용. 보안공학연구, 8(4).

서금택 · 차성현 · 정현희 · 김미희 · 정금희 · 임신원(2011). SIDS 경감을 위한 BCP 계획수립 방안 연구, 보안공학연구, 8(2).

성인경(2009). 영아돌연사의 실제와 예방사업을 위한 정책제언. 서울시가정분과세미나.

소방방재청(2008). 어린이시설 안전점검 매뉴얼. 소방방재청.

실종아동전문기관(2016). 아동실종 · 유괴예방을 위한 교사 가이드. 서울해바라기센터(아동) 홈페이지 실종아동전문기관 홈페이지(www.missingchild.or.kr) 중앙아동보호전문기관 홈페이지(www.korea1391.org).

어린이집안전공제회(2011). 영아 안전교육 프로그램 및 콘텐츠 개발 연구.

______________(2016). 2015년도 어린이집안전공제회 통계자료집.

______________(2016). 어린이집 안전관리 백과.

________(2016). 어린이집 안전사고 사례집.
________(2017). 2017 어린이집 보육교직원 안전교육. 안전공제회.
________(2019). 019 어린이집 보육교직원 안전교육 어린이집 안전사고 예방 및 대응 / 아동학대 예방. 디자인여백플러스.
울산대학교의과대학 서울 아산병원 응급의학교실(2007). 영아돌연사의 응급실 대응 및 진단의 문제점과 개선안 제시. 대한응급의학회지, 18(6).
유아안전교육 프로그램 교사용 지도서 및 부모용 자료(2010). 소방방재청.
윤성현 · 이경미 · 김지혜 · 김준식 · 백진휘 · 김훈 · 신동운 · 김아진 · 한승백(2007). 병원 외 심정지 소아의 심폐소생술에 대한 고찰. 대한응급의학회지, 18(3).
이순형 · 이성옥 · 민하영 · 이영미 · 한유진 · 장영은 · 최나야 · 김지현 · 김진경 · 정현심(2013). 영유아 건강교육. 학지사.
임미혜 · 채혜선(2012). 영유아 건강교육. 양서원.
정미라 · 배소연 · 이영미(2013). 영유아를 위한 건강 및 영양교육. 양서원.
주영은 · 성영화 · 이숙자(2012). 아동건강교육. 공동체.
중앙육아종합지원센터(2015). 2015 어린이집 문서 및 서식 자료집.
한국보육진흥원(2012). 어린이집 원장 사전 직무교육.
한국양성평등교육진흥원(2011). 아동성.
환경부(2011). 보육시설 · 아동복지시설 실내공기질 관리 매뉴얼.
___(2016). 고농도 미세먼지 대응매뉴얼.

교통안전공단. http://www.ts2020.kr/main.do
국가재난정보센터. http://www.safekorea.go.kr
보건복지부. http://www.mw.go.kr
소방방재청. http://www.nema.go.kr
아이사랑보육포털. http://www.childcare.go.kr
어린이안전넷. http://www.isafe.go.kr
육아정책연구소. http://www.kicce.re.kr
중앙119 구조대. http://www.rescue.go.kr
중앙응급의료센터 홈페이지. www.nemc.or.kr
중앙육아종합지원센터. http://central.childcare.go.kr
한국보육진흥원. http://www.kcpi.or.kr
한국소비자원. http://www.kca.go.kr
한국전기안전공사. http://www.kesco.or.kr

저/자/소/개

안경숙

덕성여자대학교 대학원 유아교육과 졸업(교육학석사)
덕성여자대학교 대학원 유아교육과 졸업(교육학박사)
현재, 호원대학교 유아교육과 교수

〈저서〉 영유아 수학교육
영유아 미술교육 외 다수

신애선

원광대학교 대학원 유아교육과 졸업(교육학석사)
원광대학교 대학원 유아교육과 졸업(교육학박사)
현재, 유원대학교 유아교육과 교수

〈저서〉 영유아 언어교육
영유아 미술교육 외 다수

신애란

원광대학교 대학원 유아교육과 졸업(교육학석사)
원광대학교 대학원 유아교육과(교육학박사 과정)
현재, 둥지어린이집 원감

〈저서〉 보육교사(인성)론, 영유아문학교육

아동안전관리

1판 1쇄 인쇄 — 2021년 7월 5일
1판 1쇄 발행 — 2021년 7월 9일

저　　자 - 안경숙 · 신애선 · 신애란
발 행 인 - 강철원
발 행 처 - 양성원
주　　소 - 경기도 파주시 검산로 173번길 29-20
전　　화 - 031-946-3861(代)
팩　　스 - 031-946-3864
이 메 일 - tnwpub@naver.com
홈페이지 - tnwpub.co.kr
출판등록 - 2015년 8월 31일 제 2015-000211 호

ISBN 979-11-6126-346-5

정가 20,000원